HANS THIERS

MORDFÄLLE
IM BEZIRK GERA

HANS THIERS

MORDFÄLLE IM BEZIRK GERA

BERICHTE / BILDER / DOKUMENTE

1973–1990

Mit einem Vorwort von
Michael Kirchschlager

KIRCHSCHLAGER

Im Interesse des Schutzes der Persönlichkeitsrechte der Opfer, Zeugen und Täter wurden die Namen der Beteiligten verfremdet.

INHALT

VORWORT

Bücher über »Wahre Kriminalfälle« (True Crime) sind seit jeher beliebt und finden ein breites Lesepublikum. Der Verlag Kirchschlager hat sich auf Kriminalgeschichte und die Herausgabe sogenannter Pitavals (Sammlungen historischer Kriminal- und Strafrechtsfälle) spezialisiert. Mit Kriminaloberrat a. D. Klaus Dalski, dem ehemaligen Leiter der Untersuchung des Bezirks Erfurt (zuständig für Mord, Raub, Brand usw.), konnten wir erstmals einen Kriminalisten als Autor gewinnen. Seine Bücher, »Der Kopf in der Ilm« und »Die Bombe auf dem Zwiebelmarkt«, schildern eindrucksvoll, wie die hervorragend ausgebildeten Kriminalisten der DDR oft erschreckende Kriminalfälle lösten und Verbrecher zur Strecke brachten. Mit dem reich bebilderten Buch »Mordfälle im Bezirk Gera« legen wir nun einen weiteren Band vor, der aus der Feder eines Thüringer Kriminalisten stammt.

Der ehemalige Leiter der Morduntersuchungskommission (MUK) des Bezirkes Gera, Kriminalrat a. D. Hans Thiers, berichtet über die Aufdeckung, Aufklärung und Untersuchung authentischer Mordfälle. Er führt uns an Tatorte voller Grauen und zwischenmenschlicher Tragödien. Besonders bei Straftaten gegen Kinder geht in den Städten und Gemeinden des Bezirkes Gera die Angst um. Die Kriminalisten sind bestens ausgebildet, die einzelnen Abteilungen personell stark besetzt. Die Aufklärungsquote betrug 98 Prozent. Schnell sind die Mörder gefaßt und verurteilt. Doch die Geständnisse der Täter lassen uns erschaudern, und wie so oft müssen wir erkennen, daß Gerechtigkeit nur ein Traum ist.

Die bedrückenden Geständnisse (ab und an auch als »Stellungnahmen« bezeichnet) wurden buchstaben- und zeichengetreu übertragen, d. h. mit allen Fehlern. So kann man schon an der Rechtschreibung und Grammatik den Bildungsstand der Täterinnen und Täter sowie ihr soziales Umfeld erkennen. Auslassungen wurden mit [...] gekennzeichnet. Im Interesse des Schutzes der Persönlichkeitsrechte der Opfer, Zeugen und Täter wurden die Namen der Beteiligten verfremdet. Auch verzichteten wir auf konkrete Ortsangaben (bei Straßennamen ließen wir die jeweiligen Hausnummern weg).

Bei den Fällen zu dem vermißten Kind Michaela Wagner und Ines Heider wurde von den Angehörigen das Einverständnis eingeholt, die

Historiker Michael Kirchschlager und Kriminalrat a. D. Hans Thiers vor dem Bachdenkmal in Arnstadt, Frühjahr 2014.

Klarnamen zu verwenden. Im Fall des vermißten Kindes Michaela Wagner hoffen der Vater und deren Angehörige, daß ihr Kind gefunden wird oder daß doch noch Angaben zum Verschwinden des Kindes gemacht werden können.

Hans Thiers gebührt das Verdienst, zahlreiche Mordfälle, die sich im Bezirk Gera ereignet haben, für ein interessiertes Publikum aufbereitet und niedergeschrieben zu haben. Dabei versuchte das Lektorat, die typische »Kriminalistensprache« beizubehalten, um sie als spezielles Sprachzeugnis zu bewahren und Zeitkolorit herzustellen. Zahlreiche Quellen wie Geständnisse, psychiatrische Gutachten und Vernehmungsprotokolle ergänzen die Kriminalberichte, die zudem einzigartige Einblicke in die unermüdliche Arbeit der DDR-Kriminalisten und der mit ihnen zusammenarbeitenden Organe und Institutionen geben.

Abschließend möchten wir den vielen Helfern, die an der Entstehung des Buches mitgewirkt haben, sowie dem Thüringischen Staatsarchiv Rudolstadt für die Bereitstellung der Akten und der Veröffentlichungsgenehmigung des Bildmaterials danken, welches die Mordfälle in anschaulicher Weise dokumentiert.

Michael Kirchschlager, Juni 2014

1

ZUR STRUKTUR UND DEN AUFGABEN DER KRIMINALPOLIZEI IM BEZIRK GERA

In der Bezirksbehörde der Deutschen Volkspolizei Gera (BDVP) war der Leiter der Abteilung Kriminalpolizei für die Aufdeckung, Aufklärung, Untersuchung und Vorbeugung der Kriminalität in seiner Gesamtheit für den Bezirk Gera verantwortlich. Er war dem Chef der BDVP Gera direkt unterstellt und ihm gegenüber rechenschaftspflichtig.

Innerhalb der Abteilung Kriminalpolizei waren die Dezernate für die Anleitung, Kontrolle und Unterstützung der Kriminalpolizei in den nachgeordneten Dienststellen der Volkspolizeikreisämter (VPKÄ) des Bezirkes zuständig.

Im Dezernat II der BDVP Gera existierten folgende Kommissionen: Morduntersuchungskommission (MUK), Branduntersuchungskommission (BUK), Ausländergruppe (AG) sowie Kommissariate in der Untersuchungshaftanstalt (UHA) Gera und Rudolstadt.

Diese waren dem Leiter des Dezernates II unterstellt und zeichneten für die direkte Aufdeckung, Aufklärung und Untersuchung von schweren Straftaten unmittelbare Verantwortlichkeit.

Die Polizei des Bezirkes Gera gliederte sich in elf Volkspolizeikreisämter und ein Transportpolizeiamt auf, die jeweils mit einer Abteilung Kriminalpolizei sowie einem K-Leiter und Kommissariatsleitern besetzt waren.

In den Kategorien I der Kriminalpolizei (großes VPKA) gab es eine Arbeitsgruppe »Leben und Gesundheit«, die für die Bearbeitung aller »Nichtnatürlichen Todesfälle« sowie »Vermißtenvorgänge« zuständig war. In den Kategorien II gab es einen Leichensachbearbeiter, der für dieselben Aufgaben Verantwortung trug.

Beim Verdacht auf ein Tötungsverbrechen, einem unklaren Todesfall, unnatürlichen Tod von ausländischen Staatsbürgern, Polizeiangehörigen, Strafgefangenen, Persönlichkeiten des öffentlichen Lebens oder Vermißtenvorgängen mit Verbrechenskontakt kam die MUK Gera

Gebäude der BDVP (Bezirksbehörde Deutsche Volkspolizei) in Gera.

generell zum Einsatz und leitete die Untersuchungen im engen Zusammenwirken mit den Abteilungen der Kriminalpolizei sowie der Fachabteilungen der Volkspolizeikreisämter.

Weiterhin bestand im Bezirk Gera eine »Erweiterte Morduntersuchungskommission« (E-MUK), die vor allem bei Morden mit unbekanntem Täter eingesetzt wurde. Ab diesem Zeitpunkt führte dann die MUK die Untersuchungen selbst bis zur Abgabe des Ermittlungsverfahrens an den Bezirksstaatsanwalt.

Der Bezirk Gera war vor allem durch seine sogenannte Schwerpunktindustrie wie z. B. »Carl-Zeiss Jena«, der »SDAG Wismut«, dem »Köstritzer Schwarzbier« (heute immer noch) und dem »Stahlwerk Maxhütte« Unterwellenborn bekannt.

In Gera waren speziell die Großbetriebe »WEMA Union« und »Textima« angesiedelt, die durch ihre ausgezeichnete Qualität der Maschinen sogar internationalen Ruhm erlangten. Diese Industriezweige wurden nach der Wende komplett abgewickelt.

2

MEINE ERSTE LEICHE
(1973)

Als ich am 1. Juni 1973 in der Morduntersuchungskommission des Bezirkes Gera meine Dienstzeit und damit einen neuen beruflichen Lebensabschnitt antrat, war ich in der Kriminalistik ein kompletter Neuling. Meinen sechsmonatigen Dienstanfängerlehrgang hatte ich erfolgreich abgeschlossen und mir somit meine ersten Kenntnisse der volkspolizeilichen Tätigkeit und Kriminalistik angeeignet. Da meine Planstelle als Sportoffizier einer »Abwicklung« zum Opfer fiel (auch das gab es schon), entschied die Kaderabteilung mit dem Leiter des Dezernates II der Abteilung Kriminalpolizei der BDVP Gera, mich auf die neue Planstelle in die Morduntersuchungskommission zu versetzen.

Man erläuterte mir exakt, was in der Zukunft auf mich zukäme: Mord und Totschlag. Obwohl es vielen Menschen fragwürdig erscheinen könnte, begeisterte mich meine neue Tätigkeit. Der junge Kriminalist Hans Thiers wollte sich den hohen kriminalistischen Anforderungen stellen. Und: es war eine Auszeichnung für einen Kriminalisten, in einer Spezialkommission eingesetzt zu werden.

Später wurde mir erst richtig klar, welches Vertrauen der K-Leiter und die anderen Verantwortlichen in mich gesetzt hatten.

Die Mitarbeiter der MUK brachten mir in den folgenden Wochen die ersten Schritte kriminalpolizeilicher Arbeit bei. Ich mußte mir umfangreiches theoretisches und praktisches kriminalistisches Wissen neu aneignen. Dieses Wissen baute ich in einem Fernstudium vom September 1974 an aus, als ich ein Fachschulstudium in der Fachrichtung Kriminalistik über vier Jahre in der Polizeifachschule Aschersleben absolvierte.

Zuerst einmal sammelte ich jedoch drei Monate im VPKA Gera, Abt. Kriminalpolizei, meine ersten Erfahrungen mit den Kollegen in der Arbeitsgruppe »Leben und Gesundheit«. Es dauerte auch nicht lange, bis ich zusammen mit dem sehr erfahrenen Mitarbeiter der MUK W. Seitz meinen ersten relevanten Einsatz hatte.

In der Nähe von Ronneburg wurde eine geistesgestörte Frau, die aus einer Nervenklinik (Tannenfeld) verschwunden war, vermißt. In der Nacht klingelte das Telefon und man teilte mir mit, daß man die kranke Frau gefunden habe – tot!

W. Seitz holte mich ab und gemeinsam fuhren wir mit unserem Dienst-PKW Wartburg zum Fundort der Leiche. Es war eine unangenehme, kühle Nacht und es regnete leicht. Kein gutes Wetter für eine kriminalistische Untersuchung im Freien.

Die Leiche der Frau lag in einer Pflugfurche auf einem Acker in der Nähe von Ronneburg. Hier fertigte ich zum ersten Mal unter Aufsicht und Anleitung des Kollegen Seitz eine Fundortbefundsaufnahme, eine Ereignisortskizze und einen Bildbericht an und dokumentierte alles für uns Kriminalisten Wichtige über die Leiche und den dort vorgefundenen Umständen schriftlich: wie die Lage der Leiche, Art und Zustand der Bekleidung und eine erste äußerliche Untersuchung der Leiche nach Spuren von Gewalteinwirkung.

Die Kriminaltechniker des VPKA Gera führten parallel die kriminaltechnischen Arbeiten durch (Übersichts- und Detailaufnahmen vom Fundort sowie der Lage der Leiche). Somit entstanden mein erster Fundortbefundsbericht, die Ereignisortskizze und der Bildbericht von diesem unnatürlichen Todesfall.

Die psychisch kranke Frau war kein Opfer eines Tötungsverbrechens geworden, sondern an Unterkühlung verstorben. Die gerichtsmedizinische Sektion bestätigte unsere Feststellungen. Eine tragische Folge ihres Verlassens des Nervenfachkrankenhauses.

Am nächsten Tag übertrug ich im Büro alle handschriftlichen Aufzeichnungen mit der Schreibmaschine und dem »Zweifingersuchsystem« in ein sauberes »kriminalistisches Deutsch«, die nach einigen Korrekturen durch meinen MUK-Untersuchungsführer den Qualitätsansprüchen einer Morduntersuchungskommission gerecht wurden.

Nach Abschluß meines Fachschulstudiums nahm ich, ebenfalls im Fernstudium, das Studium als Diplomkriminalist an der Humboldt-Universität zu Berlin, Sektion Kriminalistik, auf, welches ich im Jahr 1982 als Diplomkriminalist erfolgreich abschloß. Von 1973 bis 1980 war ich als Untersuchungsführer und von 1980 bis 1990 als Leiter der MUK des Bezirkes Gera tätig.

3

AUS LIEBE ZUM PARTNER DIE EIGENE TOCHTER GETÖTET

(Neustadt/Orla, 1973)

Mein erster Einsatz in der MUK bei einem Tötungsverbrechen

Handelte es sich bei meiner ersten Leiche um einen tragischen Fall, wurde ich bereits bei meiner zweiten Tatortinspektion mit einem der scheußlichsten Verbrechen konfrontiert, welches man sich nur vorstellen kann: dem Mord an einem Kind.

Am 10. Juli 1973 meldete eine Mitarbeiterin einer Wochenkinderkrippe in Neustadt/Orla das einjährige Kleinkind Monika R. als vermißt. Nach ersten kriminalpolizeilichen Untersuchungen stand fest, daß jemand das kleine Mädchen aus dem Kinderbett der Einrichtung entführt hatte. Sofort liefen umfangreiche Ermittlungen an. Die Kindesmutter, Erika R., hatte ihr Kind wie immer zur einwöchigen Betreuung in der Einrichtung (Kinderkrippe und Kindergarten) abgegeben, da sie im Vier-Schicht-System arbeitete. Keiner konnte sich vorstellen, warum und wohin die kleine Monika plötzlich verschwunden war.

Angesichts dieses anspruchsvollen Falles wurde ich einem erfahrenen Kriminalisten zugeordnet, der mich »das kriminalistische Laufen« lehrte und von dem ich erfuhr, wie es in der Praxis zugeht. Die Suche nach dem Mädchen begann unverzüglich. Im »Totenteich« am Rand von Neustadt/Orla machten wir dann den grausamen Fund!

Die vom Kreisstaatsanwalt angeordnete gerichtsmedizinische Sektion ergab, daß das Kind Opfer eines Gewaltverbrechens geworden war. Die Befragung der Kindesmutter lieferte keine Hinweise, sie beteuerte nur ständig, mit dem Tod ihrer Tochter nichts zu tun zu haben.

Die Jagd nach dem Mörder rief in ganz Neustadt/Orla und Umgebung gute hundert Polizisten zum Einsatz. Selbst aus dem Bezirk Gera kam auf Befehl des K-Leiters zahlreiche Unterstützung. Derweilen hofften wir, im Umfeld von Erika R. neue Hinweise zu finden. Ihre bisherigen Aussagen erschienen uns recht widersprüchlich, doch glaubten wir, die Mutter müsse unter einer Art Schock stehen. Die erfahrenen Kriminalisten dagegen mißtrauten ihr und hakten nach. Sie sollten recht behalten!

Plötzlich begann das Alibi, das ihr die Kollegen im Betrieb verschafft hatten, zu bröckeln. Anscheinend war Erika R. zur Nachtschicht nicht durchgängig am Arbeitsplatz gewesen. Das Interessante daran war, daß sie ihre Arbeitsstelle hätte ungesehen verlassen und wieder betreten können. Auf diese Spekulation hin erstellten wir ein Weg-Zeit-Diagramm, aus dem hervorging, daß allein schon etwa 40 Minuten ausreichten, um den Betrieb verlassen, die Straftat begehen und den Betrieb wieder betreten zu können. Sollte ihr dieses Unterfangen wirklich gelungen sein? Aber mit welchem Ziel? In Gedanken brachten wir nun doch die Mutter mit der Tötung ihrer eigenen Tochter in Verbindung.

Wir konzentrierten uns in der Folge weitestgehend auf sie mit dem Ergebnis, daß ihr Alibi zerschlagen und sie zur Hauptverdächtigen wurde.

Wir erfuhren, daß ihr Freund sie wegen ihrer Kinder verlassen wollte. Um ihn aber nicht zu verlieren, hatte sie beschlossen, für ihre Beziehung ihr kleinstes Kind zu opfern, es zu töten und verschwinden zu lassen. Sie gestand, in der Nachtschicht unbeobachtet aus dem Betrieb geschlichen zu sein mit dem Vorsatz, ihre schlafende Tochter aus der Wochenkrippe zu entführen. Vom Nachbargrundstück aus kletterte sie über eine Mauer, durchstieg das offenstehende Fenster zur Schlafstätte ihrer Tochter im 1. Stock, nahm sie aus dem Bettchen und verließ das Gebäude über denselben Weg. Da die Kleine ihre Mutter vermutlich erkannte, weinte sie nicht. Das Aufsichtspersonal hatte die Entführung nicht bemerkt.

Als Erika R. jedoch über den Fenstersims zurückstieg, rutschte ihr die kleine Monika vom Arm und stürzte vier Meter tief auf den Erdboden. Erika R. stieg schnell über die Feuerleiter nach unten, nahm ihr wimmerndes Kind auf und lief zum nahe gelegenen »Totenteich«. Unterwegs begegnete ihr niemand. Ohne die geringste Gefühlsregung begann sie, mit Metallnadeln, die sie aus dem Betrieb hatte mitgehen lassen, den Genitalbereich ihrer Tochter zu verletzen, um den Verdacht einer Sexualstraftat zu erwecken. Anschließend warf sie das Kind in

Rekonstruktion der Tat mit der Täterin, rechts Hans Thiers als junger Kriminal-Obermeister.

den Teich, wo es ertrank. Auf direktem Weg begab sie sich zurück zur Arbeit, wo ihre halbstündige Abwesenheit niemandem aufgefallen war.

Auf ihre Aussage hin konnten Fasern ihrer Bekleidung an der Mauer und am Fensterrahmen gesichert werden. Die Rekonstruktion ließ keinen Zweifel an ihr als Täterin.

Erika R. verlor ihren Freund infolge der Inhaftierung. Viel schlimmer aber hatte sie unter dem Verlust ihres eigenen Kindes zu leiden. Die anderen Kinder wurden in einem Kinderheim untergebracht.

Nach der Aufklärung dieses schrecklichen Mordes kehrte in Neustadt/Orla wieder Ruhe ein, zumindest konnten Mütter und Eltern ihre Kinder wieder sorgenfrei in die Kindergärten und Kinderkrippen bringen.

Mir selbst ging dieser Fall schon sehr nahe, schließlich hatten meine Frau und ich einen zweijährigen Sohn. Ich dachte ernsthaft darüber nach, wie man seine kleine Familie schützen kann.

Bei diesem Verbrechen bewahrheitete sich die kriminalistische Weisheit: »Schweife nicht so weit in die Ferne, wenn das Ziel so nah ist.« Es ist in der Tat so, daß die unmittelbaren Angehörigen deshalb so

Die Tages- und Kinderwochenkrippe in Neustadt/Orla. Rekonstruktion des Tathergangs mit einer Demopuppe (Simulation Sturz des Kindes). Der Pfeil zeigt die Stelle, an der das Kind mit dem Kopf auf dem Fenstersims aufschlug.

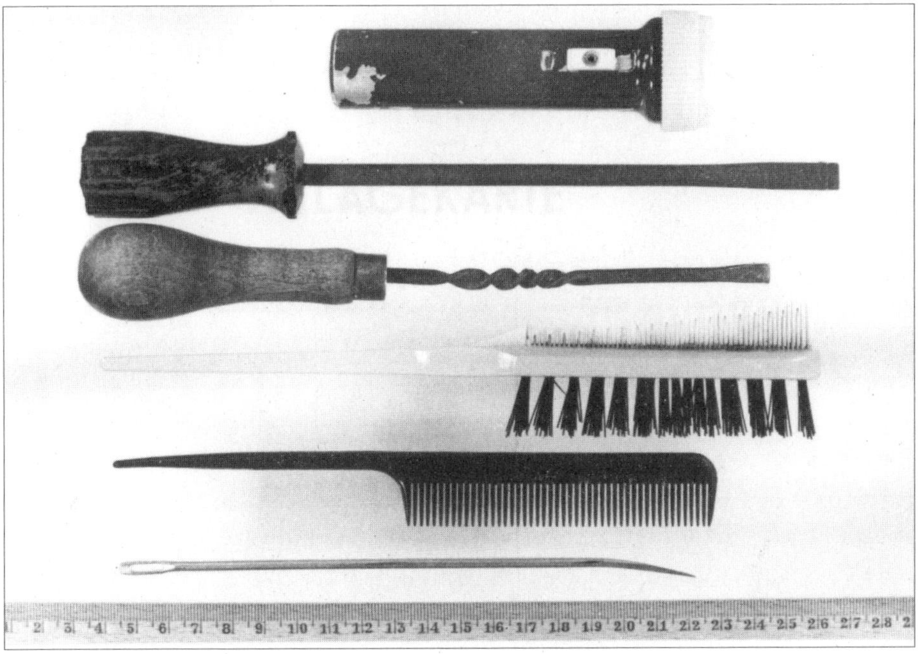

Vermutliche Tatwerkzeuge.

Übersichtsaufnahme von der Tages- und Wochenkrippe.

akribisch überprüft werden müssen, weil sich in der Regel zirka 80 Prozent aller Tötungsverbrechen im unmittelbaren Verwandten- und Bekanntenkreis ereignen. Ich hatte durch diesen meinen ersten richtigen kriminalistischen Einsatz neue Erfahrungen in der Untersuchungstätigkeit gesammelt.

Auszug aus dem nervenfachärztlichen Gutachten – Angaben zum Tathergang und Motiv

Die Beschuldigte Erika R. gab bei ihrer Vernehmung am 6. 12. 73 an:

»Monika war nicht erwünscht. Ich empfinde zu ihr keine richtige Zuneigung, so wie ich sie zu meinem Sohn Mario empfinde. Seit Januar 73 war ich schwanger mit Mario, der im September 73 geboren wurde. Mit dem Kindsvater war ich bis zum April oder Mai 73 verlobt. Er löste die Verlobung mit der Begründung, daß ich schon zwei uneheliche Kinder habe. Ich habe die Trennung bedauert, da ich von ihm ein Kind erwartete. Ich schrieb ihm Briefe und versuchte, die Verbindung wieder aufzunehmen. Trotzdem wollte Bernd sich nicht wieder mit mir verloben. Noch während der Verlobung habe ich die Monika zur Adoption anbieten wollen, die Mutter hat es mir ausgeredet. Daher habe ich nichts in dieser Richtung unternommen. Bernd blieb bei seiner ablehnenden Haltung, obwohl ich ihm drohte und mich weiter mit ihm einließ.

Allmählich kam mir der Gedanke, Monika auf andere Art loszuwerden, sie zu beseitigen. Dagegen lehnte sich mein Gefühl als Mutter auf und ich rang innerlich mit mir, wie ich mich verhalten sollte. In der Tötung meiner Tochter, die ich so auszuführen gedachte, daß ich nicht in Verdacht geriet, sah ich den Weg, meinen Verlobten zurückzugewinnen und anderseits mich nicht mit meinen Eltern zu überwerfen. Ende Juni 1973 habe ich den Entschluß gefaßt, Monika umzubringen. Ich war sehr erregt über den eigenen Vorsatz, es war mir klar, daß ich mich zu einem Verbrechen entschlossen hatte. Mir kam der Gedanke, Monika evtl. unbemerkt aus dem Kinderheim verschwinden zu lassen und in den Totenteich zu werfen. In der Hoffnung, daß man das Kind nicht so leicht findet, da der Teich sehr verwachsen ist. Ich sah die beste Möglichkeit während der Spätschicht, die bis 23 Uhr geht, unbemerkt den Betrieb zu verlassen, ins Heim zu gehen, das Kind unbemerkt herauszuholen, zum Teich zu schaffen und es dort ins Wasser zu werfen, damit es ertrinkt. Ich wußte, daß ich vom Betrieb bis zum Heim etwa 10 Min. brauchte, vom Heim zum Teich 15–20 Min. Ich brauchte insgesamt 45 Min. für den Weg, weitere Zeit für das Herausholen des Kindes. Ich gelangte zu der Auffassung, daß es möglich sein werde, den Betrieb für diese Zeit unbemerkt verlassen zu können.

Am Montag, dem 9. 7. 73, hatte ich Spätschicht. Ich brachte beide Kinder gegen 13.50 Uhr ins Heim, um 14 Uhr war Schichtbeginn. Gegen 22 Uhr habe ich den Betrieb verlassen, ohne daß es jemand bemerkte. Ich begab mich ins Heim, kannte das Zimmer, hatte keine Schwierigkeiten, das Balkonfenster zu finden. Da die Türen verschlossen waren, bemerkte ich an der Rückseite des Hauses eine Feuerleiter, auf ihr bin ich hochgestiegen, von dort auf einem schmalen Sims zum Balkonfenster gelangt und bin ins Zimmer eingestiegen. Ich weckte Monika, zog die Strumpfhose aus und nahm sie mit. Beim Heraussteigen auf dem schmalen Mauervorsprung ist mir Monika aus den Händen gerutscht und auf den Erdboden gefallen. Ich selbst bin wieder heruntergestiegen, habe die Monika aufgehoben und mit ihr das Grundstück verlassen. Ich bin zum Teich gegangen, dort habe ich Monika ins Wasser geschleudert und bin danach sofort weggegangen, weil ich nicht sehen wollte, wie das Kind ertrank. Bin zum Betrieb zurückgegangen, ohne wiederum bemerkt zu werden. Es war gegen 22.45 Uhr, niemand fragte mich etwas. [...] Im Oktober 1973 verlobte sich Bernd wieder mit mir. Ich wurde mit der Zeit ziemlich sicher, glaubte, daß man mir nun nichts mehr werde beweisen können.»

»Bei einer Vernehmung am 12. 12. 73 versuchte die Beschuldigte, den Verdacht der Tötung auf Bernd zu schieben, sie habe es einer Äußerung von ihm entnehmen können. Sie erklärte sich bereit, diese Äußerung in seiner Gegenwart zu wiederholen. Das Geständnis am 6. 12. 73 habe sie nur abgelegt, um Bernd ihre Liebe zu beweisen und Ruhe vor der VP zu haben. Bei einer weiteren Vernehmung am 13. 12. bestätigte sie die Richtigkeit ihrer Aussage vom 6. 12. 73, nur mit der Änderung, daß sie die Tat nicht zwischen 22 und 22.45 Uhr, sondern schon zwischen 20.45 und 21.30 Uhr ausgeführt habe. Bereits am

10. 7. 1973 habe sie ihrer Schwester Edith Einzelheiten der Tatausführung mitgeteilt. Bei einer weiteren Vernehmung am 21. 12. 73 gab sie an, daß sie die Monika zur Adoption vorgesehen hatte, daraufhin habe ihr ihre Mutter erklärt, daß Monika nur zusammen mit dem Mario adoptiert werden könnte; gegenüber dem Mario habe sie aber starke mütterliche Gefühle. Den Tatablauf schildert sie dann wie bei ihrer ersten Vernehmung am 6. 12. 73. Sie habe geglaubt, mit dem Verschwinden der Monika wären ihre familiären Probleme geklärt und sie hoffte, daß Bernd sie heirate. Sie habe endlich eine eigene Familie gründen wollen. Bei einer Vernehmung am 23. 1. 74 führte sie u.a. aus, daß sie Bernd seit 1970 kenne, engere Beziehungen hätten erst seit November 72 bestanden. Im Januar 73 Verlobung, die im April 73 auseinanderging, weil Bernd ihr ihre Arbeitsbummelei vorgehalten habe. Bernd habe aber noch bis Mai 73 bei ihr in Lichtenau gewohnt. Über die 3. Schwangerschaft sei die Beschuldigte von Anfang an nicht erfreut gewesen, habe aber auch nichts unternommen, habe auch keine Vorbereitungen zur Geburt getroffen.«

Angaben der Beschuldigten zur bisherigen Entwicklung:

Sie sei als 1. Kind ihrer Mutter unehelich geboren. Über Geburt und frühkindliche Entwicklung sei ihr nichts Näheres bekannt. Soweit sie von Bildern wisse und später erfahren habe, sei sie in einer Wochenkrippe untergebracht gewesen, da die Mutter habe arbeiten müssen. Bis zum 8. Lebensjahr habe sie eingenäßt. Im Jahre 1957 habe ihre Mutter ihren jetzigen Adoptivvater geheiratet. Im Jahre 1954 sei ihre Schwester Marianne, 1955 ihre Schwester Edith geboren. Marianne sei ein Kind ihres Adoptivvaters, während Edith einen anderen Vater habe. Im Jahre 1958 sei die Familie in die DDR übergesiedelt und habe zunächst in Neustadt gewohnt. Die Beschuldigte selbst habe aus dieser Zeit keine Erinnerungen mehr. Sie wisse nur, daß sie in den Kindergarten gegangen sei. Die Mutter der Beschuldigten sei kalt, streng, ungerecht, habe immer die Marianne vorgezogen. Marianne bekam alles, mußte am wenigsten mithelfen, während sie selbst und ihre Schwester Edith immer benachteiligt worden seien, viel Schläge bekommen hätten und nur selten freundliche Worte hörten. Zur Marianne sei die Mutter viel freundlicher gewesen. Die Beschuldigte habe sich früher dagegen aufgelehnt, es habe aber nichts genutzt, die Mutter habe sich nicht geändert. Ein liebevolles Verhältnis habe nie bestanden.

Ihr Stiefvater sei bedeutend besser, er habe ihr auch beigestanden, wenn die Mutter sie geschlagen habe, das habe sie ihm nicht vergessen. Ihr Vater schlage auch zu, aber es müsse dann ein Grund vorhanden sein. In seiner Art ist er gutmütiger, freundlicher als die Mutter, er habe sich auch bemüht, keines der Kinder vorzuziehen. In den letzten Jahren allerdings habe er auch mehr und mehr zu seiner Frau gehalten, weil diese ihn unter Druck gesetzt habe. Der Vater sei als Kraftfahrer bei der Wasserwirtschaft in Pößneck beschäftigt.

Zur Ehe der Eltern könne sie nur sagen, daß sie sich öfter gestritten und dann wieder vertragen hätten. Das Regiment zu Hause habe die Mutter geführt, was sie sagte, wurde getan. Die Mutter sei stets berufstätig gewesen, sie habe nur ausgesetzt, als die Marianne ein Kind bekam, damit sie das Kind in der ersten Zeit habe versorgen können.

Das Verhältnis zu ihrer Schwester Edith sei meistens gut gewesen, beide hätten zusammengehalten, in letzter Zeit habe es auch öfter Zank und Schläge gegeben. Zur Marianne sei ihr Verhältnis noch besser gewesen. Es habe sie nicht gestört, daß Marianne viel mehr von den Eltern bekam als sie selbst. Marianne sei immer ganz vernünftig gewesen.

Die Beschuldigte selbst wurde mit 6 Jahren eingeschult. Da sie nach einigen Wochen krank geworden sei, auch keine rechte Lust zur Schule gehabt habe und sich auf dem Schulweg lieber die Schaufenster ansah, sei sie bald wieder ausgeschult worden und kam in den Kindergarten zurück. Dort habe es ihr gefallen, da habe niemand gemeckert. Im Jahre 1959 sei sie in ein Kinderheim nach Jena gekommen, da beide Eltern krank waren. Im Jahre 1960 wurde sie zum 2. Mal eingeschult, wurde aber schon 2 Monate später wegen einer Erkrankung der Mutter vorübergehend in einem Kinderheim in Zeulenroda untergebracht. Dort sei sie etwa ½ Jahr lang geblieben.

In den ersten 3 Jahren sei es in der Schule ganz gut gegangen, dann habe sie immer weniger Lust zum Lernen gehabt und seit dem 5. Schuljahr überhaupt keine mehr. Die Eltern hätten sich nicht um die Schule gekümmert, jedenfalls nicht viel. Das Lernen sei ihr nicht schwergefallen, sie habe aber keine Lust gehabt. Sie habe dann schnell die Schule verlassen wollen, um Geld zu verdienen und sich eigene Sachen kaufen zu können. Die Schulentlassung erfolgte aus der 6. Klasse. Ihre

Zensuren lagen meist zwischen den Noten 3 und 4, je nachdem ob sie zu dem Fach Lust hatte oder nicht. Erst sei die Hausarbeit zu erledigen gewesen, dann erst hätte sie Zeit für die Schulaufgaben gehabt. Es seien aber nicht nur Zeitgründe gewesen, es habe auch an der Lust gefehlt, zu lernen und die Schulaufgaben zu erledigen. Viel Freizeit hätte sie nicht gehabt, nur wenn die Mutter einmal gute Laune gehabt hätte, hätte sie spielen dürfen. Auch in dieser Hinsicht sei Marianne vorgezogen worden.

Nach der Schulentlassung habe sie eine Lehre als Spinnerin in einer Tuchfabrik begonnen. Die Arbeit habe ihr gefallen, aber nach ½ Jahr, im Februar 68, sei sie in den Jugendwerkhof Burg b. Magdeburg eingewiesen worden. Zuvor sei sie oft von zu Hause »abgehaun«, habe keine Lust mehr gehabt, zu Hause zu sein, die ständige Meckerei und Prügel habe sie nicht mehr ertragen können. So sei sie einmal 3 Wochen nicht nach Hause gekommen und habe sich in Neustadt aufgehalten. Im Jugendwerkhof sei es schön gewesen. Sie habe mehr Freizeit gehabt, habe fernsehen dürfen, sie hätte Ausgang bekommen und sich auch etwas kaufen können. 1969 sei sie aus dem Jugendwerkhof entlassen worden. Einige Wochen sei es zu Hause gut gegangen, dann sei alles wieder beim alten gewesen. Sie habe dann eine Arbeit in einer Tuchfabrik aufgenommen, wo sie bis zuletzt tätig war. Nach der Arbeit sei sie des öfteren mit ihrer Schwester Marianne zum Tanz gegangen, dort habe sie auch bald Männerbekanntschaften gemacht. Sie sei aber nur immer kurze Zeit mit einem Jungen gegangen und habe dann immer wieder andere kennengelernt. Im April 1970 habe sie den G. durch ihre Schwester Marianne kennengelernt.

›... Die Kerle sind doch alle gleich, sie bändeln an, wollen mit einem schlafen, wenn dann was eintritt, hauen sie ab, streiten es ab, auch als G. von der Schwangerschaft erfuhr, war es aus. Er wollte nicht zahlen, erst nach gerichtlicher Klage. Ich habe mich nicht weiter drum gekümmert, dachte, ich kriege das Kind auch allein groß, habe den G. sowieso nicht geliebt.‹ Im Januar 71 sei es zur ersten Geburt gekommen. Ihre Mutter habe ihr vorher Vorhaltungen gemacht, aber als das Kind dagewesen sei, hätte sie nicht mehr viel gesagt. Sie habe sich dann sogar um den Mario gekümmert. Die Marianne habe schon im November 70 ein Kind bekommen, sie bekam daraufhin ein eigenes Zimmer im Haus, während sie, die Beschuldigte, zusammen mit ihrer Schwester Edith und ihrem Sohn in einem Raum zusammen wohnen mußten.

Sie sei dann eine Zeit lang seltener zum Tanz gegangen und wenn, dann kam es immer sehr bald zu sexuellen Kontakten. Im Herbst 1971 habe sie ein Verhältnis mit dem A. gehabt, den sie schon längere Zeit gekannt habe. Sie lasse sich immer leicht verführen und gleich vom ersten Verkehr sei sie schwanger geworden. Sie habe sich aber keine Sorgen gemacht und dachte, daß sie auch ein zweites Kind durchbringen wird. Auch der A. habe die Vaterschaft erst abgestritten, aber dann doch bezahlt.

Im Juni 1972 hat sie die Monika geboren. Sie selbst habe sich vorher keine Sorgen gemacht und auch vor der Geburt nicht viel vorbereitet, dabei habe ihr die Mutter geholfen. Zur Monika habe sie kein so gutes Verhältnis gehabt wie zu ihrem ersten Sohn Mario. Monika kam gleich in die Dauerkrippe und über das Wochenende durfte sie nicht beide Kinder aus der Krippe holen, sondern immer nur eines. Die Mutter wollte es nicht anders. Immer wenn sie sich zu Haus geärgert habe, sei ihr alles gleich gewesen, dann habe sie sich herumgetrieben, sei nicht zur Arbeit gegangen und sei deswegen öfter zur Kaderabteilung bestellt worden. Das habe ihr aber nichts ausgemacht, wenn sie ermahnt worden sei. Interessen und Belange anderer interessierten sie überhaupt nicht, sie habe kein Mitgefühl, habe auch keine Beziehungen zu anderen Menschen.

Den Vater ihres dritten Kindes habe sie 1970 kennengelernt. Er habe schon damals mit ihr gehen wollen, aber sie habe sich nicht binden wollen. Seit Dezember 1972 habe sie mit ihm ein Verhältnis gehabt, es habe sich beim Tanz ergeben, auch hatte er ein Motorrad. Er sei auch anders gewesen, habe nicht so viele Freundinnen gehabt wie andere Männer. Ihn habe sie anfangs gern gehabt. Im Januar 73 hätten sie sich verlobt. Ihre Eltern hätten davon nichts gewußt und seine Eltern seien dagegen gewesen. Trotzdem habe Bernd zu ihr gehalten. Im April 73 habe es einen großen Krach gegeben und sie habe die Verlobung gelöst. Sie habe damals die Arbeit gebummelt und daraufhin habe er sie angemeckert. Da habe sie ihm den Ring hingeworfen. Er sei dann fortgegangen, kam aber bald wieder, aber das Verhältnis sei nicht mehr so richtig gewesen. Noch vor dem Krach habe er von der Schwangerschaft gewußt. Über eine Heirat sei nie gesprochen worden. Bernd habe ihr aber mal gesagt, daß er kein Mädchen sitzen lasse. ›Den hätte ich geheiratet‹, aber direkt darüber gesprochen habe sie mit ihm nicht. Von seiner Schwester habe sie erfahren, daß er sie auch mit zwei Kindern heiraten würde, nun sei aber das dritte Kind unterwegs gewesen.

Sie habe um diese Zeit eigentlich die Monika zur Adoption geben wollen. Zu ihr habe sie kein so rechtes Verhältnis gehabt, sie sei ½ Jahr lang in einem Dauerheim gewesen und so habe sie befürchtet, daß das Kind sich an die Mutter nicht mehr gewöhnen würde. Mit Bernd habe sie über diese Absicht gesprochen und dieser habe es ihrer Mutter weitererzählt. Ihre Mutter sei aber damit nicht einverstanden gewesen. Diese vertrat die Ansicht, entweder beide Kinder oder keines zur Adoption zu geben. Um einem Streit mit der Mutter aus dem Wege zu gehen, habe sie dann beide Kinder behalten, obwohl Bernd gedrängt habe, die Monika wegzugeben. Am 7. 9. 73 wurde der Sohn N geboren, im Oktober 73 kam Bernd zu ihr zurück, das Verhältnis zwischen beiden habe sich wieder gebessert und sie hätten sich erneut verlobt.

Die Monika auf andere Art loszuwerden, solche Gedanken könne man ihr nicht unterstellen. ›Ich habe es nicht getan, mir ist alles egal, ich werde alles widerrufen, ich sage nichts mehr, ich kann mich sonst nirgends mehr sehen lassen. Ich bin überall nur das schwarze Schaf, auch bei der Polizei, die haben eine Dumme gefunden. Ich kann sie gar nicht umgebracht haben, bin nicht der Typ, der das fertigbringt, ich habe mir nur alles ausgedacht ... Dann sitze ich eben meine Strafe ab, hinterher kläre ich alles auf. Meine Mutter freut sich sowieso, daß ich sitze, die glaubt es auch, daß ich es war, die die Monika umgebracht hat.‹

Bei keinem der mit der Beschuldigten geführten Gespräche war diese bereit, über Tatablauf und Motive zu sprechen. Sie widerrief jedesmal ihr Geständnis bei der Polizei und gab auch auf konkrete Fragen keine Antworten mehr.

Auf ihr Verhältnis und ihre Beziehungen zu Mitmenschen befragt, gab sie an, daß sie immer schon allein gewesen sei, sie fühle sich als Außenseiter, ausgestoßen. Ihre Mutter habe sie nie leiden können, diese sei auch immer dagegen gewesen, daß sie schon als Kind Kontakte mit anderen Menschen aufnahm. Sie selbst könne keinen Menschen leiden, außer vielleicht Bernd, sie habe auch zu niemandem Vertrauen, es verstehe sie niemand, sie könne sich auch schwer jemandem anvertrauen. Sie sei von den Mitmenschen enttäuscht, diese seien falsch, ins Gesicht freundlich und hinter dem Rücken würden sie ganz anders reden. Auch Bernd sei später so gewesen. Ihre Mutter war so, alle Menschen seien so. Sie sei schon immer zurückhaltend und mißtrauisch anderen gegenüber gewesen und es dauere lange, ehe sie zu jemandem Vertrauen fasse.

Untersuchungsbefund

21 Jahre alte Frau in gutem Ernährungs- und Allgemeinzustand. Haut und sichtbare Schleimhäute genügend durchblutet. An den inneren Organen findet sich bei einfacher klinischer Untersuchung kein krankhafter Befund. Blutdruck 130/90 mm Hg. Die röntgenologische Untersuchung des Schädels ergab keinen krankhaften Befund.

Im Hirnstrombild zeigt sich eine ungestörte bioelektrische Aktivität. (S. hirnelektrisches Zusatzgutachten.)

Neurologisch: Hirnnerven intakt, Eigen- und Fremdreflexe normal stark und seitengleich auslösbar. Keine krankhaften Reflexe der Babinski-Gruppe. Sensibilität, Motilität und Koordination sind ungestört.

Psychisch: Erika R. ist während der Untersuchungen stets bewußtseinsklar, zeitlich, örtlich und zur eigenen Person voll orientiert. In ihrem gesamten Verhalten wirkt sie noch etwas mädchenhaft und erscheint noch nicht altersentsprechend ausgereift. Sie ist kontaktfähig, ihre Gesprächsbereitschaft und Aufgeschlossenheit, über sich und ihre Lebensentwicklung zu sprechen, ist während der einzelnen Untersuchungen unterschiedlich. Zeitweilig zeigt sie sich willig und auskunftsbereit, dann wieder gibt sie sich mürrisch, patzig, verstockt, redet nicht mehr weiter, ist abweisend, mißtrauisch, gereizt, kaut verlegen an den Fingernägeln. Führt das Gespräch auf die ihr zur Last gelegte Straftat, reagiert sie ablehnend und negativistisch. Auf intellektuellem Gebiet besteht eine Unterbegabung.«

4

DER MESSERSTECHER VON HERMSDORF
(1974)

Am späten Abend des 29. Mai 1974 wurde die MUK vom K-Leiter des VPKA Stadtroda in Kenntnis gesetzt, daß es in der Wohnung der Familie K. in Hermsdorf, Waldsiedlung (Neubaugebiet), Rudolf-Breitscheid-Straße, einen Todesfall gab. Der Ehemann Herbert K. hatte diesen beim Betriebsschutz Kriminalpolizei (BSK) der Keramischen Werke Hermsdorf angezeigt. Dabei habe er wörtlich zum Wachhabenden gesagt: »Ich habe meine Frau umgebracht.«

Der Polizist vom Betriebsschutz hielt es zunächst für einen Scherz, informierte dann aber doch alle Verantwortlichen, so daß die Ermittlungen unverzüglich einsetzten. Ob es sich um ein Familiendrama handelte und ob Herbert K. wirklich der Täter war, blieb vorerst unklar. Sicher war nur, daß Frau K. eines gewaltsamen Todes durch mehrere Messerstiche gestorben war. Es wurde sofort veranlaßt, Herbert K. in einem separaten Raum zu bewachen. Gespräche zwischen ihm und anderen Personen waren damit ausgeschlossen.

In Hermsdorf angekommen, ließen wir uns einen ersten Überblick vom K-Leiter und dem K-Dienst über den festgestellten Sachverhalt geben. Am Tatort fanden wir Frau K. in der Küche in ihrem eigenen Blut liegen. Es schien, als sei sie mit einer Vielzahl von Messerstichen in den Hals- und Oberkörperbereich regelrecht abgestochen worden. Unser Kriminaltechniker und ich führten jetzt in der Wohnung eine umfangreiche Tatortarbeit durch. Der MUK-Leiter und der 1. Offizier begaben sich auf den Volkspolizei-Gruppenposten, um den Ehemann zum Sachverhalt zu vernehmen, denn Anhaltspunkte, daß eine fremde Person seine Ehefrau getötet hatte, gab es nicht. Als Tatwaffe wurde ein etwa 30 cm langes Küchenmesser sichergestellt, obwohl daran augenscheinlich keine Blutspuren zu finden waren.

Nachdem wir die Tatortuntersuchung beendet hatten, alles fotografisch festgehalten wurde und alle relevanten Spuren gesichert waren, wurde das Opfer zur gerichtsmedizinischen Sektion ins Krankenhaus Stadtroda überführt. So hatte es der Kreisstaatsanwalt angeordnet. Die Wohnung – der Tatort – wurde vorerst versiegelt. Die Untersuchung am nächsten Tag gegen 9.00 Uhr ergab, daß Frau K. durch 15 Messerstiche massakriert worden war. Als Todesursache wurde die durchtrennte Halsschlagader rechtsseitig angegeben. Die zwei Kinder der Familie nahm der Bruder der Toten in Kahla in seine Obhut.

Der Ehemann blieb der Hauptverdächtige. An seiner Bekleidung fanden wir Blutspuren. Diese wurden einzeln – in Plastikbeuteln gesichert – beschriftet und numeriert und einer ausführlichen kriminaltechnischen Untersuchung unterzogen.

Bei der ersten Vernehmung von Herbert K. wollten wir das Motiv für die Massakrierung seiner Frau ergründen. Er erzählte, daß beide gestritten hatten. Dabei habe sie das Messer in der Hand gehalten und damit unkontrolliert gestikuliert. Er habe es mit der Angst zu tun bekommen, doch sei es ihm gelungen, ihr das Messer abzunehmen. Dann eskalierte die Auseinandersetzung. Sie drohte, ihn zu verlassen und zu Bekannten nach Eisenach zu fahren. Wieder habe er Angst verspürt. Das wollte und konnte er nicht zulassen. Schon mehrfach hatte er ihr deshalb Schläge oder Schlimmeres angedroht: »Wenn du mich verläßt, bringe ich dich um!«

Die Ehe war seit langem zerrüttet und auch nach einer zurückgezogenen Ehescheidungsklage aus dem Jahre 1973 besserte sich das Verhältnis zwischen den Eheleuten nicht merklich. Als Herbert K. erkannte, daß es seiner Frau mit der Trennung ernst war, verlor er die Kontrolle und rastete völlig aus. Wie ein »Wilder« stach er auf sie ein. Während der blutigen Tat stellte er sich seine Frau in den Armen eines anderen vor. Daß er sie niemals habe töten wollen, wie er immer wieder vorgab, überzeugte uns nicht.

Wir nahmen seine Aussage zu Protokoll und brachten ihn wegen Verdachts des Mordes an seiner Ehefrau in Untersuchungshaft. Das objektive Tatgeschehen sprach eindeutig für ein Tötungsverbrechen von brutalster Art und Weise. Herbert K. handelte selbst nach der Tat, als er die Spuren beseitigte, noch mit klarer Überlegung.

Mit Wasser reinigte er das Tatmesser und wusch sich das Blut seiner Frau von den Händen. Nur an seine Kleidung dachte er nicht. Da K. selbst nicht verletzt war, die Stichverletzungen seiner Frau jedoch nicht nur oberflächliche, sondern tiefe Wunden verursacht hatten, schlossen

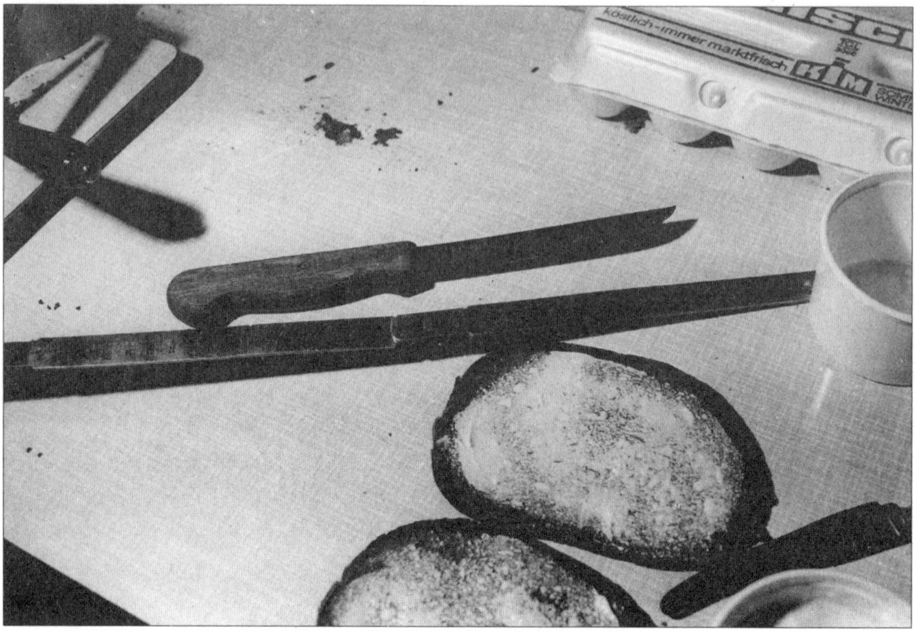

Das Tatmesser des Frauenmörders.

wir Töten aus Notwehr aus. Wir waren uns sicher, daß Herbert K. den Tod seiner Frau billigend in Kauf genommen hatte. Aber wir mußten ihm das alles noch beweisen!

Es war höchste Zeit für Ermittlungen im Familien-, Arbeits- und Freizeitbereich der Familie K. Dabei zeigte sich, daß der Ehemann eher ein Macho als ein Mann der guten Taten war. Er arbeitete jahrelang als Cheffahrer beim Betriebsleiter der Keramischen Werke Hermsdorf, wobei er das »Arbeiten nicht erfunden« hatte, wie man uns signalisierte.

Zu Hause war seine Ehefrau auf sich gestellt. Hausarbeiten gingen ihn nichts an. Auch Reparaturen in der Wohnung und am Auto überließ er gern ihr. Wenn im Herbst oder Frühjahr die Räder am PKW umgesteckt werden mußten, gab er ihr altkluge Hinweise, während sie alle Kraft aufbot und Räder wechselte. Er machte sich die Hände nicht schmutzig.

Frau K. stammte aus einer Pfarrersfamilie und war christlich erzogen. Sie war eine sehr fleißige und fürsorgliche Mutter, der man im Betrieb, in der Hausgemeinschaft und im Freizeitbereich nur positive Charaktereigenschaften bescheinigte. Die gesamten Ermittlungen zum Opfer bestätigten ihr einen ausgezeichneten Leumund.

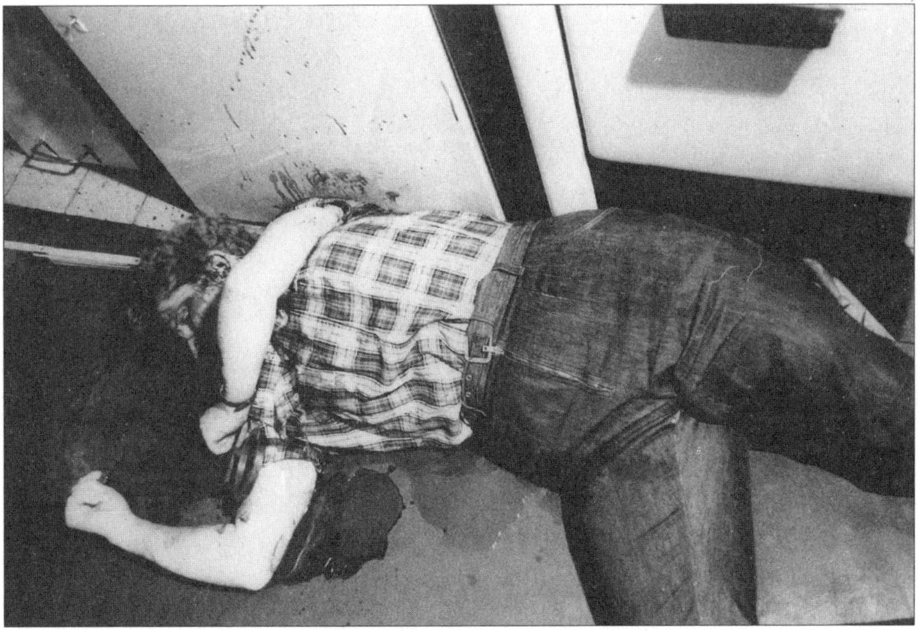

Das Opfer des Messerstechers.

Diese Einschätzungen von außen halfen uns weiter. Herbert K. kontrollierte und delegierte gern. Als wir ihn bei der weiteren Vernehmung damit konfrontierten, mit Kalkül gegen seine Frau vorgegangen zu sein, wechselte er plötzlich die Strategie. Da er sich nicht mehr auf Notwehr berufen konnte, brach er auf Kommando in Tränen aus, ein Phänomen, auf welches wir Kriminalisten öfters treffen.

Ich durchschaute ihn und bot all mein Können als Vernehmer auf, bis er unter der erstickenden Beweislast zugab, in der konkreten Situation den Tod seiner Frau bedingt vorsätzlich in Kauf genommen zu haben. Zwar versuchte er noch in der Hauptverhandlung, seine brutale Straftat herunterzuspielen, aber das Gericht ließ sich nicht täuschen. Es verurteilte ihn zu einer hohen Freiheitsstrafe. Damals dachte ich oft: »Was für ein jämmerlicher Kerl!«

5

DAS TOTE NEUGEBORENE IM WASSEREIMER
(Weida, 1974)

Andrea B. wurde ungewollt von einem anderen Mann schwanger. Der Umstand, daß sie verheiratet war, zwang sie, das Kind abtreiben zu lassen. Nachdem sie am 13. September 1973 erst ihren Frauenarzt aufgesucht hatte und dieser ihr bestätigte, im dritten Monat zu sein, fuhr sie anschließend in die Geraer Frauenklinik, um die Schwangerschaft zu unterbrechen. In Gera dauerte ihr jedoch alles zu lang. Andrea B. fuhr zurück und unternahm längere Zeit nichts, bis es im vierten Monat zu spät für den geplanten Eingriff war. Sie trug das Kind aus, ohne eine Schwangerenberatung in Anspruch zu nehmen. Allerdings fehlte nach dem Geburtstermin jede Spur von dem Kind im Haushalt der Familie B. Die Behörden informierten die Kriminalpolizei Gera, die am 18. Dezember 1974 die MUK anforderte.

Andrea B. wurde dem Gruppenposten in Weida zugeführt und durch die MUK zum Verdacht der Kindestötung befragt. Ihre anfänglichen Lügen waren nicht schwer zu durchschauen. Als sie geständig wurde, erklärte sie, das Kind tot zur Welt gebracht zu haben.

In Wahrheit hatten bei ihr am 25. Februar 1974 gegen Mitternacht plötzlich die Geburtswehen eingesetzt. Erfahren in Sachen Geburt, habe sie sich in der Küche leicht hingehockt, um den Geburtsvorgang zu beschleunigen. Nach zwei bis drei Preßwehen sei das Kind gekommen. Nachdem es auf den Fußboden gefallen wäre, hätte es sich bewegt und leise Geräusche von sich gegeben. Andrea B. sagte aus, nach der Geburt noch eine Weile benommen gewesen zu sein, später aber, als sie wieder bei Kräften war, einen Melkeimer geholt zu haben und den Jungen mit Nachgeburt dahinein gelegt zu haben. Anschließend habe sie sich gewaschen und den Küchenboden gewischt. Niemand sollte von der Geburt erfahren. Ihre Kinder durften am nächsten Morgen nichts davon bemerken.

Uns Vernehmern wollte sie glaubhaft machen, den Säugling im Waschkessel verbrannt zu haben. Auch diese Angabe war schnell als

Lüge enttarnt. Sie hatte doch tatsächlich am nächsten Tag ihren Sohn beauftragt, diesen Eimer in die äußerste Ecke im nicht benutzen Taubenschlag zu stellen. Ihr Sohn konnte nicht ahnen, daß sich in diesem Eimer sein toter Bruder befand. Ihr Ehemann war zu jenem Zeitpunkt in der BRD zu Besuch, weshalb auch er völlig unwissend blieb. Als wir ihn vernahmen, gab er an, weder bemerkt zu haben, daß seine Frau schwanger gewesen war, noch von dem intimen Verhältnis seiner Frau zu einem anderen gewußt zu haben. Bei der Zeugenvernehmung gab der Intimpartner aus Weida sein sexuelles Verhältnis zu Andrea B. zu. Er war zweifelsfrei der Vater des Kindes.

Obwohl die Geburt schon zehn Monate zurücklag, veranlaßten wir eine frauenärztliche Untersuchung. Eine Schwangerschaft und spätere Geburt blieben nicht ausgeschlossen.

Ob das tote Kind wirklich im Taubenschlag lag, untersuchten nun ich und unser Kriminaltechniker. Im Seitengebäude stießen wir auf den Eimer – und auf den Säugling. Gemeinsam mit dem Kriminaltechniker sicherte ich als Untersuchungsführer sämtliche Spuren, während der Staatsanwalt eine gerichtsmedizinische Sektion für den nächsten Tag 09.00 Uhr in Jena beim Institut für gerichtliche Medizin anordnete. Am Fundort stellte der Leichenschauarzt den Tod des teilweise skelettierten Säuglings fest und schrieb den Totenschein aus.

Das Unheimliche an der Geschichte war, daß ich den Eimer mitsamt den Überresten des toten Kindes über Nacht mit nach Hause nahm und diese Beweise in unserem Keller bis zur Sektion am anderen Morgen sicherte. Meiner Frau erzählte ich erst viel später davon! Sie war entsetzt.

Am nächsten Tag war auch der Staatsanwalt in der Gerichtsmedizin Jena anwesend. In dem konkreten Fall mußte geklärt werden, ob die skelettierten Knochen aus dem Eimer von einem Menschen stammten. Das Ergebnis hätte nicht eindeutiger ausfallen können.

Hätte Frau B. unmittelbar nach der Geburt für das Kind gesorgt, wäre es wohl nicht gestorben. Nach eigenen Angaben wäre sie physisch und psychisch dazu in der Lage und sich ihres Handelns stets bewußt gewesen. Allein ihr Widerwille und ihre Angst, sich zu verantworten, habe sie dazu getrieben, das Kind einfach sich selbst zu überlassen. Somit ließ sie den kleinen Jungen durch Unterlassen einfach sterben.

Daß sie nach ihrem ersten Besuch beim Frauenarzt als schwanger registriert worden war, hatte sie nicht mit bedacht. Als die Behörden auf sie aufmerksam wurden, führte eins zum anderen. Für ihr schuldhaftes Verhalten erhielt sie eine Freiheitsstrafe von drei Jahren. Nach zwei Jahren wurde das Urteil auf Bewährung ausgesetzt. Sie kehrte nach Hause zurück, der Ehemann verzieh ihr und die Kinder hatten wieder ihre Mutter.

An dieser Stelle wird es Zeit, ein paar Ausführungen zu Kindestötungen nach der Geburt vorzunehmen. Vorab einige grundsätzliche Erläuterungen zu diesem kriminalistisch relevanten Tötungsverbrechen »Kindestötung unmittelbar nach der Geburt«.

Bisher wurde sich – nach meinen bisherigen Erkenntnissen – in der kriminalgeschichtlichen Literatur für die DDR-Zeit damit weniger oder nicht so intensiv auseinandergesetzt.*

Die MUK Gera mußte im Durchschnitt ein bis zwei derartige Verbrechen im Jahr bearbeiten. Es kam auch vor, daß wir vier bis fünf solcher Delikte im Jahr zu untersuchen hatten.

Obwohl es in der DDR durch das gut organisierte Gesundheitswesen eine fast lückenlose Schwangerschaftsberatung und -betreuung für jede Frau gab, kam es im Einzelfall doch vor, daß eine schwangere Frau in diesem System »durchrutschen« konnte. Jede schwangere Frau in der DDR konnte unbesorgt ein Kind zur Welt bringen. In einzelnen Fällen kam es dennoch zu solchen Verbrechen. Gerade deshalb muß man auf die psychologische Situation dieser Straftäterinnen eingehen. Warum verheimlichte eine Frau die Schwangerschaft?

Dafür gibt es aus meiner Sicht einige Gründe der Schwangeren: Eine Frau ist verheiratet, hatte aber mit einem anderen Partner außerehelichen Geschlechtsverkehr und wurde von diesem Mann schwanger. Der Geliebte wollte das Kind nicht und so entwickelte sich bei der Schwangeren eine regelrechte Abneigung zu dem zu erwartenden Kind. Dem Ehemann wollte sie ihre außereheliche Beziehung nicht beichten. Eine vermutete Schwangerschaft wurde kategorisch verneint.

Aber auch verheiratete Frauen ohne außerehelichen Geschlechtsverkehr bekommen oder bekamen plötzlich »Scham« wegen ihrer erneuten Schwangerschaft. Sie verheimlichten ihre Schwangerschaft bis zur Geburt

---

* Kriminaloberrat a. D. Klaus Dalski beschreibt in seinen beiden Büchern »Der Kopf in der Ilm« (Arnstadt, 2010) und »Die Bombe auf dem Zwiebelmarkt« (Arnstadt, 2011) einige solcher Fälle.

und entschieden sich in der konkreten Situation zur Tötung. Neueste Beispiele aus der Praxis belegen diese Feststellung ebenfalls. Ihre Ehe wollte sie nicht aufs Spiel setzen, eine Abtreibung hatte sie verpaßt (die in der DDR gesetzlich legitimiert war) und nun war das zu erwartende Kind nicht gewollt. Die Schwangerschaft wurde verheimlicht, das »Dickerwerden« wurde damit begründet, man habe zugenommen. Mit der entsprechenden Kleidung wurde alles kaschiert. Die Umgebung vermutete eventuell eine Schwangerschaft, aber die Schwangere fand immer wieder gekonnte Ausreden. Selbst die eigenen Ehemänner, Verwandten oder Bekannten glaubten dann in der Regel diese »Ausreden« und unternahmen nichts. Man ahnte ja nichts Böses.

Somit wurde aber bei diesen Frauen zu diesem frühen Zeitpunkt noch keine Tötungsabsicht während der Geburt in Betracht gezogen. Der Schwerpunkt lag erst einmal darauf, seiner Umwelt begreiflich zu machen: Ich bin nicht schwanger!

In der Regel wurde von solchen Täterinnen meist erst kurz in bzw. nach der Geburt die Tötung durch »Tun oder Unterlassen« in Betracht gezogen und umgesetzt. Wie es dann zur Entschlußfassung der Tötung kam, werde ich später an authentischen Fällen beschreiben.*

Aber auch bei ledigen Frauen kam es und kommt es immer noch in einzelnen Fällen vor, daß sie schwanger wurden, die Schwangerschaft verheimlichten und dann während bzw. nach der Geburt ihren Säugling töteten.

In solchen seltenen Situationen wurde nicht verhütet, obwohl Frauen die »Pille« in der DDR kostenlos zur Verfügung gestellt wurde. Diese Frauen waren vor allem auch durch die Bereitstellung von Kinderkrippen und Kindergartenplätzen sowie durch die Sicherung ihres Arbeitsplatzes nach der Geburt sozial abgesichert.

Daß sich aber im Einzelfall doch Frauen für eine Verheimlichung der Schwangerschaft entschieden, lag eben daran, daß ihnen die innere Bereitschaft fehlte, das werdende Leben zu akzeptieren und für es Sorge zu tragen. So wird im Verlauf der Monate aus Abneigung Ignoranz; und eine ignorante Mutter ist zu allem fähig.

---

* Zahlreiche historische Fälle finden sich in: »Kindstötung. Gerichtliche Medizin im 19. Jahrhundert. Ein gerichtsmedizinischer Pitaval. Band 3.« Zusammengestellt aus Fachzeitschriften des 19. Jahrhunderts. Herausgegeben von Wolfgang Dürwald, Leipzig 1990.

Der Jurist Hans Girod schreibt dazu treffend: »In den meisten Fällen führt die über die Dauer der Schwangerschaft manifestierte Abwehrhaltung in der aktuellen Phase der Geburt zum spontanen Tötungsvorsatz, wenngleich auch vorher diffuse Vorstellungen zur Beseitigung des Kindes bestanden haben können. Diese Tatsache beeinflußt die Tatbestandsmäßigkeit der Kindestötung nicht.«*

Im Strafgesetzbuch der DDR wurde im § 113 Totschlag diesem Tatbestand eine besondere Bedeutung eingeräumt und strafrechtlich anders beurteilt als der vorsätzliche Mord (die psychische Situation der Frau in dieser Situation wurde berücksichtigt und strafrechtlich anders bewertet). Gesetzestext § 113 Absatz 1, Ziffer 2 StGB: »Die vorsätzliche Tötung eines Menschen wird mit Freiheitsstrafe bis zu 10 Jahren bestraft, wenn eine Frau ihr Kind in oder gleich nach der Geburt tötet.«

Durch den § 113 StGB war eine klare Abgrenzung zum Mord festgeschrieben. Deshalb wurde auch vor allem zum Motiv, zu den persönlichen Beweggründen und zur Entschlußfassung dieses Straftatbestandes eine exakte kriminalistische Untersuchung notwendig. Das heißt, das Umfeld der Täterin und die Umstände ihres strafrechtlichen Verhaltens exakt zu ermitteln, um dann eine objektive strafrechtliche Schuldfähigkeit vom Gericht vornehmen zu können. Obwohl damit natürlich die »Schwere der Schuld« einer besonderen Wertung unterzogen wurde und dies auch heute so strafrechtlich relevant beurteilt wird.

Somit hat man richtigerweise eine eindeutige Abgrenzung zum Mord vorgenommen. Aber es blieb und bleibt der subjektive Vorsatz »Vorsätzliche Tötung« als Grundtatbestand bestehen. Das bedeutet, die vorsätzliche Tötung eines »Neugeborenen« durch die Kindesmutter in oder gleich nach der Geburt mittels Gewalteinwirkung (z. B. Erwürgen, Erdrosseln, Ertränken, Erstechen, Ersticken) oder durch passives Verhalten – bewußtes Unterlassen (z. B. einfach liegenlassen, Unterkühlung) – sind Grundlagen des Straftatbestandes und haben Einfluß auf eine objektive Strafzumessung und auf das subjektive Verhalten.

»Der Begriff »in der Geburt« umfaßt die Zeitspanne vom Einsetzen der Wehen bis zum Austritt des Kindes aus dem Mutterleib. Der Begriff gleich »nach der Geburt« umfaßt die Zeitspanne, in der sich die

* Hans Girod: »Die kriminalistische Untersuchung verdächtiger Todesfälle.« Berlin 1990, S. 27.

Gebärende noch in psychischer Erregung der Geburt und Nachgeburt befindet.»*

In solch einer Situation kann sich dieser Zeitraum bei der Gebärenden Minuten bis Stunden hinziehen. Voraussetzung für eine strafrechtliche Verfolgung ist der Nachweis, daß das Kind im vorgenannten Zeitraum gelebt hat.

Dabei wurde und wird bei diesen Straftaten generell die Gerichtsmedizin einbezogen. Durch eine gerichtsmedizinische Sektion kann nachgewiesen werden, ob es sich um eine Totgeburt handelt oder ob das Neugeborene gelebt hat. Entscheidend für die Schuldform der Kindesmutter war, wie sie sich während und nach der Schwangerschaft verhalten hat und wie ihre Einstellung zum werdenden Leben ist. Es ist nicht abwegig, daß der Vorsatz zur Tötung bereits längere Zeit vor der Geburt des Kindes gefaßt wurde. Entscheidend ist aber die psychische Verfassung und besondere Lage der Gebärenden in dieser konkreten Situation.

Mit der Einführung der sogenannten »Babyklappe« stellte sich bisher nicht der erhoffte Erfolg, Neugeborene nach der Geburt am Leben zu erhalten, ein. Frauen, die ihre Schwangerschaft verheimlicht haben, gehen trotzdem in der Regel den Weg des strafrechtlichen Risikos ein und töten ihr Kind in den meisten Fällen unmittelbar nach der Geburt. Trotz intensiver Medienaufklärung sind solche Frauen skeptisch. Wahrscheinlich wollen sie ihr Kind in keiner fremden Hand aufwachsen sehen. Sie betrachten es einfach als einen Teil ihres Körpers und ihres Lebens.

Wenn die Umstände es zulassen, sollte einer Gebärenden nach der Babyklappenentscheidung eventuell ihr Neugeborenes zur weiteren eigenen Erziehung übergeben werden. Die Umstände dieser ihrer eigenen Entscheidung müssen aber moralisch und gesellschaftlich geprüft werden. Diese Entscheidung ist sicherlich nicht einfach und könnte immer nur eine Einzelfallentscheidung sein. Aber die Ideallösung wurde noch nicht gefunden.

---

* »Wörterbuch Sozialistische Kriminalistik.« Beitrag: Kindestötung. Berlin 1981, S. 225.

6

DIE DREI MORDE VON BÜRGEL
(1976, 1978, 1982)

Der erste Mord, 10. Juli 1976

Die Stadt Bürgel war schon zu DDR-Zeiten durch die blau-weiße Bürgeler Keramik weit über die Grenzen des Bezirkes Gera hinaus bekannt. Die Bürgeler Keramiktage waren und sind nach wie vor ein Anziehungsmagnet. Getrübt wurde das Leben in dieser kleinen freundlichen Stadt durch drei grauenvolle Morde.

Am 10. Juli 1976 wurde die Kriminalpolizei des Volkspolizeikreisamtes Eisenberg in Kenntnis gesetzt, daß man in der Kleinstadt Bürgel – im damaligen Kreis Eisenberg – in einem Garten eine ältere Frau tot aufgefunden hat. Die gesamte Auffindungssituation deutete auf ein scheußliches Verbrechen hin, welches sich in der Folge der Untersuchungen bestätigte.

Die MUK Gera kam sofort zum Einsatz. Ich selbst war an diesem Sommertag 1976 mit den zugeordneten Kriminaltechnikern für die gesamte Tatortarbeit verantwortlich. Als wir zur Stelle waren, fanden wir die Leiche in der Gartenlaube liegen. Nachdem die kriminalistische Spurensuche an der Toten abgeschlossen war, erfolgte die gerichtsmedizinische Sektion. Diese ergab, daß die 60jährige Rentnerin in ihrem eigenen Garten sexuell mißbraucht, mit einem Hammer niedergeschlagen und ihr mit einer Sichel direkt ins Herz gestochen wurde. Infolge dieser brutalen Handlung war das Opfer sofort verstorben.

Ein angesetzter Fährtenhund nahm zwar eine Spur auf, diese verlor sich aber auf der Hauptstraße in Bürgel. Weiterhin wurden im gesamten Gartenbereich Geruchsspuren entnommen. Parallel liefen in Bürgel umfangreiche kriminalistische Rundumermittlungen an. Die Erweiterte MUK wurde eingesetzt, um zielgerichtet Alibis zu überprüfen und alle nötigen kriminalpolizeilichen Untersuchungen durchzuführen.

Mittels Lautsprecherwagen wurde die Bevölkerung in Bürgel und in den angrenzenden Dörfern um Mithilfe aufgerufen. Hausbewohner aller Straßen in Richtung dieses Gartens sollten dabei helfen, eine detaillierte Personenbewegung zu erarbeiten. Gut möglich, daß der Täter in diesem Personenkreis zu finden war. Das Verbrechen versetzte natürlich die Bürger des kleinen Bürgel in hellste Aufregung. Das traf ebenfalls auf die Verantwortlichen der Kreis- und Bezirksleitung der SED zu, was den Druck auf uns, diese Straftat aufzuklären, erheblich erhöhte. Man wollte schnellstens wieder Ruhe in der Bevölkerung haben.

Wie üblich fand spät abends die Beratung zum Stand der Ermittlungen statt. Die Besprechungen führte der Leiter der MUK, während die einzelnen Komplexleiter aus ihrem Bereich über die Ermittlungsergebnisse berichteten. Danach wurden die Untersuchungsrichtungen für den nächsten Tag festgelegt. An diesen Besprechungen nahmen – bei Notwendigkeit – der K-Leiter des Kreises und Bezirkes, der Bezirksstaatsanwalt, Mitarbeiter der Kreisdienststelle des Ministeriums für Staatssicherheit (MfS), Mitarbeiter der Hauptabteilung K – vertreten durch den Hauptmann der K, Gero Steidl – sowie Kriminalisten der Sonderkommission (SK) des MfS des Bezirkes teil.

Ein Mitarbeiter der Kreisdienststelle fragte an jenem Abend in die Runde, ob wir schon ein »politisches Motiv« in Betracht gezogen hätten. Er begründete das doch tatsächlich damit, daß der Mord mit »Hammer und Sichel« verübt worden war. Jeder wußte sofort, was gemeint war: Die Fahne der damaligen Sowjetunion führte »Hammer und Sichel« als Symbole. Wir mußten natürlich ernst bleiben und gaben sachlich zu verstehen, daß alle Richtungen geprüft würden. In der Folge sollte sich herausstellen, daß das Sexualverbrechen nicht politisch motiviert war.

Nach ersten Ermittlungen stießen wir auf Klaus P., einen psychisch auffälligen, geschiedenen und wegen eines Sexualdeliktes gerade aus der Haft entlassenen Mann, der in der unmittelbaren Nähe des Tatortes gesehen worden war. Gegen ihn hatten wir freilich noch nichts in der Hand, doch schlossen wir ihn als Täter nicht aus.

Es kam aber, daß der Geruchsdifferenzierungshund auf Klaus P. reagierte. Um sicher zu gehen, setzten wir noch einen zweiten Hund ein – mit demselben Ergebnis. Können sich etwa zwei Hunde irren? Wir erinnerten uns, daß der Fährtenhund in die Richtung der Wohnung des Verdächtigen gelaufen war. Konnte das eine erste Spur sein?

Die Zentrale MUK von der Hauptabteilung K Berlin kam ebenfalls zu der Auffassung, daß Klaus P. als potentieller Täter betrachtet werden könne. Wir versuchten nun, Weg-Zeit-Diagramme zu erstellen, die dazu dienten, den Weg und die Zeit zum Tatort exakt zu dokumentieren. Parallel stellten wir umfangreiche Ermittlungen zum gesamten Aufenthalt von Klaus P. an. Seine Vorstrafe, Lebensweise und seine psychischen Auffälligkeiten sowie der Verdacht, daß er sich unmittelbar an diesem Garten aufgehalten hatte, bestätigten unseren Tatverdacht, mehr aber nicht.

Der MUK-Leiter, Hauptmann der K, G. Schulze, mußte nun entscheiden, Antrag auf Haftbefehl zu stellen oder nicht. Unter diesem Druck entschied er sich dafür. Das Gericht folgte dem bisherigen Ermittlungsstand, und kurz darauf kam Klaus P. in die Untersuchungshaftanstalt Gera. In Bürgel zog wieder Ruhe ein.

Eine Ermittlergruppe versuchte in Bürgel, jede Kleinigkeit zu Klaus P. kriminalistisch aufzuarbeiten, um der Vernehmergruppe weitere Beweismittel in die Hand zu geben. Der Hauptmann der K, F. Kuhnert, und ich standen vor der Aufgabe, von Klaus P. ein Geständnis zu diesem Mord zu

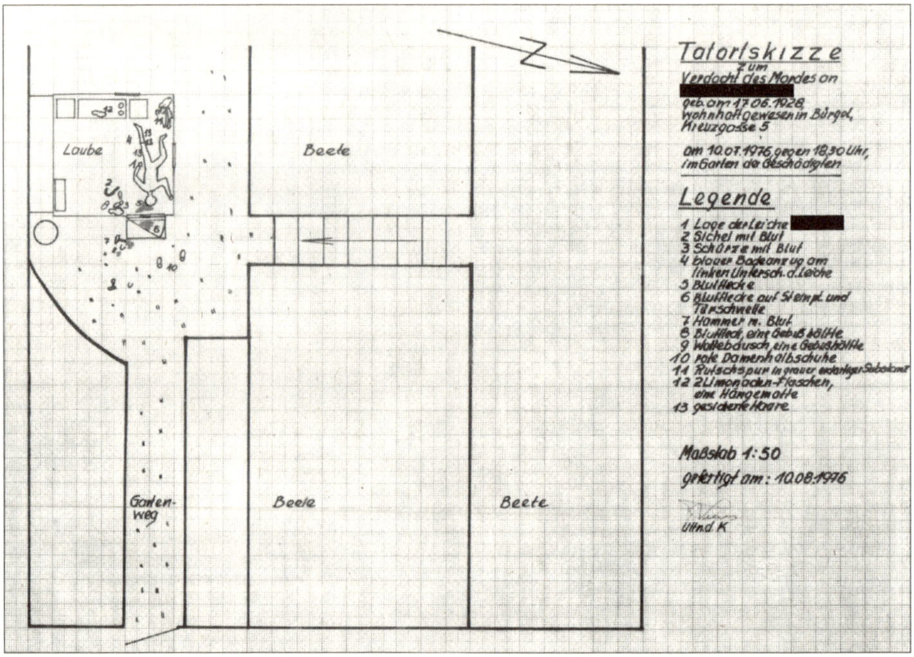

Tatortskizze im Garten des Opfers in Bürgel.

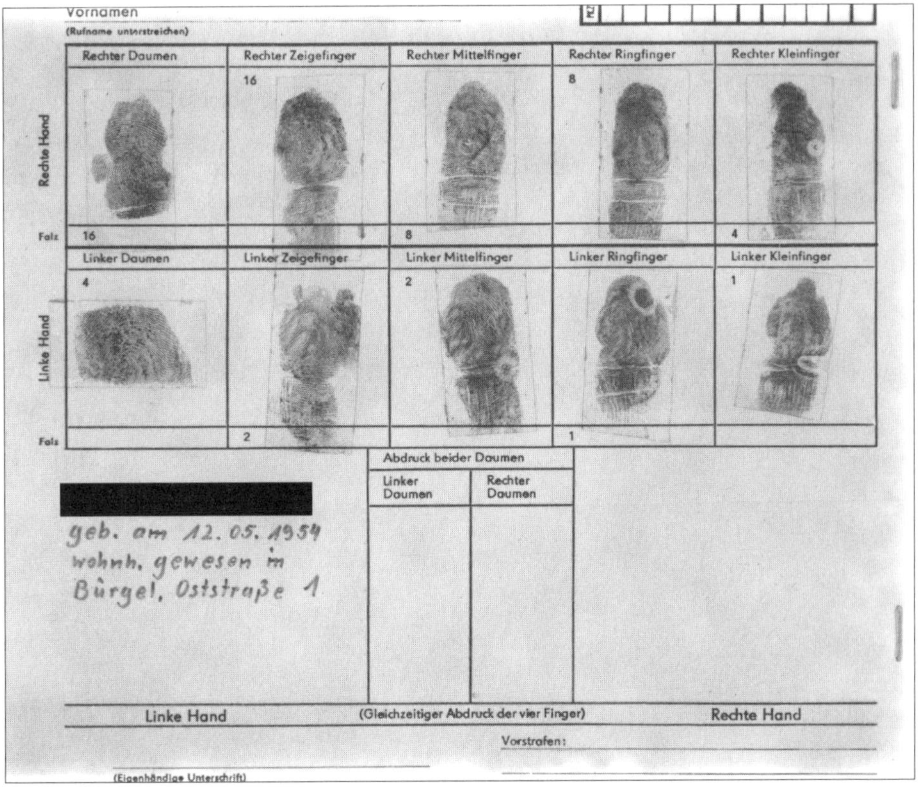

Vornamen
(Rufname unterstreichen)

Rechte Hand

Rechter Daumen	Rechter Zeigefinger	Rechter Mittelfinger	Rechter Ringfinger	Rechter Kleinfinger
	16		8	
Falz 16		8		4

Linke Hand

Linker Daumen	Linker Zeigefinger	Linker Mittelfinger	Linker Ringfinger	Linker Kleinfinger
4		2		1
Falz	2		1	

Abdruck beider Daumen

Linker Daumen	Rechter Daumen

geb. am 12.05.1954
wohnh. gewesen in
Bürgel, Oststraße 1

Linke Hand (Gleichzeitiger Abdruck der vier Finger) Rechte Hand

Vorstrafen:

(Eigenhändige Unterschrift)

Fingerabdruckbogen vom Opfer.

erlangen. Bevor wir begannen, konsultierten wir den Psychiater Dr. med. Panneborg, um zu erfahren, welchen Einfluß die Nervenkrankheit des Verdächtigen (er litt an Schizophrenie) eventuell auf die Ausführung dieser Straftat gehabt haben könnte. Wir befragten ihn für zwei mögliche Fälle:

1. Klaus P. hat die Straftat in einem schizophrenen Schub begangen. Wäre dies der Fall, könnte es sein, daß er diese Straftat verdrängt hat? Könnte er sich überhaupt noch an Einzelheiten der Tatsituation erinnern? Wie würde sich die Schizophrenie auf die Vernehmung auswirken? Ist er belastbar genug für eine Vernehmung? Welche Auswirkungen hat seine Krankheit auf seine Aussagebereitschaft?
2. Klaus P. beging diese schwere Straftat aus sexuellen Erwägungen bewußt vorsätzlich. Auf Grund seiner psychisch auffälligen Persönlichkeit müßten wir uns auf eine schwierige und langwierige Vernehmerzeit einstellen.

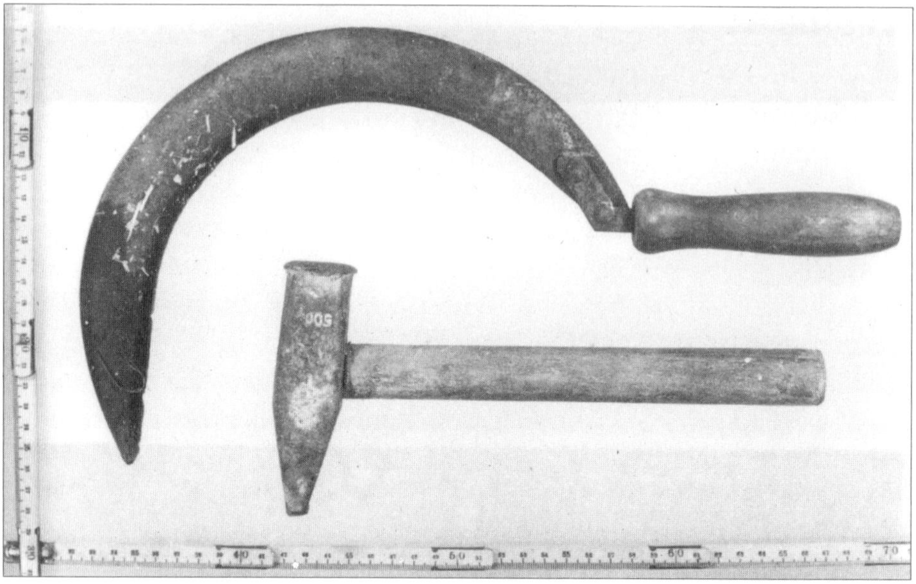

Das Tatwerkzeug: ein Hammer von 500 g und eine Sichel.

»Mit dem Hammer versetzte ich der Frau ▇▇▇ mehrere kräftige Schläge gegen den Kopf. Wie oft ich zuschlug, weiß ich nicht mehr, ich schätze vier- bis fünfmal. Dabei hielt ich ihr den Mund zu.«

Mit den gewonnenen Erkenntnissen aus nervenfachärztlicher Sicht und den bis dato ermittelten kriminalistischen Untersuchungsergebnissen – objektive Beweismittel lagen nicht vor – bauten wir unsere Vernehmungstaktik auf.

Sich der Persönlichkeit von Klaus P. zu nähern, gestaltete sich schwierig. Nach und nach konnten wir aber Vertrauen zu ihm aufbauen, und so war er bereit, seine Sicht auf die Dinge darzustellen. Seine körperliche Belastbarkeit war teilweise eingeschränkt. Wir merkten mit der Zeit, wann seine Konzentration nachließ. Das zeigte sich vor allem daran, daß er häufig rauchen wollte oder während des Gesprächs wie abwesend schien. Wir paßten die Zeiträume der Vernehmung an sein Befinden an.

Zu einem Geständnis konnten wir Klaus P. nicht bewegen. Sein innerer Schutzmechanismus half ihm, uns in dieser Sache keinen Gefallen zu tun, was sich in der Folge als richtig erwies. Zwar räumte er ein, am Tattag bis an diesen Garten unterwegs gewesen zu sein, mit der Tat aber hätte er nichts zu tun. Er wäre in der Nähe des Gartens nur spazieren gewesen. Dabei blieb er. Andere Beweismittel – bis auf die Geruchsspuren, die nicht als Beweismittel anerkannt waren und nur als Hinweis dienten – konnten nicht erbracht werden. In der Folge überkamen uns selbst Zweifel, ob Klaus P. wirklich der Mörder war. Noch nach einigen Monaten Vernehmung blieb der Verdächtige bei seiner Version. Obwohl ihn Zeugen am Tattag gesehen hatten und die Weg-Zeit-Diagramme belegten, daß seine Zeit zum Spazieren ausgereicht hätte, die Straftat zu begehen, lag uns trotzdem kein einziger eindeutiger Beweis für seine Schuld vor. Eine Ermittlergruppe arbeitete fast bis zum Verfahrensabschluß in Bürgel, um weitere Details zu Klaus P. zu ermitteln, aber ohne greifbares Ergebnis.

Als wir der Auffassung waren, daß die Mordsache an der Rentnerin ausermittelt war, wurde das Ermittlungsverfahren zur Entscheidung an den Bezirksstaatsanwalt Gera abgegeben. Dieser prüfte die Ermittlungshandlungen ebenso akribisch wie kritisch und entschied, daß die ermittelten Fakten für eine erfolgversprechende Anklage nicht ausreichend wären. Er stellte das Verfahren wegen Mangels an Beweismitteln ein. Klaus P. wurde aus der Haft mit Haftentschädigung entlassen. Der Mord galt ohne weitere verwertbare Spuren als ungeklärt, wurde jedoch nicht zur Seite gelegt. Die Menschen von Bürgel waren von dieser

Entscheidung nicht begeistert, schon deshalb, weil Klaus P. zurück nach Bürgel kam und weiterhin in seiner Wohnung wohnte.

In der Folge stellte sich aber heraus, daß diese Entscheidung richtig war. Bis zur endgültigen Klärung des Mordes an der Rentnerin mußte in Bürgel jedoch noch eine zweite Frau sterben. Bis uns das Geschehene von 1976 wieder einholte, vergingen knapp zwei Jahre.

Der zweite Mord, 21. Mai 1978

Am 21. Mai 1978, gegen 23.30 Uhr, fand in Thalbürgel eine Tanzveranstaltung statt. Am Morgen des folgenden Tages wurde die Leiche der jungen Susanne N. auf einem Kinderspielplatz in Bürgel – teilweise im Spielsand verscharrt – gefunden. Nach einem Streit mit ihrem Freund hatte sie die Veranstaltung vorzeitig verlassen und sich auf den Weg Richtung Bürgel zu ihrer Wohnung gemacht. In der Nähe des Spielplatzes am Badertor traf sie mit ihrem Mörder zusammen. Lutz B. kam mit ihr ins Gespräch. In der Folge der Ereignisse würgte er sie und wollte sie damit zum Geschlechtsverkehr zwingen. Da sie sich so massiv gegen seinen Angriff zur Wehr setzte, erwürgte er die junge Frau letztlich und verscharrte sie anschließend im Sandkasten. Dann entfernte er sich, entnahm aber noch aus ihrer Handtasche persönliche Gegenstände, die er auf der Fernverkehrsstraße in Bürgel in der Nähe eines Polstergeschäftes in den Gully warf. Mit diesem Manöver wollte er den Mord auf andere Personen lenken.

Nachdem die junge Frau in diesem Spielsand entdeckt wurde (siehe Übersichtsaufnahme vom Fundort), wurden durch die Kriminalpolizei Eisenberg sofort kriminalpolizeiliche Maßnahmen (umfangreiche Sicherung des Fundortes, erste Befragung von Zeugen) eingeleitet. Die Mitarbeiter des Institutes für gerichtliche Medizin Jena unter Leitung von Oberarzt Dr. med. Manfred Disse kamen umgehend zum Fundort und verschafften sich einen Überblick über die Auffindesituation des Opfers. Da sich starker Regen ankündigte, ließ ich veranlassen, daß über den Fundort ein großes VP-Zelt gespannt wurde, um die wertvollen Spuren nicht dem Regen auszusetzen. Somit konnten wir im Trockenen alle relevanten Hinweise sichern. Als die umfangreiche Spurensuche und Sicherung abgeschlossen war, wurde das Opfer auf

Auffindesituation des Opfers im Sandhaufen.

Veranlassung des Kreisstaatsanwaltes Eisenberg in die Gerichtsmedizin Jena zur Sektion überführt, um weitere Spuren an der Leiche zu sichern und die exakte Todesursache festzustellen.

Erneut kam die E-MUK zum Einsatz. Das »Spiel« begann in Bürgel nun von vorn. Umfangreiche Ermittlungen, aber vor allem der Ort der Tanzveranstaltung als Ausgangspunkt und der Weg des Opfers, brachten uns bald auf die Spur des tatsächlichen Täters.

Verdächtigt wurde alsbald Lutz B. Zwei Fragen stellten sich: Wieso er und nicht Klaus P.? Und warum faßten wir ihn nicht bereits 1976?

Das Problem lag darin, daß Lutz B. nicht auf der Liste von einschlägig vorbestraften Sexualstraftätern genannt wurde, die der MUK zwei Jahre zuvor zugearbeitet worden war. Auf die Frage nach seinem Verbleib zur Tatzeit hatte ihm seine Großmutter ein glaubhaftes Alibi verschafft, so daß er 1976 plötzlich nicht mehr im engeren Verdächtigenkreis stand. Die Ermittler hatten keine Kenntnis, daß er bereits wegen Vergewaltigung eine Haftstrafe verbüßt hatte.

Zwei Jahre später bereitete es Lutz B. erhebliche Probleme, sein eigenes Alibi wasserdicht, lückenlos und glaubhaft zu vermitteln. Es fehlte ihm an diesem Abend zirka eine halbe Stunde, die er nicht nachweisen konnte. Mit Blick auf die kurze Entfernung zwischen Tatort und seiner Wohnung hätte ihm die Zeit, den Mord zu begehen, vollkommen ausgereicht. Lutz B. konnte den Ermittlern nicht entkommen. Zwar waren die Beweismittel wiederum dürftig, aber die ersten Puzzleteile reichten, um den Verdächtigen in Untersuchungshaft zu nehmen. Es wurde erneut eine Vernehmergruppe gebildet.

Der Kollege K. Apel und ich sollten gleich bei unserer ersten Vernehmung die anfänglichen Widerstände von B. brechen. Doch dieser verfügte bereits über Hafterfahrung und wußte ganz genau, wie er sich in solchen Situationen gegenüber den Vernehmern zu verhalten hatte. Er machte es uns nicht leicht. Durch konspirative Arbeit in der Haftzelle wußten wir aber immer, welche neue Taktik er in der Vernehmung einschlug. Nach etwa drei Wochen gab Lutz B. seinen Widerstand auf und legte das erste Geständnis zum Mord an Susanne N. ab. Seine Aussagen stimmten mit dem objektiven Tatgeschehen und den gesicherten Beweismitteln am Tatort und der Leiche überein.

Endlich, wir hatten den richtigen Täter! Und wir wollten noch mehr! Sein brutales Vorgehen sprach dafür, ihn nochmals intensiv zum Mord an der Rentnerin 1976 zu befragen. Wir sollten richtig liegen. Am 3. Juni 1978 legte er sein »Geständniss« zum Mord vom 21. Mai 1978 ab.

Stellungsnahme zu meiner begangenen Straftat am 21.05.1978

Am 21.5.78 begab ich mich so gegen 23.00 Uhr vom Bürgeler Markt aus in Richtung Elterlicher Wohnung. Als ich das Badertor passierte und ich so ca. 100 m Stadtberg einwärts lief sah ich wie mir jemand entgegenkam. Als ich auf gleicher Höhe war, bemerkte ich das es ein Mädchen war. Ich erkannte sie und sprach sie auch an. Es war die Susanne N. aus Bürgel, die ich ja schon vom sehen von früher her kannte. Ich sprach sie an und sagte zu ihr: »Hallo Susanne, wo kommst Du denn her«. Sie sagte dann, das Sie aus der »Grünen Aue« komme wo die Fußballer ihren Aufstieg feiern. Darauf hin sagte ich zu ihr: »Wo sie denn ihren Mann habe oder bist Du alleine unten gewesen.« Sie sagte daraufhin das ihr Mann noch keine Lust hätte, da es so gemütlich wäre und sie es nicht länger ertragen konnte da die sowieso alle schon besoffen wären. Ich versuchte sie daraufhin zu trösten in dem ich sprach: »sie solle nicht so traurig sein er wird bestimmt bald kommen.« Daraufhin hakte ich sie unter dem Arm und sagte das ich noch ein Stück mitkomme.

Wir liefen dann den restlichen Berg hinauf und als wir unter der Lampe waren die vorm Badertor steht sagte ich zu ihr in dem wir weiterliefen und den schmalen Weg zum Südgraben einschlugen: »Das wir ja hier hinten auf ihn warten könnten und gleich sehen könnten wie er sich benimmt und ob er mit den anderen Rumgröhlt.« Wir liefen dann noch etwas so das wir uns im dunklen befanden. Sie sagte: »Weiter brauchen wir nicht zu gehen«, worauf ich ihr antwortete es ist besser er sieht uns nicht. Wir blieben dann auch stehen worauf ich sie mit meinem rechten Arm dann nach links drehte so das sie mit dem Rücken zum Gartenzaun stand. Mit der rechten Hand faßte ich unterhalb der Achsel und mit der linken Hand strich ich ihr durch Haar. Meine linke Hand faßte dann in ihren Nacken worauf ich mich ihr näherte und ihr einen Kuß gab. Dieser kam auch an und sie ließ es sich gefallen.

Danach sprach ich was es so im Kino gibt und ob sie noch hingeht. Sie sagte das sie kaum Zeit hätte und es ja sowieso Frau N. macht. Dann schwiegen wir eine kurze Zeit und ich drückte sie sanft an den Zaun und gab ihr ebenfalls einen Kuß, was sie nicht abwehrte, worauf meine linke Hand auf ihrer Schulter lag und meine rechte über ihre Brüste strich. Als sie das geschehen ließ fuhr ich von ihren Brüsten über die Taillie runter zu ihren Schenkeln und von dort aus zu ihrem Geschlechtsteil.

Dies ließ sie alles geschehen worauf ich ihr wieder körperaufwärts an die Brüste griff und dies wieder dann nach unten tat. Dabei strich ich ihr über den Bauch und versuchte mit meiner rechten Hand in ihre Kleidung reinzukommen um an die Vagina heranzukommen. Dies wollte sie wahrscheinlich nicht, so das ich erst einmal abstand davon nahm. Beim dritten Kuß versuchte ich es wieder, worauf meine Hand schon fast in ihrer Kleidung war. Darauf hin wehrte sie sich und sagte ich solle nun doch aufhören. Ich sagte ich möchte bloß mal reinfassen weiter nichts. Ich ließ aber nun nicht ab und sie wehrte sich mit ihren Beinen worauf ich versuchte ihre Kleidung herabzuziehen. Dies gelang mir dann auch und ihre Kleidung ging bis zum Knie herunter. Ich sagte sie brauche keine Angst zu haben ich tuhe ihr nichts.

Als dies geschehen war ließ ich kurz von ihr ab und versuchte ihr einen Kuß zu geben. Diesmal kam es aber nicht dazu so das ich in der zwischenzeit meine Hose öffnete und mein Glied herausnahm und dabei meine

Hose abstriff. Ich lehnte mich dicht an sie heran und berührte dabei ihr Geschlechtsteil mit meinen. In diesem Moment wußte sie wahrscheinlich was ich von ihr wollte und sie wehrte sich zusehens. In diesem Moment hatte ich nur den einen Gedanken, mit ihr intim zu verkehren.

Mit meinem rechten Knie versuchte ich ihr die Kleidung noch weiter herunter zubekommen, was mir auch gelang. Als ich nun versuchte mein Glied bei ihr einzuführen, versuchte sie mit aller Gewalt, sich von mir weg zu lösen. Daraufhin faßte meine linke Hand im unterbewußtsein an ihren Hals. Sie schrie kurz auf worauf ich plötzlich mit der Hand am Hals sehr zudrückte. Daraufhin war sie ruhig und ich ließ die Hand etwas lockerer. Doch schon danach schrie sie nochmals auf worauf ich ohne mir was dabei zu denken, wieder zudrückte. Ich war nur damit beschäftigt mit ihr unter allen Umständen zu verkehren.

Plötzlich ließ ihr Druck nach, und ich merkte wie schwer sie auf einmal wurde. Ich ließ ab und sah plötzlich wie sie zusammenknickte. Mich befiehl plötzliche Angst und Schrecken und mir kam zu bewußtsein, was ich angestellt hatte. Ich richtete sie auf und merkte das sie sich nicht mehr rührte. Daraufhin dachte ich in panischer Angst, wen jetzt jemand kommt dan bist Du geliefert und du gehst wieder ins Gefängniss. Ich zog sie halbwegs wieder an und dachte nur eins: Wohin mit ihr? Liegen lassen kannst Du sie nicht, da findet man sie gleich. Mein erster Gedanke war nur, sie muß weg, wohin ist egal.

Zuerst wollte ich sie über den Zaun bringen, aber ich drehte mich um und suchte etwas anderes. Da sah ich den Kieshaufen und ich dachte mir ich werde sie dort einbutteln. Ich nahm sie und trug sie zu diesem Kieshaufen. Dort legte ich sie ab und begann in großer Eile eine Mulde zu scharren um sie darin reinzulegen. Ich legte sie rein und schob den Kies über sie, bis nichts mehr von ihr zu sehen war. Ich prüfte nochmal ob man auch nichts mehr von ihr sieht und ob man mich beobachtete und verließ in großer Eile den Tatort in Richtung elterlicher Wohnung.

Als ich dort ankam war meine Mutter sowie der Besuch der sich dort befand (Onkel + Tante) noch auf. Im einzelnen kann ich nicht mehr genau angeben welche Gespräche geführt wurden an denen ich mich beteiligt haben könnte. Ich kann mich nur noch entsinnen daß meine Mutter geschimpft hat, als ich ihr sagte, das ich viel getrunken habe und deshalb nicht auf Arbeit gehe. Meine prinziesen Angaben die ich in meinen bisherigen Vernehmungen gemacht habe (Zeitangaben) entsprechen nicht der Wahrheit. Die Zeitangaben machte ich deshalb, um mir ein sicheres Alibi zu verschaffen, vor allem aber, weil ich vor dem nun folgenden (Haft) panische Angst hatte. Ich sehe ein das ich einen großen Fehler begangen und unmenschlich gehandelt habe.

Ich versichere und bin davon überzeugt das ich in Zukunft mein Leben so einrichten werde das derartige Dinge die ich begangen und von mir geschildert nie wieder vorkommen werden. Ich werde immer bemüht und bestrebt sein die Normen, Regeln und Gesetzlichkeiten sowie das Leben und die Gesundheit anderer Bürger zu achten. Meine hier geschilderten Angaben entsprechen der vollen Wahrheit.«

Als Beweismittel fungierte zudem ein Brief, den Lutz B. am 8. August 1978 an seinen Bruder schrieb. Er wirft ein interessantes Bild auf die Psyche des Täters.

»Lieber N! Ich weiß ja das Du in den nächsten Tagen von der Kriminalpolizei vernommen werden sollst. Da es für mich von sehr großer Bedeutung ist, nicht als Lügner da zustehen, bitte ich Dich darum wahrheitsgemäße Aussagen über unsere gemeinsamen Handlungen die wir durchgeführt haben (wichsen) zu berichten. Es ist von großer Bedeutung da ich ja hier immerhin 2 Menschen auf dem Gewissen habe. Bitte sei so gut und beantworte wahrheitsgemäß das was Du gefragt wirst. Dein Bruder L.«

Mit einem Zeitungsartikel in der »Volkswacht« wurde die Bevölkerung informiert, daß die Tötungsverbrechen aufgeklärt waren. Nun konnte in dem beschaulichen Bürgel wieder der Alltag einkehren. Lutz B. wurde im November 1978 wegen mehrfachen Mordes sowie wegen versuchter und vollendeter Vergewaltigung zu einer lebenslänglichen Freiheitsstrafe verurteilt. Er hat seine Strafe verbüßt und ist jetzt ein freier Mann.

Der dritte Mord, 1. März 1982

Der 1. März 1982 war ein freundlicher Tag. Durch den K-Leiter von Eisenberg erfuhr ich, daß Franziska R., eine junge Frau aus Hohendorf bei Bürgel, die in einer Apotheke in Jena arbeitete, nach Arbeitsschluß gegen 19.00 Uhr nicht zu Hause angekommen war. Sie fuhr gewöhnlich mit dem Linienbus von Jena-Lobeda nach Bürgel, stieg auf dem Markt in Bürgel aus und lief danach die fehlenden 2,5 km auf direktem Weg zum Haus ihrer Eltern.

Der K-Leiter veranlaßte sofort, den Heimweg systematisch abzusuchen. Auf halbem Weg war auf der linken Seite – auf einem Feld zirka 100 m neben der Straße – ein Strohlager aufgebaut. Nach intensiver Suche im Häckselstroh wurde Franziska R. am Nachmittag des Folgetages, gegen 16.00 Uhr, tot aufgefunden. Aus der Auffindungssituation des Opfers konnten wir sofort schlußfolgern, daß die junge Frau Opfer eines Sexualtötungsverbrechens geworden war.

Umgehend ließ ich in Bürgel und den umliegenden Dörfern den Funkwagen der Volkspolizei mehrmals herumfahren, um die Mitbürger um Unterstützung aufzufordern, dieses furchtbare Verbrechen aufzuklären. Fahndungsbilder vom Opfer wurden in der Presse veröffentlicht und Aushänge in Bürgel und der weitläufigen Umgebung verteilt.

Gleichzeitig ermittelten wir von der Apotheke Jena-Lobeda aus in Richtung Bürgel. Nachdem der Busfahrer und die Insassen befragt worden waren, stand fest, daß Franziska R. allein in Richtung Hohendorf gelaufen war. Sie mußte auf ihrem Fußweg nach Hause auf ihren Peiniger und Mörder gestoßen sein. Wiederum forderte ich von unserer Registratur-Abteilung des Dezernates VI eine Auflistung aller sexuell Vorbestraften zur Überprüfung an. Diesmal war uns niemand »durchgerutscht«.

Wir stießen auf Thomas H. aus Bürgel, der nach seiner Haftverbüßung wieder in Bürgel eingegliedert worden war und im Haus seiner Eltern wohnte. Als ihn zwei Untersuchungsführer zu seinem Alibi befragten, verwickelte er sich in erhebliche Widersprüche und konnte seinen Aufenthalt nicht glaubhaft erklären.

Die Untersuchungsführer und der anwesende Kriminaltechniker forderten Thomas H. auf, sich auszuziehen. Man hoffte, eventuelle Abwehrverletzungen von einem Kampf an seinem Körper feststellen zu können. Die richtige Entscheidung, wie sich schnell herausstellen sollte. Thomas H. hatte doch tatsächlich in seinem linken Schuh den Schlüssel (EWA Nr. 7526 L01) versteckt, den Franziska R. nach Geschäftsschließung an sich genommen hatte.

Die Kollegen staunten nicht schlecht, als sie im rechten Schuh außerdem die Armbanduhr des Opfers, Marke »Slava«, sichern konnten.

Thomas H. befand sich nun in erheblicher Erklärungsnot. Bei der Durchsuchung der Wohnung wurden weitere persönliche Gegenstände des Opfers sichergestellt, so z. B. der Schlüsselbund, Personalausweis und die Geldbörse mit Geld und Busfahrscheinen Jena-Bürgel. Nicht nur, daß er Franziska R. vergewaltigt und getötet hatte, er hatte die junge Frau auch noch bestohlen. Sicherlich wollte er dadurch ihre Identität vertuschen. Zu diesem Zeitpunkt ahnte Thomas H., was die Stunde geschlagen hat. Die Schlinge um seinen Hals zog sich zu.

Die Beweismittel sprachen für sich und es dauerte nicht lange, bis Thomas H. sein Geständnis ablegte. Was der Mörder nun erzählte, war grauenvoll. Er gab an, Franziska R. an jenem Abend auf ihrem Heimweg begegnet zu sein. Er fand die junge Frau, die seinem Typ entsprach, nicht nur hübsch, sie erregte ihn auch sexuell. Augenblicklich faßte er den Entschluß, sie zu vergewaltigen, und folgte ihr unauffällig. Als er sich unbeobachtet glaubte, zog er sein überraschtes Opfer mit Gewalt zu dem Strohlager. Zwar wehrte sich die junge Frau, aber dem Würgegriff des Mannes konnte sie nichts entgegensetzen. Das Strohlager war für die Tat groß genug. Ungesehen und ungestört konnte Thomas H. seine perversen Gelüste an seinem Opfer befriedigen.

Nachdem er die schreckliche Tat begangen hatte, kam ihm sein Verbrechen zu Bewußtsein. Nein, ich gehe nicht wieder in den Knast, dachte er. Um das Opfer und damit die Zeugin der Tat aus dem Weg zu räumen, erwürgte er Franziska R. ohne Gefühlsregung. Da die Leiche nicht gefunden werden sollte, bedeckte er sie großzügig mit Stroh. Danach begab er sich zu seinen Eltern nach Bürgel in die Eisenberger Straße.

Aus der Bevölkerung von Bürgel kamen die entscheidenden Hinweise, mit denen es uns gelang, den brutalen Mord innerhalb von zwei Tagen aufzuklären. Das Vertrauen der Bevölkerung in die Arbeit der Kriminalpolizei war wiederhergestellt.

Der gewissenlose Mörder Thomas H. wurde zu einer lebenslänglichen Haftstrafe verurteilt. Durch die im Jahre 1987 erlassene Amnestie wurde sein Urteil auf 15 Jahre herabgesetzt. Thomas H. wurde 1991 aus der Haft entlassen. Ein schwerwiegender Fehler, denn kurz darauf wurde er wieder straffällig.

Insgesamt beging er zwischen dem 8. November 1991 und dem 9. Juni 1993 weitere fünf schwere Straftaten im Raum Stuttgart und Dortmund.

Er vergewaltigte Frauen, drohte ihnen anschließend mit dem Messer oder erstach sie. Am 12. Mai 1993 verletzte er sein Opfer in Dortmund lebensgefährlich, am 9. Juni 1993 starb eine junge Frau, nachdem er ihr nach brutaler Vergewaltigung acht Messerstiche versetzte. Nach diesem Verbrechen konnte er endlich ermittelt und gefaßt werden.

Erneut erhielt er eine lebenslängliche Freiheitsstrafe, diesmal mit anschließender Sicherungsverwahrung. Offensichtlich hatte man während der Haftverbüßung das extrem hohe Gewaltpotential und seine sexuelle Triebhaftigkeit massiv unterschätzt. Bei einer objektiveren Beurteilung solcher Täterpersönlichkeiten wäre eine Sicherheitsverwahrung immer angebracht.

Wie soll man denn Menschen vor solchen Tätern sonst schützen? Für die Angehörigen der Opfer sind so manche strafrechtlichen Entscheidungen der Gerichte schwer verständlich.

Folgende Episode erscheint mir nach Aufklärung der Fälle noch erwähnenswert: Als wir einen Haken an die Ermittlungen machen konnten, stießen wir in der Gaststätte »Cambrinus« in Bürgel auf die gemeinsame Aufklärung der Morde an. Während wir gemütlich in der Runde saßen und bester Dinge waren, betrat Klaus P. die Gaststätte. Er setzte sich in unsere Nähe und trank ein Bier. Da ich ihn über viele Wochen vernommen hatte, hatte sich zwischen uns ein Verhältnis gegenseitiger Achtung entwickelt. Glücklicherweise nahm er mir nichts übel. Ihm war sogar klar, daß er sich durch seinen Aufenthalt in der Nähe des ersten Tatortes in Bürgel 1976 stark verdächtig gemacht hatte. Klaus P. sprach mich auf einmal an: »Thiers, warum hast du mich nicht nochmals eingesperrt? Meine Haftentschädigung ist alle, und ich könnte wieder Geld gebrauchen.«

Meine Kollegen und ich sahen ihn anfänglich verdutzt an. Dann mußten wir lachen. Zum Glück war unsere Aufgabe in Bürgel erfüllt und Bürgels Einwohner erleichtert. Bis 1990 ereignete sich in dem schönen Töpferstädtchen kein Tötungsverbrechen mehr.

Nachtrag: Auf Grund der drei Morde in der Töpferstadt Bürgel gab die Bevölkerung ihrer Stadt den Beinamen »Würgel«.

7

ZWEI MENSCHENLEBEN FÜR EINEN WARTBURG

(Jena, 1976)

Am 23. Februar 1976, gegen 19.00 Uhr, tötete Peter K., ein fleißiger »Zeissianer«, verheiratet und Vater dreier Kinder, vorsätzlich zwei Menschen am Saaleufer zwischen der Gemeinde Maua und Jena-Lobeda.

Obwohl er in recht geordneten Familienverhältnissen lebte und zusammen mit seiner Frau beim VEB Carl Zeiss Jena ein gutes Einkommen erwirtschaftete, neigte er dazu, über seine Verhältnisse zu leben. Um mehr Geld in der Tasche zu haben, lieh er sich etwa seit 1971 bei nachweislich zehn Personen Bargeldbeträge in verschiedenen Höhen. Seinen Angaben zufolge brauchte er es, um bestimmte Waren, zum Teil auch Personenkraftwagen, über das Außenhandelsunternehmen GENEX besorgen zu können. Zum Teil zahlte er die Geldbeträge sogar zurück, doch nutzte er dafür die Anzahlungen anderer Leute, für die er Autos liefern sollte.

Peter K. ging mit Kalkül und äußerst raffiniert vor. Bald stellte er sogar Schriftstücke aus, aus denen hervorging, daß seine Verwandten aus der BRD den angezahlten PKW bald liefern würden. Peter K. trat gegenüber seinen Auftraggebern so selbstsicher auf, daß keiner das geringste Mißtrauen hegte. Dabei gelang es ihm immer wieder, die gutgläubigen Käufer zur Verschwiegenheit gegenüber anderen Personen, vor allem auch gegenüber ihren Ehefrauen, zu überreden. Sie hielten sich daran und zahlten kräftig weiter. Peter K. kassierte fleißig und hatte mit Beginn des Jahres 1976 trotzdem bei drei Personen Schulden in Höhe von insgesamt 6700 Mark. Diese wuchsen beständig, so daß K. seine drei Kunden mehrmals vertrösten mußte, das Auto bald zu liefern bzw. das geliehene Geld in Kürze zurückzuzahlen. Für ihn stand aber fest: er würde weder das Auto, in diesem Fall den Wartburg, noch das Geld aushändigen. Er wollte sich aus der Affäre ziehen und wußte auch bald, wie er es anstellen wollte.

Peter K. zog zunächst neue Kunden an Land. Mit den Eheleuten U. aus Jena-Winzerla war er befreundet und kannte ihren Wunsch, ein Auto besitzen zu wollen. Er versprach ihnen, daß er kurzfristig einen Wartburg besorgen könnte. Seine Absicht bestand insgeheim jedoch darin, erst einmal eine entsprechende Anzahlung von mindestens 6700 Mark zu bekommen, um seine Schulden tilgen zu können.

Am 18. Februar 1976 holte Peter K. seine Frau von der Arbeit ab, die mit Frau U. zusammenarbeitete. Ohne daß es seine Frau hätte mitbekommen können, ließ er Frau U. in einem kurzen Gespräch wissen, daß er einen PKW für sie hätte. Dieser würde über GENEX an einen gewissen Dr. Schneider aus Maua geliefert, der an diesem nicht mehr interessiert sei.

Zwei Tage später besuchte das Ehepaar K. die Eheleute U. in ihrer Wohnung. Bei diesem Besuch sprach Peter K. während einer kurzen Abwesenheit der zwei Frauen mit Franz U. über den geplanten Autokauf. Peter K. schlug ihm vor, den Kauf am 24. Februar 1986 um 18.20 Uhr bei jenem gewissen Dr. Schneider in Maua abzuwickeln. K.s Ehefrau sollte vorerst nichts davon erfahren. Das Ehepaar U. hielt sich daran.

Um ganz sicher zu gehen, daß alles klappen würde, besuchte Peter K. seine gute Bekannte nochmals am 23. Februar 1976, gegen 14.30 Uhr, auf ihrer Arbeitsstelle. In diesem Gespräch erfuhr er von ihr, daß sie bereits den erforderlichen Geldbetrag von 18600 Mark von ihrem Konto bei der Sparkasse Jena abgehoben hatte. In diesem Augenblick wußte er bereits, daß es nötig werden würde, das Ehepaar zu töten, um an das Geld zu kommen. Mit einem Teil davon wollte er seine ausstehenden Schulden bei den drei Personen begleichen und den Rest für sich behalten. Ein hinterhältiger Plan! Auf Peter K. traf der Ausspruch, Geld verdirbt den Charakter, wirklich zu.

Alles sollte jetzt ganz schnell gehen. Mit Frau U. kam er überein, den Kauf bereits einen Tag früher, also noch am gleichen Tag, zu beschließen. Er wollte sich 18.30 Uhr mit ihrem Ehemann vor der Gaststätte »Satellit« in Jena-Lobeda treffen. Sie selber sollte am gleichen Ort jedoch erst um 19.15 Uhr sein. Vorher würde er gemeinsam mit ihrem Mann die Formalia bei Dr. Schneider in Maua abgewickelt haben. Dieser hätte den Wartburg bereits in seinem Besitz, so daß alles problemlos laufen würde. Zudem log er, daß Dr. Schneider keine weiteren Personen bei diesem Kauf zugegen haben wollte.

Peter K. plante die Tötungen akribisch. Das Ehepaar U. konnte nicht ahnen, daß dieser Termin für sie das Todesurteil bedeutete. Jetzt mußte K. nur noch seiner Frau erklären, warum er abends noch einmal ausging. Seine Antwort war so simpel wie falsch. Er log sie an, einem Arbeitskollegen zu helfen, eine Lampe in seiner Wohnung anzubringen, und packte vor ihren Augen ein Stück Kabel, einen Schraubenzieher sowie einen Hammer in seine Aktentasche.

Wie besprochen, war Herr U. pünktlich an der Gaststätte. Nachdem sich Peter K. überzeugt hatte, daß Franz U. das Geld auch bei sich hatte, begaben sich beide zu Fuß in Richtung Maua. Kurz vor dem Tatort, in Höhe der Maua-Brücke, täuschte Peter K. vor, seine Notdurft verrichten zu müssen. Zu diesem Zweck bog er von der Verbindungsstraße ab und lief an das Saaleufer. Schon nach wenigen Metern fand er eine geeignete Stelle, seinen Plan in die Tat umzusetzen. Franz U. war ihm ein Stück gefolgt – und genau so war es auch geplant. Als U. noch ein paar Schritte weiterlief und mit dem Rücken zu K. stand, um sich ebenfalls zu erleichtern, griff dieser in seine Aktentasche, holte den Hammer hervor und schlug dem völlig überraschten U. den Hinterkopf ein.

Durch diesen kräftigen gezielten Schlag fiel Franz U. seitwärts zu Boden. Anschließend schlug Peter K. noch mehrmals intensiv weiter auf den Kopf seines Opfers ein. Dann nahm er ihm den 18600 Mark schweren Geldbeutel ab und rollte den Bewußtlosen vom Ufer aus in die Saale, wo Franz U. ertrank. Das Geld steckte er in seine Aktentasche. Den Beutel warf er in die Saale.

Er begab sich, wie mit Frau U. vereinbart, zügig zurück zur Gaststätte »Satellit«. Hier begrüßte er sie und erklärte ihr, daß ihr Mann den Wartburg bereits übernommen hätte und alles erledigt sei. Sie könne nun nachkommen.

Peter K. lief jetzt zusammen mit seiner Bekannten denselben Weg wie zuvor mit ihrem Mann. Kurz vor dem Tatort erklärte er ihr, daß er noch ein Kantholz für den Hausbau des angeblichen Dr. Schneider am Saaleufer mitnehmen müßte. Auch Frau U. folgte ihm auf seine Lüge hin arglos nach. Unterwegs zum Ufer wartete der skrupellose Mörder auf eine Gelegenheit, direkt hinter sie zu kommen. Kurz vor dem Ufer fragte sie nach den Kanthölzern. Er wies sie darauf hin, daß diese unten am Saaleufer liegen würden. Sie ging weiter nach unten. Diese Naivität nutzte er aus, den Hammer aus seiner Tasche zu nehmen und die

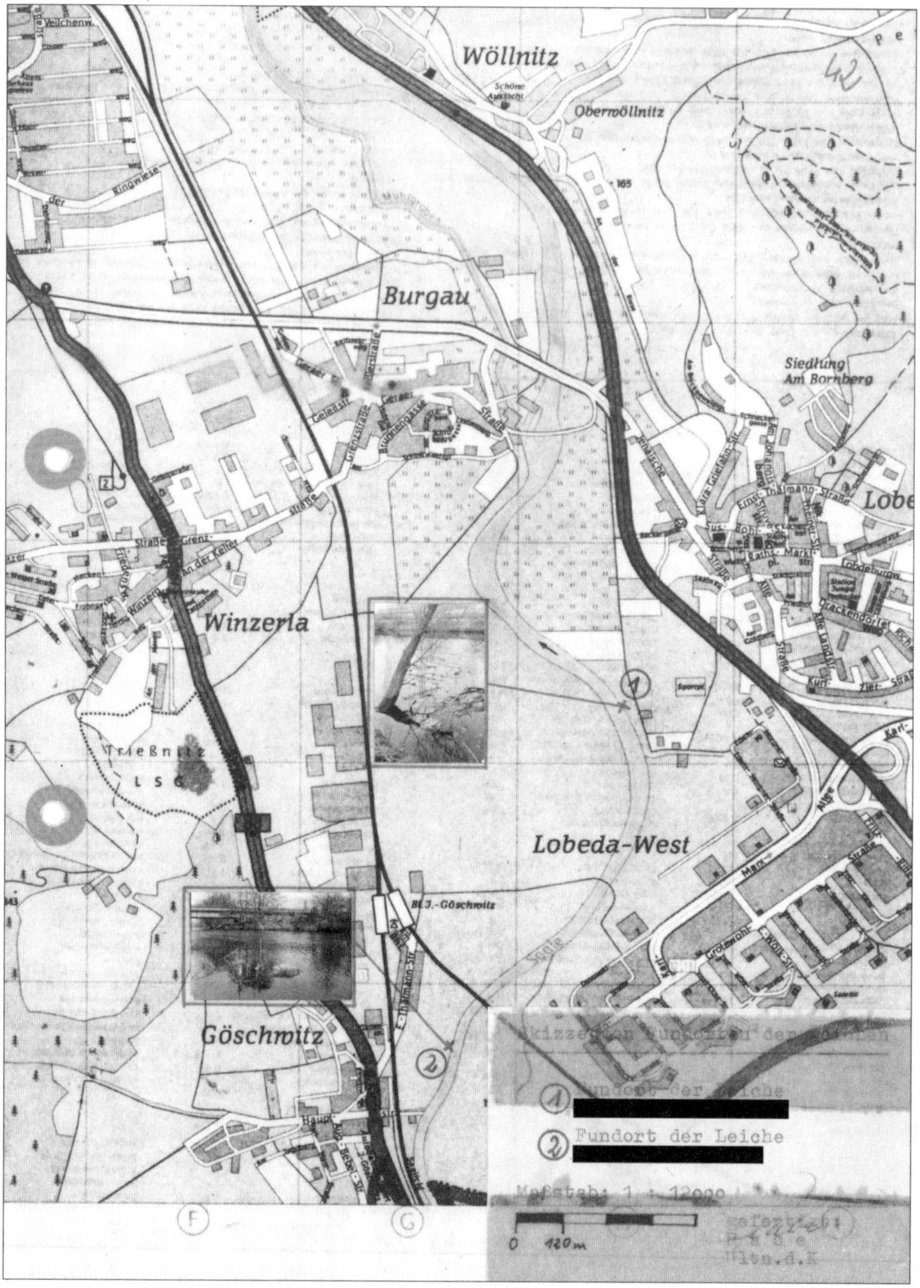

Übersichtsaufnahme vom Fundort der Opfer in der Saale.

Tasche abzustellen. An fast derselben Stelle, an der ihr Mann kurz vorher gestanden hatte, schlug der Täter Frau U. mit seinem Werkzeug von hinten auf den Kopf. Bei diesem kräftigen Schlag löste sich der Hammer vom Stiel. Frau U. war aber durch den ersten Schlag nicht sofort bewußtlos, sondern setzte sich ihrem Angreifer kräftig zur Wehr. Sie bekam ihn am Kopf zu fassen, riß ihm ein Teil Haare aus und zerkratzte Gesicht und Hals. Beide stürzten zu Boden. Dabei konnte Peter K. sich losmachen. Er schlug nun mit zwei in der Nähe liegenden Steinen mehrmals kräftig auf den Kopf der Verletzten und zertrümmerte ihr den Schädel. Frau U. blieb bewußtlos liegen. Auch sein zweites Opfer rollte K. ins Wasser, wo es bald darauf ertrank.

Dann suchte er den Hammer samt Stiel und warf beide Teile in die Saale. Von den zur Tat verwendeten Steinen warf er einen in die Saale und den anderen ans Saaleufer. Anschließend wusch er seine blutbefleckten Hände im Fluß, setzte sich einige Minuten ans Ufer und entfernte sich dann vom Tatort, als wenn nichts passiert wäre. Gegen 20.20 Uhr traf er wieder in seiner Wohnung ein.

Die Geldbeute hatte er im Haus, in einem Einweckglas im Keller, deponiert. Von seiner Ehefrau und seinen Kindern konfrontiert, woher die Kratzwunden im Gesicht und das Blut an seinem Anorak stammten, erklärte er, daß er eine Schlägerei mit algerischen Staatsbürgern gehabt hätte. Natürlich glaubten sie ihm. Hin und wieder war es in der Umgebung wirklich zu tätlichen Auseinandersetzungen mit Algeriern gekommen.

Am 24. Februar 1976 begab sich Peter K. erneut in den Keller, zählte das Geld nach und entnahm davon 1030 Mark. Den Restbetrag von 17570 Mark versteckte er in einer Mülltonne im Fahrradkeller des Hauses. Nachdem er bemerkte, im Verdacht zu stehen, die Straftaten begangen zu haben, spülte er die 1030 Mark in seiner Toilette einfach hinunter.

Peter K. hatte nicht damit gerechnet, daß innerhalb der Familie U. über die Abwicklung des Geldgeschäftes gesprochen worden war. Als seine Eltern verschwanden, wußte der Sohn Bescheid, wohin sie unterwegs waren.

Durch diese und weitere Umstände kam Peter K. ins Visier der Ermittler. Als ihn die MUK befragte, konnte er sein Alibi nicht glaubhaft erklären. Plötzlich wußten wir auch, daß er bei verschiedenen Personen

Geld geborgt hatte. Nach mehreren widersprüchlichen Aussagen wurde Haftantrag gestellt und Peter K. daraufhin wegen Verdachts des zweifachen Mordes in Untersuchungshaft genommen.

Die Untersuchungsführer der MUK mußten alle kriminalistischen Fähigkeiten aufbringen, um ihm ein Geständnis zu entlocken. Die gesamte Vernehmung war schwierig und zog sich hin. Die beiden Leichen waren bis dato ebenfalls noch nicht in der Saale aufgefunden. Schließlich legte der Inhaftierte ein umfangreiches Geständnis ab.

Durch seine Aussage fanden wir das erbeutete Geld, also den Restbetrag von 17570 Mark, im genannten Müllcontainer im Fahrradkeller. Kriminaltechniker sicherten alle Spuren. Nachdem der Täter uns den Tatort am Saaleufer bei Maua genannt hatte, konnten die Kriminaltechniker auch dort – natürlich mit viel Aufwand – Spuren des Kampfes sowie Haare und Tatwerkzeuge finden und sicherstellen.

Die Opfer blieben indessen verschwunden. Als bekannt wurde, daß man sie in der Saale suchen müßte, erfolgten durch Feuerwehrspezialkräfte der Tauchereinheit mehrmals täglich intensive Suchen nach dem Ehepaar. Da zu diesem Zeitpunkt – es war Frühjahr und Schneeschmelze – die Saale viel Wasser führte, waren die Bedingungen für die Taucher nicht einfach, um nicht zu sagen schlecht. Im dreckigen Wasser gestalteten sich die Sichtverhältnisse ungünstig. In kurzen Abständen suchten sie und die Kräfte der Bereitschaftspolizei dennoch mehrmals die Uferböschungen von Maua flußabwärts ab. Tagelang blieben sie ohne Erfolg.

Am 2. April 1976 war es endlich soweit: Wir hatten wiederum eine intensive Suche an beiden Saaleufern gestartet. Diese wurde mit Hilfe von Schlauchbooten und Tauchern durchgeführt. Bei schönstem Aprilwetter fanden wir das erste Opfer um 09.45 Uhr. Die Leiche war von einem schwimmenden Baumstamm angetrieben worden und lag bäuchlings im Wasser.

Nach der Bergung stellten wir fest, daß es sich um eine 1,71 m große, bekleidete weibliche Leiche handelte, die anhand ihrer Bekleidung und ihres Aussehens zweifelsfrei als Frau U. identifiziert werden konnte. In der linken Manteltasche befand sich noch ihr Betriebsausweis. Am rechten Ringfinger steckte ein Ehering und am linken Armgelenk trug sie eine Armbanduhr. Darauf war es 20.00 Uhr.

Wir suchten intensiv weiter nach dem zweiten Opfer und fanden, zirka 100 m von der Eisenbahnbrücke der Strecke Göschwitz-Gera

Fundort des Geldes im Keller nach Angaben des Beschuldigten.

entfernt, eine weitere Leiche etwa drei Meter vom Ufer entfernt. Das war Franz U. Er war an einem im Flußbett verankerten Ast angetrieben und lag ebenfalls in Bauchlage im Wasser. Die Schulterpartie ragte aus dem Wasser und war abgetrocknet. An seiner Größe von 1,80 m, seiner Kleidung und an seinem Aussehen konnte er wiedererkannt werden. Zudem fanden wir seine Brieftasche im Anorak, darin den Personalausweis, Betriebsausweis und die Fahrerlaubnis, die eine eindeutige Identifizierung ermöglichten.

Nachdem die beiden Leichen geborgen waren und alles fototechnisch festgehalten war, erfolgte die Überführung der beiden Leichen in die Gerichtsmedizin Jena. Der Staatsanwalt war informiert worden und hatte die gerichtsmedizinische Sektion angeordnet. Diese fand noch am selben Tag statt. Die beiden Opfer konnten trotz starker Wasserfäulniserscheinungen nochmals eindeutig identifiziert werden. Als Todesursache wurde bei beiden »Ertrinken« festgestellt. Die Hammerschläge hatten lediglich zur Handlungsunfähigkeit geführt. Die Aussagen des Täters, seine Opfer mit Hammer und Stein verletzt zu haben, konnten ebenfalls von der Gerichtsmedizin bestätigt werden. Jetzt hatte sich die Beweismittelkette geschlossen. Die monatelange kriminalistische Kleinarbeit hatte sich ausgezahlt. Der Täter war überführt.

Die am 12. April 1976 durchgeführte Rekonstruktion des Verbrechens bestätigte den gesamten Tathergang. Der Beschuldigte zeigte genau, wie er die Eheleute einen nach dem anderen getötet und anschließend das Geld an sich genommen hatte.

Der Staatsanwalt und sein Rechtsanwalt waren bei der Rekonstruktion zugegen und konnten sich einen ersten Eindruck von der brutalen Handlungsweise des Täters machen. Dabei fungierten meine Frau und ich als Opferfamilie (siehe Bilder).

Die zwei nervenfachärztlichen Gutachten bestätigten unabhängig voneinander, daß Peter K. dieses grausame Verbrechen in voller Zurechnungsfähigkeit begangen hatte. Er löschte das Leben einer jungen, hoffnungsvollen Familie aus, ein Kind wurde zur Vollwaise. Nachdem alle Beweismittel erarbeitet worden waren, konnten wir dem Staatsanwalt eine lückenlose Beweismittelakte übergeben.

Die Verhandlung wurde am 23. Juni 1976 beim Bezirksgericht Gera angesetzt. Der Richter konnte zu keinem anderen Urteil kommen als zum einzig richtigen: »Lebenslängliche Freiheitsstrafe auf Grund

Fotos von der Rekonstruktion.

mehrfachen Mordes, schwerer Körperverletzung, Raub im schweren Fall und mehrfachen Betruges«. Wieder einmal hatte die MUK ihre Schlagkraft bewiesen!

Im Jahre 1992 landete sein Fall vor dem Kassationsgericht in Meiningen. Bei dieser Verhandlung wurde lediglich die im Urteil von 1976 ausgesprochene dauernde Aberkennung der staatsbürgerlichen Rechte moniert und auf fünf Jahre reduziert.

Nach 20 Jahren kam Peter K. in den offenen Vollzug. Im selben Jahr wurde er auf Bewährung entlassen. Seine Bewährungszeit hat er nach fünf Jahren ohne Tadel bestanden und ist heute ein unbescholtener Bürger.

Auszug aus dem nervenfachärztlichen Gutachen

Untersuchungsbefunde

»39jähriger Mann in ausreichendem Ernährungs- und Allgemeinzustand. Haut und sichtbare Schleimhäute ausreichend durchblutet. An den inneren Organen findet sich bei einfacher klinischer Untersuchung kein krankhafter Befund; Blutdruck 130/90 mm Hg.

Neurologisch:

Hirnnerven intakt, Eigen- und Fremdreflexe normal stark und seitengleich auslösbar, keine Kloni, keine krankhaften Reflexe der Babinskigruppe; Sensibilität, Motilität und Koordination sind ungestört.

Rö-Schädel: ohne krankhaften Befund

Hirnstrombild (EEG): Alpha-EEG, keine Seitendifferenz, kein Herdbefund, unter Hyperventilation keine wesentliche Änderung, keine Spitzenpotentiale. Das Hirnstrombild zeigt eine ungestörte cerebrale bioelektrische Aktivität. Es gibt keinen Hinweis für ein akutes krankhaftes cerebrales Geschehen oder eine abgelaufene Hirnschädigung.

Psychisch:

Während der Untersuchungen ist der Beschuldigte bewußtseinsklar, zeitlich, örtlich und zur eigenen Person voll orientiert. Er ist gut kontaktfähig, willig und auskunftsbereit. Er berichtet eingehend über seine Vorgeschichte, bemüht sich, an ihn gestellte Fragen genau zu beantworten und ist bestrebt, sich stets in das rechte Licht zu rücken.

Auffassung, Aufmerksamkeit, Konzentration und Ausdauer sind nicht beeinträchtigt. Merkfähigkeit und Gedächtnisleistungen sind ungestört. Seine intellektuellen Fähigkeiten liegen im durchschnittlichen Bereich und entsprechen seinem Alter, Bildungsstand und seiner Lebenserfahrung.

Seine Gedankengänge sind geordnet, logisch und zusammenhängend. Sprache und Ausdrucksweise sind klar. Hinweise für inhaltliche Denkstörungen oder anderweitige krankhafte Vorstellungen und Gedankengänge finden sich nicht. In der Stimmung ist P. K. ausgeglichen, gelegentlich leicht bedrückt, wobei die zeitweilig bedrückte Stimmungslage nicht krankhafter Art ist, sondern der Situation, in der er sich befindet, entspricht. Emotional ist er ansprechbar. In seinen Gefühlsreaktionen mitunter etwas überschießend. So gibt er sich bisweilen betont leidend, seine Affektausbrüche wirken gelegentlich demonstrativ, er fängt sich aber immer wieder schnell und vermag sich wieder zu beherrschen.

Eine gewisse Selbstunsicherheit versucht er durch betont forsches, sachliches und manchmal auch überheblich wirkendes Verhalten zu

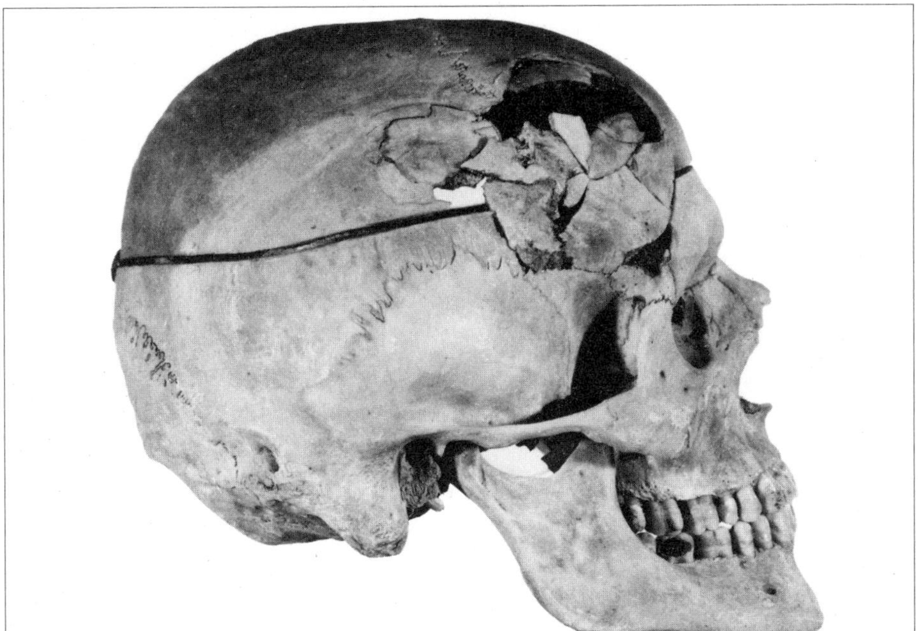

Schädelverletzungen des Opfers durch Hammer- und Steinschläge.

überspielen. Davon abgesehen ist sein Verhalten während der Untersuchung der Situation angemessen und angepaßt. Bisweilen gibt er sich sogar etwas übergefügig. Nach seinen Straftaten befragt, macht er die gleichen Angaben und Aussagen, wie sie von den Vernehmungen bekannt sind. Er steht zu seinen Taten, beschönigt nichts und verschweigt auch nichts. Ein übersteigertes Geltungsbedürfnis, mit der Tendenz, mehr sein und haben zu wollen, als er ist und besitzt, kennzeichnet seine Persönlichkeit. Im Persönlichkeitstest (MMPI) finden sich erhöhte Werte für die Persönlichkeitsmerkmale Hysterie, Psychasthenie und soziale Introversion. Hinweise auf eine Geisteskrankheit oder ein Gemütsleiden, auf eine hirnorganisch bedingte Wesensänderung oder auf eine schwerwiegende Fehlentwicklung der Persönlichkeit von Krankheitswert ergeben sich nicht.

Zusammenfassung und Beurteilung:

Durch den Staatsanwalt des Bezirkes Gera sind wir aufgefordert worden, uns in einem nervenfachärztlichen Gutachten die Frage der strafrechtlichen Zurechnungsfähigkeit des 39jährigen Polierers P. K. aus Jena zu äußern. P. K. wird beschuldigt, am 23.2.76 unweit des Ortes Maua im Landkreis Jena die Eheleute U. vorsätzlich getötet zu haben, indem er sie am Saaleufer niederschlug und sie in die Saale warf. Er tat das, um sich persönlich zu bereichern und in den Besitz einer Geldsumme von 18.600 Mark zu kommen, die der Geschädigte U. bei sich hatte. Seit 1972 und in zunehmendem Maße seit 1975 beschaffte der Beschuldigte sich auf rechtswidrige Art Bargeld, indem er anderen Bürgern die Beschaffung bestimmter Gegenstände versprach und für Anzahlungen Geldbeträge in Empfang nahm. Bei diesen Betrugshandlungen entstand ein Schaden von etwa 8.000 Mark, der nur zum Teil wiedergutgemacht wurde.

P. K. stammt aus einem kleinen Ort im Riesengebirge (CSSR) und ist einziges Kind. Sein Vater sei im Jahre 1945 gefallen. Er ist bei Mutter und Großmutter aufgewachsen, von denen er umsorgt und erzogen worden sei und zu denen auch heute noch ein gutes Verhältnis bestehe.«

8

KEKSINGE ODER VOM TRIEBTÄTER ZUM MÖRDER
(Gera, 1976)

Am 30. November 1976 fuhr Manfred O. nach der Arbeit mit dem Bus von Ronneburg nach Gera. Er trug sich mit der kranken Absicht, ein kleines Mädchen sexuell zu mißbrauchen. Als Opfer suchte er sich eine der jungen Schwimmerinnen aus, die in der Schwimmhalle in Gera trainierten. Zielstrebig ging er an diesem späten Nachmittag zur Schwimmhalle Gera-Untermhaus. Er beobachtete einige Mädchen, die sich gerade auf den Heimweg machten, und wählte sich sein Opfer aus: Conny F.

Es gelang ihm, das Mädchen über das Thema »Schwimmsport« anzusprechen. In dem nun einsetzenden intensiven Gespräch gab sich Manfred O. als Sportexperte für Schwimmsport aus. Um Vertrauen aufzubauen, versprach er dem Mädchen Autogramme von bekannten Schwimmsportlern. Die Kleine war begeistert und merkte nicht, daß sie mit Manfred O. statt nach Hause in Richtung Stadtwald gelaufen war. Als sie bei den letzten Häusern am Fuchsklamm angekommen waren, wurde sie jedoch mißtrauisch und wollte zurück. Die Dunkelheit hatte eingesetzt. Offensichtlich spürte das Mädchen die Gefahr, die von diesem Mann ausging, der ihr die Hand festhielt. Conny F. riß sich von Manfred O. los. Er holte sie jedoch ein und zerrte sie in den Stadtwald, wo er sich dann an ihr sexuell verging. Um das Mädchen als Zeugin seiner unmenschlichen Tat auszuschalten, erdrosselte er es.

Manfred O. war ledig, lebte im Elternhaus und hatte keine Freundin oder Frau. Er war pädophil veranlagt. Seine sexuellen Handlungen an Mädchen beging er erstmals zehn Jahre vor dem Tötungsverbrechen an Conny F. Auf Grund seiner Persönlichkeit hatte er kein Glück bei Frauen. Um jedoch seine sexuelle Seite auszuleben, entschloß er sich, kleine Mädchen zwischen acht und elf Jahren anzusprechen und, wenn sich die Gelegenheit ergab, sexuelle Handlungen an ihnen durchzuführen. Bis zu dem abscheulichen Mord an der kleinen Conny F. beging er zirka 40 latente Straftaten mit dieser Vorgehensweise. Leider wurden diese erst durch seine Vernehmung bekannt. In einzelnen Fällen wurden noch Zeugen seiner Handlungsweisen ermittelt.

Bei der kollektiven Beratung in seinem Betrieb wurde bekannt, daß er gut erzogen war, aber als typischer Einzelgänger in Erscheinung trat. Er war eigentlich im Betrieb beliebt und kaum einer traute ihm eine solch schwere Straftat zu. Man war verwundert, daß er keinen Kontakt zum weiblichen Geschlecht fand. Keiner ahnte, daß er pädophil war.

Bei Betriebsfeiern wollte man ihn oftmals mit Frauen verkuppeln, weil er sich aber immer von seiner schüchternen und zurückgezogenen Seite zeigte, hatten die Kollegen ihren Spaß daran, ihn diesbezüglich zu hänseln. Deshalb wurde er auch mit dem Spitznamen »Keksinge« gerufen.

Am Tatabend, zwischen 19.00 und 20.00 Uhr, erschienen die besorgten Eltern der kleinen Conny aus Gera-Kaimberg bei der Polizei im VPKA Gera und baten um Hilfe. Ihre neunjährige Tochter war nach Verlassen der Schwimmhalle in Gera nicht zu Hause angekommen, was ungewöhnlich war, denn das Mädchen galt als höchst zuverlässig. Ein Bademeister erklärte, daß das Mädchen die Schwimmhalle – entgegen den Gewohnheiten – an diesem Tag allein verlassen hatte. Zwar wurde von der Schwimmhalle aus sofort eine Suche gestartet, aber bedingt durch die einsetzende Dunkelheit brach man ab. Am nächsten Tag wurde eine stabsmäßig geführte, großangelegte Suche bereits in aller Frühe angesetzt.

Dazu wurden Kräfte der Bereitschaftspolizei Rudolstadt beordert. Ein Zeuge wollte einen Mann mit einem Mädchen in der relevanten Zeit in Richtung des Stadtwaldes Gera laufen gesehen haben. Das Waldgebiet befindet sich nicht weit von der Schwimmhalle entfernt. Es lag also nahe, daß der unbekannte Mann mit dem Kind dahin gegangen war. Wir gingen ab diesem Zeitpunkt schon vom Schlimmsten aus.

Das Waldgebiet Geraer Stadtwald wurde systematisch mit den Kräften der Bereitschaftspolizei in Richtung Gera-Ernsee durchkämmt. Eine Gruppe Kriminaltechniker bewegte sich langsam vor der Suchkette, beobachtete und suchte gleichzeitig alles mit dem Fernglas ab. Das Waldgebiet, von Fuchsklamm ausgehend in Richtung Gera-Ernsee, ist durch Erosion stark zerklüftet und mit tiefen Schluchten versehen, weshalb wir

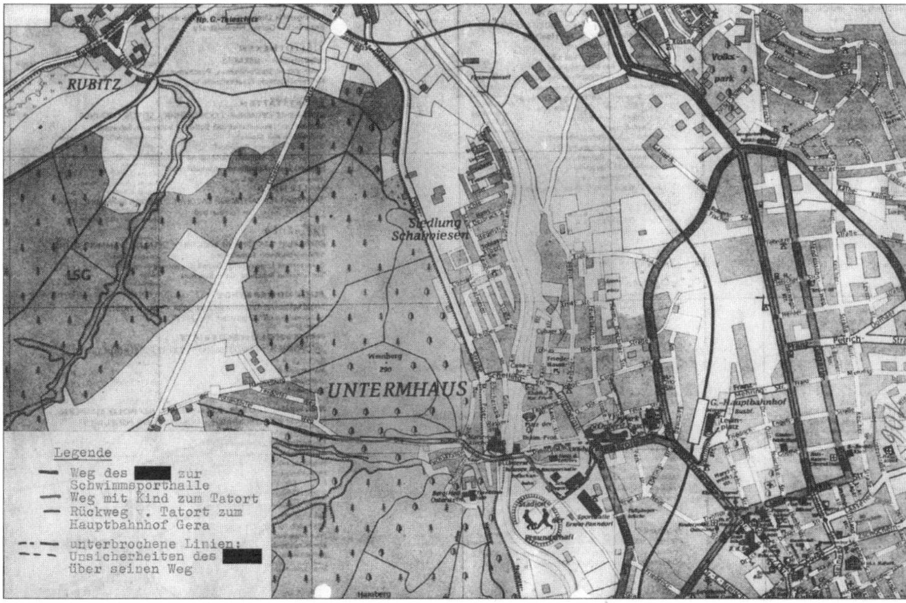

Übersichtsaufnahme Stadtwald.

dieses Waldgebiet sehr akribisch absuchten. Alle Unebenheiten wurden untersucht, jeder Laubhaufen umgedreht und durchsucht, jede Schlucht in Augenschein genommen. Plötzlich ließ der Komm.-Leiter Kriminaltechnik, R. Anders, die Suchkette stoppen. Aus einem Laubhaufen ragte ein kleiner Arm!

Sofort wurde über Funk eine weiträumige Sicherung des Fundortes veranlaßt. Es erfolgten erste kriminalistische Fotoaufnahmen. Dann wurde systematisch – unter weiterer Beachtung der Spurensuche und -sicherung – das Laub entfernt. Nun bekamen wir Gewißheit: Die nackte Leiche der kleinen Conny F. wurde sichtbar. Nach erster Betrachtung des Opfers erkannten wir, daß das Kind mit einem Schal erdrosselt worden war. Es wurden Geruchsspuren gesichert, auch der Fährtenhund kam zum Einsatz. Nachdem am unmittelbaren Fundort alle Spuren gesichert waren, wurde das Opfer zur gerichtsmedizinischen Sektion ins Bezirkskrankenhaus Gera (Pathologie) überführt. Nun begann die erweitere Spurensuche in diesem Waldgebiet, denn wir suchten die Bekleidung des Mädchens.

Mit der Unterstützung von Kriminaltechnikern aus Jena und Saalfeld sowie von Spezialisten der Abteilung Kriminaltechnik der BDVP

Gera wurde zwei Tage lang buchstäblich jedes Blatt des Waldgebietes umgedreht. Da sich Schneefall angekündigt hatte, standen die Fundortermittler unter erheblichem Druck.

Vom Fundort des Opfers aus wurde dann verstreut in einem Umkreis von etwa einem Kilometer in Richtung Ernsee die Bekleidung des Mädchens aufgefunden, sichergestellt und zur weiteren Spurenuntersuchung und -auswertung übergeben. An der Bekleidung des Opfers hafteten Metallpartikel, die die Ermittler dem Täter zuschreiben konnten. Glücklicherweise konnten die Kriminaltechniker noch vor Eintritt des Schneefalls alle relevanten Spuren sichern.

Auf Grund der Schwere dieses Mordes wurde die E-MUK eingesetzt. Mit Hochdruck arbeiteten wir an der Aufklärung. Die Bevölkerung war aufgebracht und verunsichert. Eltern hatten Angst um ihre Kinder, verließen ihre Arbeitsstellen, um ihre Kinder von Sportstätten abzuholen, oder kamen zu spät auf Arbeit, um sie persönlich in die Schulen zu bringen. Man kann sich unschwer vorstellen, unter welchem Ermittlungsdruck wir standen. Spezialisten von der Hauptabteilung Kriminalpolizei unterstützen uns bei den Ermittlungen.

Von den Metallpartikeln ausgehend, suchten wir den Täter in der Metallbranche. Aber in Gera und Umgebung gab es eine Vielzahl von Metallbetrieben, z. B. WEMA UNION/Textima Gera oder das Räderwerk in Ronneburg sowie viele mittlere und kleine Betriebe. Intensive Ermittlungen in Gera und Umgebung folgten. Einschlägig vorbestrafte Personen wurden überprüft.

Ende Dezember 1976 stellte eine Mutter aus Ronneburg eine Anzeige gegen »Unbekannt« wegen sexueller Übergriffe an ihrer Tochter. Bei uns klingelten sofort die Alarmglocken. Es folgten umgehend umfangreiche Ermittlungen in Ronneburg. »Nicht noch ein totes Kind«, ging es uns durch den Kopf.

Doch der unbekannte Täter konnte glücklicherweise schnell ermittelt werden. Es war Manfred O. Er wurde inhaftiert und vernommen, wobei wir feststellten, daß er bereits mehrere latente Straftaten von sexuellen Übergriffen an Kindern begangen hatte. Seine Vorgehensweise in Ronneburg, die Art, mit der er die Mädchen angesprochen hatte, ähnelte dem Tötungsverbrechen in Gera-Untermhaus.

Das Ansprechen der Mädchen und die sexuellen Handlungen rückten ihn in unser Visier. Es gab stichhaltige Argumente, daß der Verdächtige

Manfred O. für das Tötungsverbrechen an dem Mädchen in Gera verantwortlich war.

Bei den ersten Vernehmern gab Manfred O. zwar die sexuellen Handlungen an Mädchen zu, wollte aber mit der schwereren Straftat – dem Mord an der kleinen Conny F. – nichts zu tun haben. Leider gelang es den ersten Vernehmern nicht, einen direkten Draht zu dem gestörten Mann herzustellen. Es war sehr schwierig, an ihn heranzukommen. Ein Vernehmerwechsel war nötig. Im Dezernat II gab es damals eine befähigte junge Kriminalistin, die mit der weiteren Vernehmung des Beschuldigten beauftragt wurde. Wie sich später herausstellte, eine absolut richtige Entscheidung.

Die Kriminalistin verstand es, zum Täter durchzudringen. Gegenüber ihr begann er, über seine Taten und seine persönlichen Probleme zu reden. Natürlich befragte sie ihn auch zu dem Mord an Conny F. Plötzlich geschah das Unerwartete: er legte im Januar 1977 ein Geständnis zum Mord an dem Kind ab. Die Kriminalistin ließ ihn reden, hinterfragte und forderte Täterwissen ab. Danach wurde die Vernehmung protokolliert. Sie informierte ihren Leiter über das Geständnis.

Die MUK wurde von diesem erleichternden Ergebnis in Kenntnis gesetzt. Bei einer erneuten Vernehmung am nächsten Tag war ein Mitarbeiter der MUK von der Hauptabteilung Kriminalpolizei Berlin zugegen, gegenüber dem der Verdächtige sowohl seine Aussagen als auch sein Geständnis wiederholte. All die spezifischen Informationen, über die er verfügte, deckten sich mit den gesammelten Beweisen, die ihn als Täter überführten.

Manfred O. arbeitete als Ingenieur im Räderwerk in Ronneburg. Das erklärte die Metallpartikel an seiner Kleidung, die durch den Kontakt mit dem Kind an dessen Bekleidung sichergestellt werden konnten. Auch die Geruchsdifferenzierung brachte Übereinstimmung, wenn sie auch nur als Hinweis auf Kontakt und nicht als Beweismittel Geltung erhielt.

Nach Abschluß aller Vernehmungen konnte der Beschuldigte im Rahmen einer Rekonstruktion seine schreckliche Tat vorführen. Seine Vorgehensweise stimmte in jedem Detail mit den gesicherten Spuren überein. Damit war die Beweismittelkette geschlossen und das Verbrechen aufgeklärt.

Da das nervenfachärztliche Gutachten bestätigte, daß Manfred O. voll zurechnungsfähig und damit voll straffähig war, wurde er am

27. Juni 1977 vom Bezirksgericht Gera zu lebenslänglicher Haft wegen vorsätzlichen Mordes und mehrfachen sexuellen Mißbrauchs von Kindern verurteilt.

Sexualstraftäter und Kindesmörder haben in der Hafthierarchie kein einfaches Los. Von seinen Mitgefangenen als »Ritze« betitelt, stand Manfred O. an allerletzter Stelle. Er beging Suizid – vielleicht weil er glaubte, den Belastungen und den Behandlungen der Inhaftierten nicht standhalten zu können.

Die »Stellungnahme« des Mörders vom 11. Januar 1977

Am 30.11.1976 bin ich wie an jedem Werktag gegen 5.45 Uhr von meiner Mutter geweckt worden. Nachdem ich mich gewaschen und rasiert hatte früstückte ich und verließ gegen 6.15 Uhr die Wohnung. Ich begab mich an mein Arbeitsstelle im Lehrwerk. Gegen 7.00 Uhr traf meine Arbeitskolleginn Frau N. dort ein. Ihr Arbeitszeit geht von 7.00 Uhr bis 12.30 Uhr. Einzelheiten der durchgeführten Arbeiten kann ich nich mehr sagen. Wie jeden Tag ging ich 12.30 nach Hause zum Mittagessen und war von 13.00 wieder an meinem Arbeitsplatz. Über den genauen Zeitpunkt des Verlassens der Arbeitsstelle kann ich keine genaue Angabe mehr machen. Um 16.10 Uhr fuhr ich mit dem Betriebsbus nach Gera. Ich benutzte den Bus Richtung Gera-Unternhaus. Von den mitfahrenden Personen kann ich mich noch an die im Betrieb beschäftigten Kollegen N. und M. erinnern. Ob wir uns mit einander unterhalten haben kann ich nicht mehr sagen. Ausgestiegen bin ich in Nähe des Hauptbahnhofes. Mir kam der Gedanke zum Stadion oder auch zur Panndorf-Halle zu gehen, den Fußballern beim Training zuzuschauen bzw. um nachzusehen ob in der Sporthalle vieleicht ein Wettkampf stattfindet.

Unterwegs sah ich in Nähe der neuen Schwimmhalle ein Mädchen stehen. Durch den Anblick dieses Mädchens wurde ich sexuell erregt. Das Mädchen hatte kurze blonde Haare u. Ponnyfrisur. Das Mädchen hatte einen Campingbeutel bei sich und trug eine Mütze. An das Aussehen dieser Mütze und wann sie diese abgesetzt hat weis ich nicht mehr. Es ist möglich daß sie die Mütze in den Campingbeutel gesteckt hat. Das Mädchen hatte führ ihr Alter eine kräftige Statur. An Einzelheiten der

Bekleidung kann ich mich nicht mehr erinnern. Genau weiss ich noch, daß das Mädchen lange Hosen anhatte.

Ich sprach das Mädchen an. Dabei fragte ich es nach Name, Alter, woher es kommt, wohin es gehen will und ob es einmal mitkommt da ich ihr etwas zeigen möchte. Den Namen, den das Mädchen sagte, weiss ich nicht mehr. Es sagte es sei 9 Jahre alt, kome vom Schwimmtraining und wolle nach Hause. Ihr zögern und die Worte, sie müßte nach Haus, da ihre Eltern schimpfen wenn sie zu spät komme zerstreute ich mit den Worten es wäre nicht weit und sie käme trozdem noch rechtzeitig nach Hause. Daraufhin ging das Mädchen mit mir mit.

Unterwegs erzählte ich ihr das ich auch einmal Sportschwimmen betrieben habe und als Rettungsschwimmer tätig gewesen bin. Auch sagte ich, daß ich das Rücken- und Brustschwimmen bevorzugt habe. Auf meine Frage hin welche Schwimmstrecken sie bevorzuge zählte sie einige Strecken auf. Was das Mädchen dabei im einzelnen sagte kann ich nicht mehr sagen. Auch erzählte ich ihr über Erfolge unserer Schwimmsportler bei den olympischen Spielen.

Ich ging mit dem Mädchen in Richtung Platz der Thälmann-Pioniere, führte es über eine Elsterbrücke und ging mit ihr den Weg in Richtung Schloß Osterstein. Wir gingen dabei nicht bis ans Schloß. Die genaue Richtung des dabei gegangenen Weges kann ich nicht mehr sagen. Ich weiß auch nicht mehr wo und wie weit ich das Mädchen in den Wald geführt habe. Als das Mädchen sagte es müsse nach Hause erwiederte ich wir wären gleich da u. sie könne dann gleich nach Hause. Bei dem gehen in den Wald berührte ich das Kind unsittlich und versuchte Zärtlichkeiten auszutauschen. Das Mädchen wehrte sich und versuchte auch davonzulaufen, ist dabei aber nicht entkommen.

Für die danach folgenden Handlung kann ich die Reihenfolge, inder diese Handlungen erfolgten nich mehr genau wiedergeben. Ich weiß auch nicht mehr wann u. welcher Reihenfolge das Entgleiten des Mädchens erfolgte.

- Herunterziehen der Hosen und berühren des unbedeckten Geschlechtsteils sowie Einführen des Fingers ins G-Teil, dabei hat das Mädchen laut geschrien
- Würgen mit beiden Händen am Hals
- Messerstiche in die Brustgegend mit Taschenmesser wobei mir die Anzahl der zugeführten Stichwunden nicht mehr bekannt ist

- eigenen Anorack ausgezogen u. soweit ich das noch weiß an einem Zweig gehängt
- Berührung ihres G-Teils mit eigenem Geschlechtsteil, ob dabei Einführung in dieses erfolgte kann ich nicht mehr sagen
- Würgen am Hals mit einem mir nicht mehr bekannten Bekleidungsgegenstand
- Transport an einen nahegelegenen Abhang, an die Art des Transportes kann ich mich nicht mehr erinnern
- im Campingbeutel umhergesucht – was alles darin war kann ich nicht mehr sagen, dunkele Erinnerung an Handtuch u. Waschzeug
- wo ich den Campingbeutel hingelegt habe u. ob etwas herausgefallen ist kann ich nicht mehr sagen
- ob ich ein Bedecken mit Gegenständen irgendeiner Art des getöteten Mädchens vorgenommen habe weiß ich nicht mehr

Ich ging zurück zum Hauptbahnhof. Wie lange ich benötigt habe um die Brücke u. damit den Weg zum Bahnhof zu finden weiß ich nicht mehr genau. Erinnern kann ich mich noch daran daß ich erst etwas kopflos umhergeirrt bin. Vom Hauptbahnhof aus fuhr ich dann zurück nach Hause.

Zur gesamten Ereignisortuntersuchung noch eine Randbemerkung: Im VPKA Gera – Kriminalpolizei – wurde noch nach einer vermißten männlichen Person gesucht. Diese Person war suizidgefährdet. Im Rahmen der erweiterten Ereignisortuntersuchung wurde die männliche Person an einem Baum im Stadtwald stranguliert gefunden. Er hatte mit dem Verbrechen nichts zu tun und war freiwillig aus dem Leben geschieden.

9

DAS LETZTE BIER WAR NICHT NUR SCHLECHT
(Saalfeld, 1976)

Am späten Abend des 10. März 1976 wurde die MUK in Kenntnis gesetzt, daß man in Saalfeld in der Kulmstraße einen Mann tot in seiner Wohnung aufgefunden hatte. Die Ehefrau, die seinen Tod bei der Polizei angezeigt hatte, war aber bereits dem VPKA Saalfeld zugeführt worden, weil sie im Verdacht stand, am Tod ihres Ehemanns in irgendeiner Weise beteiligt gewesen zu sein. Was war geschehen?

Wir begaben uns nach Saalfeld ins VPKA. Der diensthabende K-Dienst informierte uns, daß der Mann wahrscheinlich Opfer eines Tötungsverbrechens geworden war. Wir fuhren zur Wohnung, die als Tatort bis zu unserer Ankunft gesichert worden war. Der Mann lag im Wohnzimmer auf dem Fußboden, seine Haut war bläulich verfärbt, ganz in der Nähe lag eine Bierflasche mit Restflüssigkeit. Der Leichenschauarzt, der den Tod feststellte, lieferte zudem markante Hinweise auf eine Vergiftung.

Zunächst stellte sich mir die Frage, wie Gift in die Bierflasche gelangen konnte. Möglicherweise handelte es sich um ein Versehen. Oder war es denkbar, daß ihr eine giftige Substanz beigemischt worden war?

Um Antworten zu finden, wurde parallel zur Tatortarbeit die Ehefrau des Verstorbenen zu den tödlichen Umständen befragt. Sie gab an, schon seit längerem Streitigkeiten mit ihrem Ehemann gehabt zu haben. Er ginge, so ihre Aussage, stark dem Alkohol nach und neige in solchen Situationen sehr oft zu Gewalt ihr gegenüber. Seine Aggressionen habe er in den letzten Monaten derart oft und brutal an ihr abgelassen, daß sie sich nicht mehr zu helfen wußte. Hinzu kam, daß sie von ihrem Mann keinerlei Unterstützung im Haushalt fand.

Einen ausreichenden Hinweis auf einen Mord gab uns diese Aussage nicht. Doch alsdann offenbarte sie, daß sie als Vollzeitkraft beim VEB Carl-Zeiss Jena, Außenstelle Saalfeld, in der Abteilung Galvanik arbeite und täglich Umgang mit giftigen Substanzen habe. Durch ihre berufliche Tätigkeit wisse sie, daß Zyanid hochgiftig ist und – in der entsprechenden Dosis – den Tod eines Menschen umgehend herbeiführen kann. Da sie die ständigen Auseinandersetzungen mit ihrem Ehemann unerträglich gefunden habe, lag der Entschluß nahe, ihren Trunkenbold von Gatten zu vergiften. Sie habe also von ihrer Arbeitsstelle ein Fläschchen mit nach Hause genommen.

An jenem Abend kam alles wie vorhergesehen. Der Mann fand nach der Zeche in der Gaststätte angetrunken heim und griff nach der nächstbesten Bierflasche. Diesmal jedoch war nur noch eine Flasche »Saalfelder« vorrätig, die er am Vortag schon zu einem Viertel ausgetrunken hatte. Genau dieser Umstand hatte die Frau ermutigt, das Zyanid einzufüllen. So verschlossen, daß man nichts Böses ahnen konnte, griff ihr Gatte unter verbalen Attacken und Drohgebärden zu seinem letzten Bier und nahm einen kräftigen Zug. Das Gift tat seine Wirkung. Der Mann verstummte nach seinem Schluck, ging zu Boden und starb binnen Sekunden. So wurde ihm die letzte Flasche Bier zum tödlichen Verhängnis. Zurück blieb eine Neige.

Die gesamten Ermittlungen bestätigten die zerrüttete Ehesituation. Während der Mann als ein ausgesprochen gewalttätiger Alkoholiker bekannt war, bekam seine Frau von seiten ihrer Arbeitsstelle und des Wohngebiets nur Positives bescheinigt. In Anerkennung aller Umstände wurde die Täterin wegen Totschlags zu einer neunjährigen Haftstrafe verurteilt, wegen guter Führung aber vorzeitig aus der Haft entlassen. Sie handelte aus Verzweiflung und zum Schutz ihrer selbst – der rationale Weg war es dennoch nicht. Durch die toxikologische Untersuchung der Flüssigkeit in der Bierflasche wurde das Gift Zyanid eindeutig nachgewiesen. Wenn man so will, hat sie ihren gewalttätigen, alkoholabhängigen Mann bezeichnenderweise mit dem Übel Alkohol hingerichtet.

10

DIE TOTE IM ÖLBACH
(Unterwellenborn, Stahlwerk »Maxhütte«, 1978)

Ostern, 24. März 1978. Der diensthabende MUK-Untersuchungsführer erhielt am Ostersamstag vom K-Dienst des VPKA Saalfeld die Meldung darüber, daß Petra G., eine junge Frau aus Saalfeld, nicht zu Hause angekommen war. Suchkräfte fanden in der Nähe des Ölbaches auf einer Wiese Bekleidungsgegenstände von der Vermißten. Nach weiterer intensiver Suche fand man die junge Frau tot im Ölbach (Werrabach) in Unterwellenborn.

Der Ölbach bezeichnet den Abflußbach, in den das Kühlwasser vom Stahlwerk Maxhütte eingeleitet wurde. Da sich das eingeleitete Wasser bei der Kühlung des heißen Stahls stark erwärmte, dampfte der Bach in seinem gesamten Verlauf. So wurde er eine Art Markenzeichen von Unterwellenborn. In der Bevölkerung trug dieser Bach den Namen »Ölbach«.

Der MUK-Untersuchungsführer ging nach den ersten Ermittlungen davon aus, daß ein Tötungsverbrechen mit unbekanntem Täter vorlag. Über den Bezirks-K-Leiter wurde die E-MUK alarmiert. Wir erhielten den Befehl, uns am Ostersamstag bis 06.00 Uhr im Betriebsschutz Kriminalpolizei Unterwellenborn (BSK) einzufinden. Der Befehl war eindeutig und sollte ohne Diskussionen ausgeführt werden.

Ich wurde vom K-Dienst der BDVP am Ostersamstag gegen Mitternacht beauftragt, mit dem Dienst-PKW Wartburg Kombi der Branduntersuchungskommission nach Unterwellenborn zu fahren, natürlich so, daß ich 06.00 Uhr am befohlenen Ort erschien. Hinzu kam der Auftrag, unseren Kriminaltechniker und den Leiter Kriminaltechnik des Dezernates IV der BDVP Gera mitzubringen.

Allerdings standen wir alle vor einem »kleinen Problem«: Es war Ostern. Wer keinen Dienst schob, feierte entweder mit Bekannten oder Verwandten oder war zur Osterfeier in einer Gaststätte. Ich wußte, daß unser Kriminaltechniker R. Rabe in Wünschendorf in der »Elsterperle«

gastierte. Ich rief im Wirtshaus an, ließ mich mit ihm verbinden und gab ihm zu verstehen, ihn gegen 05.00 Uhr vor seiner Wohnung in Wünschendorf abzuholen. Er gab mir daraufhin zu verstehen, daß er auf alle Fälle nicht Auto fahren könne, wenn ihm auch noch etwa drei Stunden Zeit zum Ausnüchtern blieben.

Dieselbe Situation beim Dezernatsleiter Kriminaltechnik: Er hatte zu Hause ebenfalls gehörig gefeiert und deutete an, nicht hinters Lenkrad steigen zu können. Mir wurde klar, der einzige von uns Dreien zu sein, der noch einigermaßen fahrtauglich war. Ich entschied nun, uns nach Unterwellenborn zum Einsatzort zu fahren. Der Einsatzfahrer holte mich gegen 04.00 Uhr zu Hause ab, und ich übernahm das Steuer.

Meine beiden Kollegen und ich trafen, wie befohlen, am Ostersamstag vorzeitig gegen 05.30 Uhr im BSK Unterwellenborn ein. Der Dezernatsleiter II und der MUK-Leiter konnten feststellen, daß sich also trotz österlicher Feierlichkeiten alle erforderlichen Kräfte und Mittel am Einsatzort befanden. Es folgte die Einweisung aller Untersuchungsführer durch den MUK-Leiter.

Die Komplexleiter übernahmen die konkreten Ermittlungsaufgaben und schickten ihre Mitarbeiter buchstäblich in die Spur. Ich war im ersten Angriff als Untersuchungsführer mit unserem Kriminaltechniker und den zugeordneten Kriminaltechniker-Kollegen vom KT-Stützpunkt Saalfeld für die exakte Untersuchung des Opfers am Fundort, für den direkten Fundort und den erweiterten Fund-/Tatort verantwortlich. Mit dem Dezernatsleiter Kriminaltechnik der BDVP Gera wurden die Untersuchungen am Fundort abgestimmt und konkretisiert. Nachdem die erste Untersuchung des Opfers am Fundort fototechnisch dokumentiert war, wurde die Leiche zur gerichtsmedizinischen Sektion ins Kreiskrankenhaus Saalfeld überführt. Hier nahm die Gerichtsmedizin Jena die Obduktion vor. Unser KT-Mitarbeiter dokumentierte wiederum fototechnisch mittels Übersichts- und Detailaufnahmen die Bekleidung und die Verletzungen der jungen Frau. Ihr Leichnam war durch das warme Wasser bereits stark aufgequollen.

Die gerichtsmedizinische Sektion stellte fest, daß das Opfer durch Erwürgen getötet wurde. Sie konnte als die gesuchte Petra G. aus Saalfeld identifiziert werden. Die Bekleidung des Opfers wurde einzeln verpackt und gesichert. Sollte es – wie wir vermuteten – zwischen Opfer und

Täter zu einem Kampf gekommen sein, ließe sich der Täter anhand von Faserüberkreuzungen leichter ermitteln. In der Tat sprach die Beschaffenheit des Geländes am Fund- und Tatort dafür, daß der Täter botanische Spuren aufgenommen haben mußte.

Umgehend ließ der Dezernatsleiter Kriminaltechnik einen Spezialbiologen vom KI Berlin anfordern, um sämtliche botanische Spuren zu sichern. Für zwei Tage war der Fundort und Tatort weiträumig durch Mitarbeiter der Schutzpolizei gesichert. Im gesamten Zeitraum unserer kriminaltechnischen Arbeit lief natürlich in Unterwellenborn und Umgebung die Ermittlungsmaschinerie auf Hochtouren.

Da im Stahlwerk Maxhütte im Vier-Schichtsystem gearbeitet wurde, konzentrierte sich ein Hauptteil der Ermittlungen auf die wechselnde Arbeiterschaft in diesem Betrieb. Wir forderten von den einzelnen

Ansichtskarte Kulturhaus Maxhütte, Bierschwemme.

Abteilungen Listen mit Namen all derjenigen an, die von Karfreitag zum Ostersamstag gearbeitet hatten. Niemand sollte uns durch die Lappen gehen. Eine Ermittlergruppe überprüfte alle Mitarbeiter der einzelnen Arbeitsschichten, während sich eine weitere auf die Bahnhofsgaststätte »Max« in Unterwellenborn konzentrierte. Die meisten Arbeiter kehrten für gewöhnlich nach ihrer Schicht dort ein, bevor sie mit der Bahn oder mit dem Bus nach Hause fuhren.

Deshalb kannten der Gaststättenbetreiber und die Kellner fast jeden Gast aus der Maxhütte. Anhand ihrer Aussagen wurde eine Art Sitzplan erstellt, der uns herauszufinden half, welcher der Männer vor dem Tatzeitraum eingekehrt war, an welchem Platz jeder gegessen und getrunken hatte und wer zu welcher Zeit wieder gegangen war. Dabei fiel den Betreibern tatsächlich ein Mann aus Kahla ein, der in der Nähe des Tatortes gesehen wurde. Dieser habe nach seiner Schicht im Gasthaus eine erhebliche Menge Alkohol zu sich genommen und sei bald darauf gegangen.

Diese Hinweise waren insgesamt so aussagekräftig, daß wir im Handumdrehen den Namen und die Anschrift des Beschriebenen in Erfahrung bringen konnten. Stahlarbeiter Norbert E. aus Kahla wurde in der Folge dem VPKA Jena zugeführt und dort erstmalig zu seinem Alibi befragt. Da seine Aussage nicht frei von Widersprüchen war, legte der MUK-Leiter fest, daß ich und der Kollege Apel von der E-MUK – Komplex Aktive Tatverdächtige – nach Jena fahren und die Vernehmung fortsetzen sollten. Ohne zu wissen, wer wir waren und worum es genau ging, begann sich Norbert E.s Alibi auf unsere Fragen hin in Luft aufzulösen. Vor allem seine Angaben zum Tatzeitraum hielten der Überprüfung nicht stand.

Doch noch hatten wir nichts gegen ihn in der Hand. Zurück im VPKA, erklärten selbst die Kollegen, auf Norbert E.s Nervosität aufmerksam geworden zu sein. Auf diese seine Unsicherheit setzten wir in unserer zweiten Befragung. Bei der Gelegenheit gaben wir uns endlich als die Ermittler im Fall des Tötungsverbrechens in Unterwellenborn zu erkennen. Trotz sorgfältiger psychologischer Bearbeitung unsererseits war Norbert E. erst nach etwa drei Stunden zu einem Geständnis bereit.

Er sagte aus, die Gaststätte verlassen zu haben und in der Nähe des Ölbaches zufällig auf eine junge Frau getroffen zu sein, die sich anscheinend auf dem Weg nach Hause befand. Erst sei er ihr nur gefolgt, doch dann wäre in ihm der Entschluß gereift, sie zu vergewaltigen. Hinter der kleinen Brücke, die über den Ölbach führt, habe er seinen Schritt beschleunigt, sie von hinten überfallen und sie die angrenzende Böschung hinuntergezerrt. Es kam zum Kampf. Da er sein Vorhaben nicht hatte umsetzen können, rechnete er damit, von der jungen Frau angezeigt zu werden. In Panik habe er sie so lange gewürgt, bis ihre Gegenwehr ausblieb, und sie anschließend in den Ölbach gestoßen. Dann sei er gegangen.

Seine Aussage zeugte von eindeutigem Täterwissen, das mit unseren Ermittlungen zum Tatort übereinstimmte. Wir ließen ihn sein Geständnis handschriftlich abfassen und erstatteten dem MUK-Leiter ausführlich Bericht.

Diese Straftat hielt jedoch noch ein äußerst markantes Detail für uns Ermittler bereit: Im Ölbach fanden wir noch einen Beerdigungskranz, den wir anfangs nicht zuordnen konnten. Bei der Vernehmung erklärte Norbert E., daß nach seiner Tat das schlechte Gewissen an ihm genagt habe, er deshalb auf dem nahen Friedhof in Saalfeld-Gorndorf ein Gebinde genommen und es zu seiner Richtstätte gebracht habe. Etwa dort, wo die leblose Frau lag, habe er den Kranz in den Ölbach geworfen. Er wollte damit symbolisch bekunden, wie leid ihm der brutale Mord tat. Da er glaubte, als Täter nie überführt zu werden, ging er auch nicht zur Polizei. Diese Rechnung ging nicht auf.

Daß wir dieses schwere Verbrechen in recht kurzer Zeit aufklären konnten, war freilich auch eine Erleichterung für die Bewohner von Unterwellenborn, die in der Tagespresse davon erfuhren. Mir wurde das Verfahren zur weiteren Bearbeitung und zum Abschluß übertragen.

Die Vernehmungen mit Norbert E. verliefen unkompliziert. Als mir der Täter einmal gestand, daß seine Brille defekt sei, und mich fragte, ob ich sie zum Optiker bringen lassen könnte, stand die Tür, sein Vertrauen zu erlangen, für mich offen. Er erhielt sie anderntags repariert zurück. Seither gewährte er mir Einblicke in sein Seelenleben. Ihm Empathie entgegenzubringen, war die eine Herausforderung. Dabei das Gegengewicht der Anklage im Auge zu behalten, war die andere.

Selbstverständlich stellten wir sowohl mit Norbert E. als auch mit einer Demonstrationspuppe die Straftat in Unterwellenborn nach.

Am 4. April 1978 legte er ein umfassendes Geständnis ab: Ebenso wie das Geständnis des Mörders spiegelte die Rekonstruktion den objektiv nachvollziehbaren Tathergang wider. Wir begannen an der Gaststätte Maxhütte, ließen dann die Kontaktaufnahme des Opfers darstellen, inszenierten die konkrete Tathandlung und das Verbringen des Opfers im Ölbach, die Entwendung des Grabkranzes auf dem Friedhof und letztlich, wie Norbert E. den Kranz hinab zur Toten warf.

Über diese Aussagedokumentation wurde eine detailgetreue Bilddokumentation gefertigt. Gleichzeitig lief ein Tonband zur sprachlichen Dokumentation und um zu garantieren, daß dem Täter von seiten der Untersuchungsführer kein Täterwissen suggeriert wurde. Der Täter war, wie zu vermuten stand, schon vorher sexuell straffällig geworden. Am 8. Mai 1978 gab er folgendes zu Protokoll:

Vernehmungsprotokoll

Frage: Welche weiteren Straftaten haben Sie noch bis zu Ihrer Inhaftierung am 30.03.1978 begangen?

Antwort: Ich möchte auch zu dieser Frage wahrheitsgemäße Aussagen machen. Ich habe bis zu meiner Inhaftierung noch folgende Straftaten begangen:

1. Ich habe im Hebst 1977 – es müßte Oktober oder November gewesen sein – in Kahla an einem jungen Mädchen sexuelle Handlungen begangen. Dies müßte an einem Freitag gewesen sein, gegen 23.00 Uhr. Es war in Kahla in der Bachstraße in der Nähe vom Friedhof. Die junge 17-jährige Frau lief in Richtung Friedhof Kahla. Ich lief dem Mädchen hinterher und kurz hinter der Kreuzung in der Nähe des Friedhofes faßte ich dem Mädchen ans bedeckte Geschlechtsteil und an ihre bedeckte Brust. Die junge Frau kam allein. Es war da halbdunkel, es brannten vereinzelt Straßenlampen. Die junge Frau schrie und sagte zu mir, daß ich sie in Ruhe lassen soll. Daraufhin entfernte ich mich Richtung meiner Wohnung.

Zur Beschreibung der jungen 17-jährigen Frau kann ich sagen, daß sie blondes halblanges Haar hatte. Sie war vielleicht 1,60 m groß. Ich kannte dieses Mädchen nicht. Zur Bekleidung kann ich nichts sagen, da es schon zu lange her ist. Bei dieser Straftat hatte ich meine Brille nicht auf. Dazu möchte ich gleich noch erwähnen, daß ich zwar Brillenträger bin, aber bei Straftaten nie meine Brille getragen habe. Ich trug deshalb meine Brille bei den Straftaten nicht, damit sie mir nicht kaputt geht.

2. Ein weiteres Mal beging ich eine Nötigung zu sexuellen Handlungen in Kahla in der Nähe der Molkerei. Dies war ebenfalls im Herbst 1977 – es müßte der Monat November gewesen sein. Diese Straftat beging ich ebenfalls abends, es war gegen 22.00 Uhr. Mir kam diese junge Frau entgegen. Ich ging auf ihr zu und faßte mit meinen beiden Händen ihr hinter den Kopf, wobei ich sie an mich herandrückte und sie küßte. Da sie dies nicht wollte, biß sie mir in die Lippen. Ich habe da nicht geblutet. Es war eine geringe Verletzung. Jetzt rannte ich von der jungen Frau weg. Zur Beschreibung der jungen Frau kann ich sagen, daß [sie] ca. 18 Jahre alt war. Sie hatte dunkle halblange Haare, war ca. 1,75 m und war normal gebaut. Ich kannte diese junge Frau nicht und sie kam dort auch allein. Andere Personen waren an diesem Tag nicht in der Nähe. Zur Bekleidung kann ich nichts sagen.

3. Im November 1977 hielt ich mich einmal in Rudolstadt auf. Hier lief ich einer jungen Frau hinterher und versuchte ihr ans Geschlechtsteil zu fassen. Da die junge Frau sofort schrie, habe ich mich entfernt. Dies war in Rudolstadt auf der Hauptstraße vom Bahnhof aus gesehen in Richtung Jena, und zwar hinter der Kreuzung, wo in Richtung Jena rechts die Bahnschranken sind. Dies war auch so gegen 22.00 Uhr. An diesem Tag war ich in der Gaststätte »Cafe-Zentral«. Dies ist in der Nähe der Post von Rudolstadt. Als ich aus dieser Gaststätte kam und mich in Richtung Bahnhof bewegte, sah ich diese junge Frau und bin ihr dann gefolgt. Diese junge Frau war ca. 17 bis 18 Jahre. Sie war etwa 1,70 m groß. Die junge Frau trug einen dreiviertellangen braunen Wildledermantel, dunkle Hose. Mehr kann ich nicht zur Bekleidung sagen. Als ich versuchte die Frau anzufassen, war sie allein, es waren keine anderen Personen in der Nähe. Als ich die junge Frau anfassen wollte, schrie sie und schlug um sich, so daß ich mein Vorhaben nicht verwirklichen konnte.

4. In Saalfeld habe ich noch eine Straftat an einem jungen Mädchen begangen. Dies war Ende Februar oder Anfang März 1978, den genauen Tag kann ich nicht mehr sagen. Ich kam an diesem Tag von der Gaststätte »Anker« in Saalfeld und ging Richtung Bahnhof Saalfeld. Da sah

ich aus Richtung Bahnhof kommend zwei Mädchen, wie sie gerade vor der Saalebrücke rechts die Treppen herunter gingen. Ich folgte diesen beiden Mädchen. Die Mädchen gingen am Zeißwerk vorbei und überquerten die Saalebrücke am Zeißwerk. Ich folgte ihnen. Sie liefen weiter über eine Wiese und durch Gärten. Hinter diesen Gärten, es war dort recht dunkel, faßte ich der einen jungen blonden Frau an die Jacke. Mein Ziel bestand darin, an ihr sexuelle Handlungen vorzunehmen. Nachdem ich sie an der Jacke angefaßt hatte, schlug sie plötzlich um sich und schrie, daß ich abhauen soll. Da ich einsah, daß es keinen Zweck hatte und es auch außerdem zwei Mädchen waren, entfernte ich mich. Zur Beschreibung der jungen Frau kann ich sagen, daß sie lange blonde Haare hatte und insgesamt gut aussah. Sie etwas größer als ich und stramm gebaut. Sie trug eine braune Wildlederjacke. Zur Hose kann ich nichts sagen, es kann eine schwarze oder blaue gewesen sein. Die andere junge Frau die noch mit war, war kleiner etwa 1,60 m. Sie hatte kurze dunkle Haare. Außerdem hatte sie noch einen Beutel bei sich, den ich aber nicht beschreiben kann. Zur Zeit kann ich sagen, daß es etwa gegen 23.30 Uhr war.

Andere Straftaten habe ich nicht begangen. Wenn ich diese von mir angeführten Straftaten begangen habe, dann war es nur im Raum Saalfeld, Rudolstadt und Kahla. In anderen Orten und Städten habe ich keine Straftaten begangen.

Ich habe das Vernehmungsprotokoll selbst gelesen. Der Inhalt entspricht in allen Teilen den von mir gemachten Angaben. Meine Worte sind darin richtig wiedergegeben.«

Auszüge aus der handschriftlichen Stellungnahme des Beschuldigten vom 4. April 1978

Geständnis*

In der Nacht vom 24.3. zum 25.3.78 geschah folgendes. Ich wurde gegen 21.50 Uhr am Arbeitsplatz vom Aufsetzer der vierer Schicht

* Rechtschreibung und Grammatik geben ein beredtes Zeugnis über den Bildungsstand des Mörders.

abgelöst und begab mich in die Gaderobe. Dort zog ich mich aus zog Unterhose, Unterhemd Strümpfe und meine Straßenhose an, in diesem Fall die blaue Jeanshose. Dann nahm ich mein Handtuch und Seife und ging mich vor in den Duschraum waschen. Als ich das beendet hatte, begab ich mich wieder zu meinem Spint wo ich mich nun ankleidete. Danach schloß ich meinen Spint ging zur Tür dort befand sich ein Spiegel an einen Spint, da kämmte ich mich und verließ dann die Gaderobe. [...]

Ich ging aus dem Gebäude in dem sich die Gaderoben befinden heraus überschritt dann die Bahnanlage, besser Gleisanlage passierte das Küchengelände ließ die Hauptküche rechter Hand liegen und begab mich geradewegs bergab zum Werksausgang. Als ich am Werksausgang ankam oder besser als ich den Werksausgang passierte zeigte die dort befindliche Uhr 22.05 Uhr. Ich lief nun geradeaus zum Bahnhof. [...]

Dort ging ich in die Mitropa Gaststätte als ich diese Mitropa betrat zeigte die Uhr die sich in der Gaststätte befand 22.10 und in der Gaststätte hielt ich mich auf bis 22.21 Uhr. Nun begab ich mich in Richtung Kulturhaus. Weil ich noch keine Lust hatte ins Wohnheim zu gehen. [...]

Dabei dachte ich guckst erstmal ins Portmane wieviel Geld Du noch bei Dir hast, dabei viel mir auf das es sich garnicht lohnt erst ins Kulturhaus rein zu gehen. Weil ich ja nur noch eine Mark und paar Pfennige hatte. Nun begab ich mich in den Park vor dem Kulturhaus. Da ich hoffte das ein Mädchen allein irgendwie vorbei kommen würde. Das ich überfallen könnte um mir Geld zu verschaffen um nun schließlich doch ins Kulturhaus gehen zu können. Als ich ungefähr eine Stunde dort im Park herum lungerte und sich noch keine Gelegenheit geboten hatte verließ ich dann den Park. Nun begab ich mich auf dem selben Wege wie ich gekommen bin wieder in Richtung Bahnhof. Vor der Bahnunterführung bog ich dann in die befestigte Straße ein wo sich links der Parkplatz befindet. Und machte mich dort auf dem Parkplatz zu schaffen ob sich da etwas entwenden ließ.

Als ich zufällig ein Blick zur Straße machte sah ich von weiten jemand herankommen. Nach einigen Minuten stellte ich fest das es sich um ein Mädchen handelt. Das stellte ich dadurch fest weil man das durch die Straßenbeleuchtung und durch das herannahen der Person nun

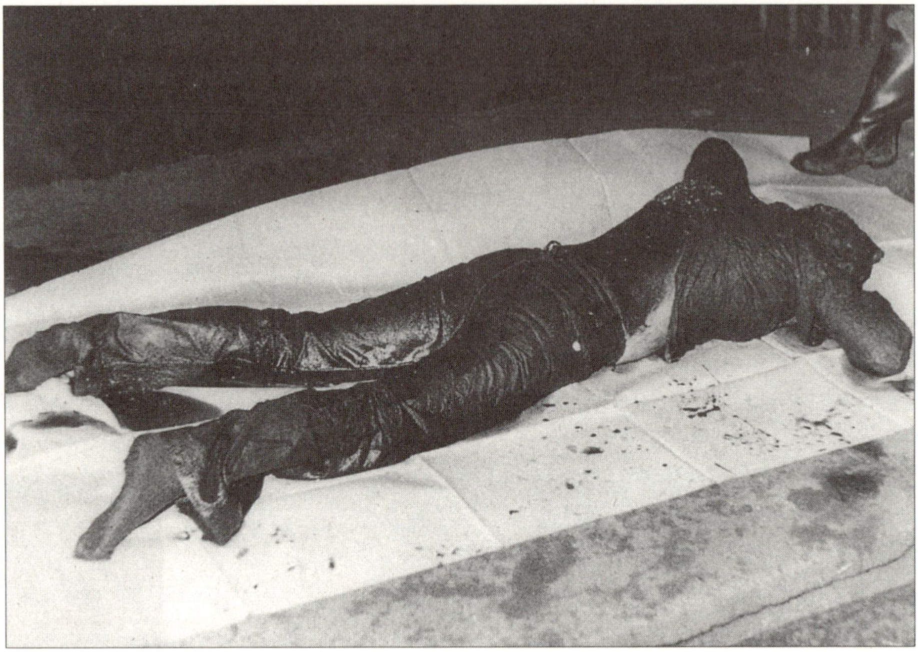

Zustand der Leiche nach der Bergung.

mitlerweile erkennen konnte. Sie kam aus Richtung Siedlung Unterwellenborn und ging in Richtung Bahnhof Unterwellenborn. Ich versteckte mich auf den Parkplatz hinter einem Auto und ließ das Mädchen herankommen. Ich wartete bis Sie an mir vorbeigelaufen war. Nun schnellte ich Ihr hinterher und drückte Ihr von hinten die Luft ab. Bis Sie sich nicht mehr rührte. Mit anderen Worten bis Sie tot war.

Nun ließ ich die Tode nach hinten fallen umfallen konnte Sie nicht da ich ja hinter Ihr stand. Nun trat ich etwa zur Seite und ließ die Tote auf meinen rechten Arm fallen, hielt Sie mit dem Arm fest das Sie nicht weiter fallen konnte. Also Sie lag nun praktisch auf meinen rechten Arm. Nun fuhr ich Ihr mit dem linken Arm unter die Kniekehlen hob Sie an und trug Sie an die linke Straßenseite vom Bahnhof aus gesehen. Dort legte ich Sie hin und beraubte Sie. Indem ich Ihr Geld aus der Tasche nahm die Sie bei sich trug. Es war eine schwarze Handtasche indem sich Ihr Portmane befand. Das Portmane kann ich nicht mehr so genau beschreiben denn es mußte schnell gehen und ich hatte Angst das jemand kommt. Ich habe es aus der Handtasche genommen aufgemacht und schnell das Geld in meine Jackentaschen getan und warf es dann in den Bach der nicht weit von mir entfernt war. Ich weiß nur noch das dieses Portmane durch eine Art Druckknopf zu öffnen war.

Ich habe wie gesagt bei der Tat mehr auf die Straße gesehn das niemand kommt. Danach faßte ich die Tote an den Beinen und zerrte Sie zum Bach. Den kleinen Abhang runter geradewegs zum Bach.«

Um von seiner schrecklichen Mordtat abzulenken, verübte der Mörder ein weiteres Verbrechen. Er wählte sich dazu zwei Mädchen aus.

»Ich faßte also den Entschluß bei einem der beiden Mädchen eine Nötigung vorzunehmen indem ich Ihr versuchte an das unbedeckte Geschlechtsteil zu fassen. Deshalb lief ich nun den Mädchen ungefähr 300 Meter hinter ihnen her in Richtung Unterwellenborn, auf der Hauptstraße entlang. Bis Sie hinter dem Wohnheim das sich an der rechten Straßenseite befand waren. Nun lief ich schneller denn ich wollte Sie ja einholen. An der linksbeginnenden Doppelkurve war ich nun auf gleicher Höhe wie die Mädchen. Ich legte zunächst beide Arme von hinten auf beide Mädchen. Danach faßte ich die eine bei den Armen und zerrte Sie von der Straße. Ich zerrte Sie in den Straßengraben dort rutschten wir aus. Als ich Sie über die Straße zerrte schlug sie wild umher und schrie um Hilfe. Nun kniete ich mich vor Sie und versuchte mit der rechten Hand den Knopf am Hosenbund zu öffnen. Das mir auch gelang und mit der linken Hand hielt ich Sie nieder indem ich Ihr auf den Bauch drückte.

Es gelang Ihr sich trotzdem aufzurichten und Sie verkrampfte die Beine. So das es mir nicht gelang Ihr Geschlechtsteil zu erreichen. Weil sie nun noch mehr um Hilfe schrie und das andere Mädchen mich mit dem Schuh auf den Rücken schlug ergriff ich die Flucht. Diese Tat habe ich begangen um die Polizei von der schlimmeren Tat allso den Mord abzulenken.«

Die Beweismittelakte war damit vollständig und der Fall abgeschlossen. Der Beschuldigte wurde nach Abschluß des Ermittlungsverfahrens vom Bezirksgericht Gera zu einer lebenslänglichen Haftstrafe verurteilt. Eine Revision nach der Wiedervereinigung wurde dem Mörder nicht gewährt.

Noch ein kleiner Nachsatz: Es wurde bekannt, daß der Vater des Opfers auf dem Grabstein seiner Tochter gern folgende Initialen eingravieren lassen wollte:

geboren am:
ermordet am:

Dies war natürlich für DDR-Verhältnisse ein Tabu. Die Familie konnte überzeugt werden, eine der üblichen Inschriften zu wählen. Ein am Tatort hinterlegter Blumenstrauß der Eltern des Opfers wurde von der Böschung des Ölbaches entfernt.

11

DER ABSCHEULICHE MÄDCHENMORD
(Kleinpürschitz bei Jena, 1978)

Am 8. Oktober 1978 wurde in Kleinpürschitz bei Jena ein neunjähriges Mädchen vermißt. Es war aus der elterlichen Wohnung verschwunden. Man setzte die Kriminalpolizei Jena in Kenntnis, weil man an ein schweres Verbrechen glaubte. Leider nicht zu Unrecht. Als mutmaßlicher Täter stand ein junger Mann aus dem Dorf in Verdacht. Er wurde von Zeugen mit dem Kind im Dorf gesehen, welches er auf den Schultern trug. Das Mädchen soll nur mit einem Nachthemd bekleidet gewesen sein.

Als die Kriminalisten vom VPKA Jena auf Grund von Hinweisen aus der Bevölkerung das Mädchen tot in einem angrenzenden Waldstück von Kleinpürschitz fanden, konnte man anhand der Lage des Opfers sofort schlußfolgern: hier lag ein abscheuliches Verbrechen vor!

Den Kriminalisten des VPKA Jena war klar, daß die MUK Gera die weiteren Ermittlungen führen mußte. Unser diensthabender Sachbearbeiter, Oberleutnant der K Wolfgang Seitz, kam mit unserem Kriminaltechniker sofort zum Einsatz. Beide trafen an diesem Sonntag gegen 13.00 Uhr am Fundort ein. Die Kriminalpolizei Jena war zusammen mit den Kriminalisten des Kriminaltechnischen Stützpunktes bereits an der Stätte des Grauens anwesend. Mit solch einer Verbrechenssituation sind die Kriminalisten nicht alltäglich konfrontiert. Wird dazu noch ein Kind auf so eine brutale Art und Weise getötet, geht diese Situation nicht immer spurlos an jedem vorbei.

Die Gerichtsmedizin Jena wurde sofort mit einbezogen und verschaffte sich einen umfassenden Überblick von der Lage der Fundstelle des kindlichen Opfers. Im gerichtsmedizinischen Protokoll wurde die Auffindungssituation wie folgt beschrieben:

»I Besichtigung des Auffindungsortes am 08.10.1978, gegen 13.00 Uhr.

1. An näher bekannter Stelle in einer Kiefernschonung auf einer kleinen Lichtung liegt in einer schmalen, in die Walderde gegrabenen

Rinne eine weibliche Kindesleiche. Sie ist mit Waldboden und trockenen Ästen bedeckt. Die Leiche liegt auf der linken Körperseite, die Knie sind leicht angewinkelt. Der linke Arm liegt – im Ellenbogengelenk gebeugt – unter der Leiche, der rechte, ebenfalls im Ellenbogengelenk gebeugt, zur Brust nach vorne zu. Die Leiche ist völlig unbekleidet.

2. Der Kopf ist im unteren Halsbereich scharfrandig abgetrennt. Er findet sich nicht bei der Leiche. Aus dem durchtrennten Stumpf der Luftröhre dringt ein weisser, etwa kirschgrosser Schaumpilz.
3. Totenflecke fehlen vollständig.
4. Nur im Bereich der Kniegelenke ist eine leichte Totenstarre feststellbar.
5. Der Körper ist insgesamt mit sandiger Erde verunreinigt.
6. Im Bereich des Scheideneingangs lässt sich eine Zerreissung erkennen, die nahezu bis zur Klitoris reicht. Auch der Damm ist nach hinten aufgerissen.
7. Es werden zwei Scheidenabstriche entnommen.
8. Die Körperoberfläche ist völlig erkaltet.«

Der Kopf des Kindes wurde nicht unweit von der Leiche aufgefunden (siehe Lageskizze des Fundortes des ermordeten Mädchens sowie ihr abgetrennter Kopf und Torso vor der Sektion).

Im Sektionsergebnis wurde folgendes festgestellt:

»Scharfrandige Abtrennung des Kopfes zwischen dem 5. und dem 6. Halswirbel mit scharfrandiger Abtrennung des 5. und 4. Halswirbel und zwei Einkerbungen im 4. Halswirbelkörper. Hochgradige Ausblutung: keine Totenflecke, sogenannte Eigenfarbe der Körperorgane, ausgedehnte Verblutungsblutungen unter der Innenhaut der linken Herzkammer.«

Als Todesursache wurde »Verbluten infolge Durchtrennung der Halsschlagadern« festgestellt. Die Verletzungen im Scheidenbereich des Mädchens wurden dem Kind erst nach dem Tod beigebracht. Im Sektionsprotokoll wird dazu folgende Aussage getroffen:

»Die massiven Verletzungen im Bereich der Geschlechtsorgane sind eindeutig nach Todeseintritt entstanden. Dabei handelt es sich um eine grobe Zerreißung des Scheideneingangs und um eine Überdehnung der Scheide, die zur Längsaufreißung der Schleimhaut geführt hat. Ursächlich hierfür ist die Einführung eines stumpfen Gegenstandes (erigierter Penis oder ähnlich gestalteter Gegenstand). Ein Samenerguß in die kindliche Scheide hat jedoch nicht stattgefunden. Zusätzlich ist ein spitzes Werkzeug (Messer) in die Scheide eingeführt worden, wodurch die beiden Stichverletzungen im hinteren Scheidengewölbe verursacht worden sind.«

In der Folge der weiteren Ermittlungen konnte der 24jährige Lothar N. aus Kleinpürschitz, der zuletzt mit dem Mädchen gesehen wurde, als Verdächtiger festgenommen werden. Der Zusammenhang mit dem toten Kind konnte ihm schnell nachgewiesen werden. Das 37 cm lange Tatmesser – Klingenlänge 24 cm – wurde nach Aussagen des Täters auf dem Grundstück in Kleinpürschitz sichergestellt.

Bei der Festnahme des Täters waren augenscheinlich Blutspuren an seiner Jacke. Die kriminalpolizeiliche Untersuchung seiner Bekleidung ergab, daß dieses menschliche Blut vom Opfer stammte. In der Gesamtheit der geführten kriminalpolizeilichen Ermittlungen konnte dem Verdächtigen diese schwere Straftat eindeutig nachgewiesen werden. Die durchgeführte Rekonstruktion bestätigte in allen seinen Einzelheiten den grausamen Tathergang. Die bei der gerichtsmedizinischen Sektion festgestellten Verletzungen entsprachen den Aussagen des sexuell abnorm orientierten Straftäters. Der Kindesmörder wurde zu einer lebenslänglichen Freiheitsstrafe verurteilt. Bei solchen Verbrechen stellt man sich immer wieder die eine Frage: Was geht in den Köpfen dieser Täter vor?

12

EIN ANFÄNGLICHER MORDVERDACHT KLÄRTE SICH ALS SUIZID AUF

(Saalfeld, 1978)

Als die Kriminalpolizei des Transportpolizeiamtes (TPA) Saalfeld im Herbst 1978 bei einer toten jungen Frau den Verdacht eines Tötungsverbrechens nicht ausschließen konnte, holte sie die MUK Gera zur Unterstützung. Die junge Frau, Mitte 20 und Tochter eines führenden Kreisleitungsmitgliedes der SED, war von einer Diesellok erfaßt und getötet worden. Die ersten Untersuchungen der Kriminalpolizei ergaben, daß der Hals der Leiche eine scharfe geschnittene, klaffende Wunde (wie mit einem scharfen Messer verursacht) aufwies.

Während der MUK-Leiter anwies, daß der Ereignisort bis zu unserem Eintreffen nicht verändert werden sollte, fuhren wir als gesamte MUK umgehend nach Saalfeld. Am Bahnhof angekommen, gab uns der K-Leiter des TPA Saalfeld einen Überblick über das Geschehene und die bis dahin eingeleiteten Ermittlungen.

Obgleich es danach aussah, daß die Frau von der Lok erfaßt und getötet worden war, hinterfragten wir dennoch, was es mit der Halswunde auf sich haben könnte. Sollte sie erst getötet und anschließend zur Vertuschung auf die Bahnschiene gelegt worden sein? Genau diese Unsicherheit rechtfertigte unseren Einsatz.

Die Kriminalisten aus Saalfeld hatten inzwischen ermittelt, daß der Partner der jungen Frau sein freundschaftliches Verhältnis zu ihr gelöst hatte und die junge Frau darüber sehr unglücklich geworden war. Der mögliche verdächtige Freund konnte jedoch ein lückenloses Alibi vorweisen. Andere Personen kamen nicht in Betracht.

Unser Verdacht eines Tötungsverbrechens geriet immer mehr ins Schwinden. Die Wunde am Hals gab uns das größte Rätsel auf. Um unsere Ermittlungen zu untermauern, benötigten wir eine eindeutige Aussage zur Todesursache. Da es sich in diesem speziellen Fall um die Tochter eines Kreisleitungsmitgliedes handelte, kam die Direktorin des Institutes für gerichtliche Medizin Jena, Frau Medizinalrat Prof. Dr. med. Kerde, mit ihrem Ärzteteam nach Saalfeld und nahm sich der Sache selbst an. Nach intensiver Spurensuche und -sicherung am Ereignisort, erfolgte unmittelbar darauf die gerichtsmedizinische Sektion der Leiche im Kreiskrankenhaus Saalfeld.

Frau Prof. Kerde stellte als Todesursache »Tötung durch scharfe Gewalteinwirkung gegen den Hals des Opfers« fest. Andere typische Spuren einer Gewalteinwirkung am Körper des Opfers ließen sich eindeutig als durch die Lok verursacht diagnostizieren. Der scharfe Schnitt am Hals deutete für sie nicht auf einen Messerschnitt hin. Sie begründete dieses Ergebnis damit, daß vor allem das mittlere und untere Muskelgewebe keine typischen Schnittverletzungen, sondern klassische Zerreißungen aufwies, die eindeutig »durch stumpfe Gewalteinwirkung« verursacht worden sein mußten.

Frau Prof. Kerde ging davon aus, daß der mehr als scharfe Schienenräumer, der an den Loks vorn unten angebracht ist, die alleinige Ursache für den Halsschnitt war. Eine vorherige Tötung des Opfers hatte definitiv nicht stattgefunden und wurde gerichtsmedizinisch entsprechend belegt. Die Gerichtsmedizinerin wollte sich letztlich aber selbst über den Zustand des Schienenräumers an der Diesellok sachkundig machen.

Wir fuhren zurück auf den Bahnhof Saalfeld. Die Lok war noch auf einem Nebengleis abgestellt, so daß wir sie ungestört untersuchen konnten. Frau Prof. Kerde ließ es sich nicht nehmen, selbst unter die Lok zu kriechen, um die Beschaffenheit des Schienenräumers zu beurteilen und sie ins Verhältnis zu den Verletzungen am Opfer zu setzen. Nachdem Restpartikel von Haut- und anderen Gewebeteilen durch die Kriminaltechniker gesichert werden konnten, war der Beweis erbracht: keine Tötung, sondern Suizid.

Ich erinnere mich noch genau an die Situation, als Frau Prof. Kerde unter der Lok lag, sich zurückbewegte und dabei deutlich zu hören war, wie sie sich am Rücken ihres teuren braunen Pelzmantels ein so genanntes »Dreiangel« durch den Schienenräumer riß. Ich sagte zu ihr: »Mehr Vorsicht, Frau Professor, damit nicht noch mehr passiert.«

Sie antwortete mir mit ihrer angenehmen, aber leicht lispelnden Stimme: »Nicht so schlimm, wenn er kaputt ist, kaufe ich mir einen neuen Pelz.« So war unsere Frau Professor – professionell und bodenständig.

Vor allem deshalb erwarb sie sich hohe Achtung und Anerkennung bei allen Kriminalisten des Bezirkes Gera und darüber hinaus. Sie war sich einfach für nichts zu schade! Sie war nicht nur Gerichtsmedizinerin, sie dachte zudem kriminalistisch. Hier möchte ich noch einfügen, daß sie leidenschaftliche »Duett«-Raucherin war und mit Vorliebe löslichen Kaffee trank. Schade, daß die Ikone der thüringischen Gerichtsmedizin bereits in den 1990er Jahren verstorben ist.

13

MORD IM PFÖRTNERHAUS
(Saalfeld, 1979)

Am 24. April 1979 erhielten wir vom K-Leiter des VPKA Saalfeld die Nachricht, daß die Pförtnerin Ina G. des GHG WtB (Waren täglicher Bedarf) Saalfeld in ihrem Betriebspförtnerhaus tot aufgefunden wurde. Da der Verdacht eines Tötungsverbrechens bestand, kamen wir und die E-MUK sofort zum Einsatz. Der MUK-Leiter, Major der K, W. Wunder, legte die Schwerpunktaufgaben fest und unter meiner Leitung begannen sowohl Spurensuche als auch Spurensicherung am unmittelbaren und erweiterten Tatort. Tatkräftige Unterstützung erhielt ich von unserem Kriminaltechniker sowie Kriminaltechnikern des VPKA Saalfeld und Spezialisten der Kriminaltechnik des Dezernates IV

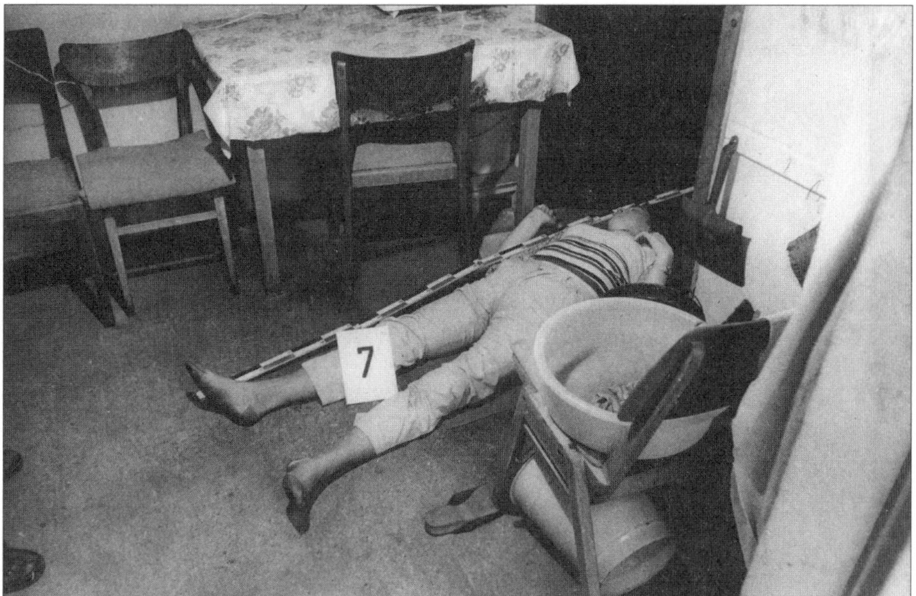

Übersichtsaufnahme von der Lage des Opfers im Pförtnerhaus.

Hauseingang zur Wohnung des Täters.

Wohnbereich des Täters.

der BDVP Gera. Kräfte der Schutzpolizei hatten den Tatort bereits weiträumig gesichert, so daß die Kriminaltechniker unverzüglich ihre Arbeit aufnehmen konnten. Sie sicherten nicht nur Zigarettenstummel, sondern auch daktyloskopische Spuren, Faserspuren und sogar Fußabdruckspuren. Ob diese allesamt aussagekräftig sein würden, sollte sich noch zeigen.

Der Leichenschauarzt diagnostizierte einen gewaltsamen Tod. Nach ersten kriminaltechnischen Untersuchungen am Leichnam wurde die gerichtsmedizinische Sektion in der Pathologie des Kreiskrankenhauses Saalfeld durchgeführt. Der Kriminaltechniker und ich waren anwesend, um weitere Spuren an der Toten sicherzustellen. Neben fotografischen Übersichts- und Detailaufnahmen ließ der Obduzent sämtliche relevante Spuren im gerichtsmedizinischen Sektionsprotokoll eintragen, das grundsätzlich als spezifisches, kriminalistisch hochwertiges Beweismittel der Gerichtsakte gilt.

Nachdem auch alle verwertbaren Spuren am Tatort gesichert und die Suche von meiner Seite als abgeschlossen betrachtet werden konnte, gaben wir ihn frei und fuhren zurück ins VPKA Saalfeld. Die Aufarbeitung der bisherigen Ermittlungen, vom Tatortprotokoll bis zum Bildbericht, bildete die Grundlage für die Akte.

In der Folge konzentrierte ich mich auf die »aktive Verdachtsrichtung«. Dieser Komplex war dem MUK-Leiter direkt unterstellt und kam genau dann zum Einsatz, wenn sich ein konkreter Verdacht auf eine Täterschaft herauskristallisierte. Wie so oft teilte ich die Verantwortung mit meinem Kollegen K. Apel, Oberleutnant der K vom Dezernat II.

Ausgehend vom Pförtnerhaus, nahmen die Ermittler vordergründig die allgemeinen Personen- und Fahrzeugbewegungen ins Visier. Zusätzliche Veröffentlichungen in der Tagespresse riefen die Bevölkerung um Mithilfe auf. Zeugen meldeten, sie hätten den Jugendlichen Axel F. im Bereich des Pförtnerhäuschens gesehen, woraufhin er von uns nach seinem Alibi befragt wurde. Axel F. war zu diesem Zeitpunkt der einzige Verdächtige und damit der mutmaßliche Täter. Während der Vernehmung stellten wir zwar einen ersten hoffnungsvollen Kontakt zu ihm her, doch dauerte es etwa vier Stunden, bis sein mühsam konstruiertes Gerüst aus Lügen und Widersprüchen einbrach. Er gestand, die Pförtnerin Ina G. im Pförtnerhaus getötet zu haben und schilderte, was genau sich zugetragen hatte. Seine Aussage war so präzise, daß kein

Die Volkspolizei berichtet

Wer kann Angaben machen?

In der Nacht vom 22. zum 23. April 1979 wurde Hildegard Gohlke, geb. am 14. September 1937, zuletzt wohnhaft gewesen in Rudolstadt-Schwarza, Kopernikusstraße 3/103, auf ihrer Arbeitsstelle im GHG WtB Rudolstadt, Betriebsteil Saalfeld (Industriestraße), im Pförtnerhaus tot aufgefunden. Es liegt ein Tötungsverbrechen vor. Zur Aufklärung dieses Verbrechens werden durch die Volkspolizei alle notwendigen Ermittlungen geführt.

Bürger, die in der Nacht vom Sonntag, dem 22. April, zum Montag, dem 23. April 1979, besonders in der Zeit von 22 bis 1 Uhr, Personen in der Nähe dieses Objektes gesehen haben oder Hinweise, die im Zusammenhang mit diesem Verbrechen stehen können (auch Verbindungen der Geschädigten zu anderen Personen), werden gebeten, sich beim VPKA, Kriminalpolizei, Saalfeld oder jeder anderen VP-Dienststelle zu melden. Hinweise werden auf Wunsch auch vertraulich behandelt.

Volkswacht vom 25.04.1979 …

Die Volkspolizei berichtet

Wer hat diese Person gesehen?

Auf Grund der gestrigen Mitteilung der Volkspolizei über das Tötungsverbrechen in der Nacht vom 22. zum 23. April 1979 in Saalfeld, Industriestraße, gaben Bürger an, in der Zeit zwischen 22 bis 24 Uhr eine unbekannte männliche Person gesehen zu haben, die sich unberechtigt in der Nähe des Tatortes aufhielt.

Personenbeschreibung: Scheinbares Alter ca. 20 Jahre, 165 bis 170 cm groß, schlanke Gestalt, nackenlanges, ungepflegtes blondes Haar; bekleidet mit hellfarbener Bundjacke, blauen Jeanshosen, dunkelblauem oder schwarzem Hut. Wer kann Angaben über diese Person machen? Wo wurde dieser Unbekannte in der Nacht vom 22. zum 23. April 1979 noch gesehen? Auf welche Person trifft diese Personen- und Bekleidungsbeschreibung zu?

Die Volkspolizei bittet die Bevölkerung um Mithilfe bei der Aufklärung dieses Verbrechens. Hinweise werden auf Wunsch auch vertraulich behandelt.

… und vom 26.04.1979.

Zweifel an seiner Täterschaft aufkam. Das Verhör eines Verdächtigen entwickelte sich letztlich zu einer ernsthaften Beschuldigtenvernehmung, die ab dem Zeitpunkt des Geständnisses lückenlos per Tonband mitgeschnitten und schriftlich protokolliert wurde.

Im Anschluß hatte der Beschuldigte Gelegenheit, sich das Protokoll Seite für Seite nochmals durchzulesen. Ergänzungen oder Abänderungen konnten handschriftlich eingefügt, mußten aber jeweils absigniert werden. Das Ende jeder Seite unterschrieb er mit Vor – und Familiennamen. Hinzu kam folgende Passage auf der letzten Seite: »Ich habe die Beschuldigtenvernehmung selbst gelesen. Der Inhalt entspricht in allen Teilen den von mir gemachten Angaben. Meine Worte wurden darin sachlich richtig wiedergegeben.« Eine gestrichelte Linie forderte den Beschuldigten abermals zum Gegenzeichnen auf.

Allein im Vernehmerzimmer sitzend, bewacht von zwei Schutzpolizisten, war Axel F. in der Folge dazu aufgefordert, eine handschriftliche Stellungnahme zu seiner Tat abzugeben. Diese stimmte schließlich mit seinen vorherigen Aussagen überein. Nach diesem strafprozessualen Akt wurde beim Kreisgericht Saalfeld Antrag auf Haftbefehl gestellt, der kurz darauf erlassen wurde.

Zum Motiv seiner Handlung gab er an, daß er in diesem Pförtnerhaus brauchbares Diebesgut vermutete. Als ihn die Pförtnerin überraschte, dachte er nur daran, seine Absichten zu vertuschen. Deshalb mußte sie sterben.

Mit Überführung in die Untersuchungshaftanstalt Gera blieb mir, die weiteren Vernehmungen von Axel F. bis zum Abschluß des Ermittlungsverfahrens durchzuführen. Nachdem seine Aussage zum Tathergang am Tatort widerspruchslos nachgestellt werden konnte, war der Fall reif, ad acta gelegt zu werden.

Die Aufklärung erhielt jedoch einen etwas herben Nachgeschmack. Die Spurensicherung gab Aufschluß darüber, daß die Vielzahl an Zigarettenstummeln im Außenbereich des gesicherten Tatortes nicht vom Täter, sondern von den Sicherungskräften selbst stammten! Zudem handelte es sich bei den daktyloskopischen Spuren, die am Telefonhörer des Pförtnerhäuschen gefunden worden waren, um Spuren des diensthabenden Kriminalisten, der die Verständigung und Einleitung erster Maßnahmen von diesem Apparat aus organisiert hatte. Eine kriminalistische bzw. volkspolizeiliche Meisterleistung war das wahrlich nicht gewesen.

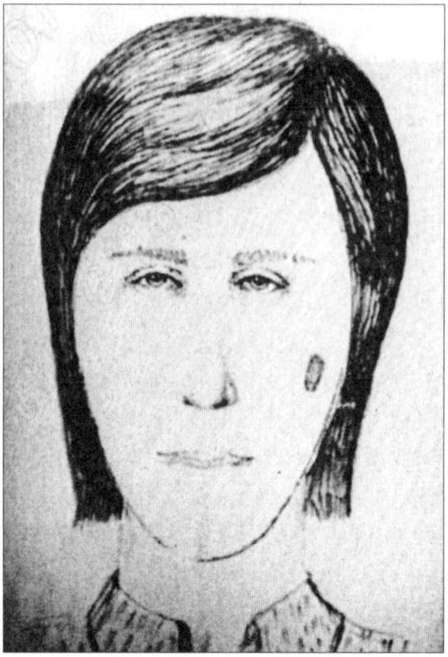

Subjektives Porträt nach Zeugenbeschreibung.

Auf Grund dieser Unzulänglichkeiten kurbelte der Chef der BDVP Gera in allen VPKÄ eine exakte Auswertung dieses Vorkommnisses an und ließ uns einbläuen, wie polizeitaktisch und methodisch bei der Sicherung von Tatorten vorzugehen ist. Unser aller Leichtfertigkeit hatte die Aufklärung dieses Falles zum Glück nicht behindert, uns dafür aber zusätzlich erhöhten kriminalistischen Arbeitsaufwand eingebracht.

14

DER POLIZISTENMORD VON GERA
(1979)

Am 14. Juni 1979, gegen 03.15 Uhr, erregte eine starke Rauchentwicklung in Wohnung Nr. 113 die Aufmerksamkeit der Hausbewohner in der Ernst-Toller-Straße in Gera. Die Feuerwehr war rasch zur Stelle und stellte verwundert fest, daß die Wohnungstür nicht verschlossen, ja nicht einmal eingeklinkt war. Im Zuge der Brandbekämpfung drehten sie die Sicherungen heraus und sperrten die Gaszufuhr, um sich zur Brandstelle im Wohnzimmer vorzuarbeiten. Der dichte Qualm nahm ihnen nahezu alle Sicht. Schwelbrände an einer Liege, an einem Stuhlsessel und am Wohnzimmerschrank wurden ausfindig gemacht und unverzüglich gelöscht. Drei Brandstellen an verschiedenen Orten waren natürlich ungewöhnlich und machten die Feuerwehrleute stutzig.

Hinter dem stark verkohlten Sessel kam unterdessen ein Mann zum Vorschein, der reglos am Boden lag und nur mit einer Hose, Socken und Unterhemd bekleidet war. Die sofortige erste Hilfe durch einen Feuerwehrmann zeigte keine Wirkung. Der Notarzt konnte nur noch den Tod diagnostizieren. Die Körperwärme des Toten ließ erahnen, daß er vor etwa ein bis zwei Stunden verstorben sein mußte. Spuren von Gewalteinwirkung waren nicht ersichtlich. Auf Grund des hohen Gasgeruches im Wohnzimmer schien eine Kohlenmonoxidvergiftung als Todesursache denkbar. In der Kochnische stand ein zweiflammiger Gaskocher, dessen Gerätehähne bis zum Eintreffen der Feuerwehr geöffnet waren. Durch den Wohnungsnachbar wurde in Erfahrung gebracht, daß es sich bei dem Toten um Lutz L. handelte, einen Junggesellen, der beim Betriebsschutz der SDAG Wismut arbeitete und somit Angehöriger der Deutschen Volkspolizei war. Seine Uniform hing im Flur, Dienstgrad VP-Hauptwachtmeister.

Durch das Meldesystem der Deutschen Volkspolizei (die Feuerwehr gehörte zu DDR-Zeiten zur DVP) wurde die Kriminalpolizei informiert,

Wer sah diesen Bürger?

Die Volkspolizei bittet um Mithilfe der Bevölkerung bei der Aufklärung eines Wohnungsbrandes in der Nacht vom 13. zum 14. Juni 1979 in Gera, Appartementhaus Ernst-Toller-Straße 14, Wohnung 113. Der Mieter (siehe Bild) dieses Appartements hat bei diesem Brand tötliche Verletzungen erlitten. Er hielt sich am 13. Juni in der Gaststätte „Rudelsburg" in Gera, Otto-Grotewohl-Straße, auf und verließ diese zwischen 22 und 22.30 Uhr.

Wer hat diesen Bürger nach dieser Zeit in der Stadt Gera gesehen bzw. wer war mit ihm zusammen?

Auf dem Nachhauseweg trug er einen Einkaufsbeutel, in welchem sich Getränke befanden.

Zweckdienliche Angaben sind an das Volkspolizei-Kreisamt Gera, Kriminalpolizei, App. 61 32 93 oder an jede andere VP-Dienststelle zu richten. Hinweise werden auf Wunsch auch vertraulich behandelt.

Artikel in der Thüringischen Landeszeitung v. 16.o6.1979 - Seite 8 (Lokalseite)

VP bittet um Mithilfe

Die Volkspolizei bittet um Mithilfe der Bevölkerung bei der Aufklärung eines Wohnungsbrandes in der Nacht vom 13. zum 14. Juni in Gera, Appartementhaus Ernst-Toller-Straße 14, Wohnung 113. Der Mieter (siehe Bild) dieses Appartements hat bei diesem Brand tödliche Verletzungen erlitten. Er hielt sich am 13. Juni 1979 in der Gaststätte „Rudelsburg" in Gera, Otto-Grotewohl-Straße, auf und verließ diese zwischen 22 bis 22.30 Uhr. Wer hat diese Person nach dieser Zeit in der Stadt Gera gesehen bzw. wer war mit ihm noch zusammen? Auf dem Nachhauseweg trug er einen Einkaufsbeutel, in welchem sich Getränke befanden.

Zweckdienliche Angaben sind an das Volkspolizei-Kreisamt Gera, Kriminalpolizei, Telefon 61 32 93, oder an jede andere VP-Dienststelle zu richten. Hinweise werden auf Wunsch auch vertraulich behandelt.

Artikel in der Volkswacht v. 16.o6.1979 - Lokalseite Gera-Stadt

Die Volkspolizei erbittet Mitarbeit

Die Volkspolizei bittet um Mithilfe der Bevölkerung bei der Aufklärung eines Wohnungsbrandes in der Nacht vom 13. zum 14. Juni, in Gera, Appartementhaus Ernst-Toller-Straße 14, Wohnung 113.

Der Mieter (siehe Bild) dieses Appartements hat bei diesem Brand tödliche Verletzungen erlitten. Er hielt sich am 13. Juni in der Gaststätte „Rudelsburg" in Gera, Otto-Grotewohl-Straße, auf und verließ diese gegen 22.00 Uhr bis 22.30 Uhr. Wer hat diese Person nach dieser Zeit in der Stadt Gera gesehen bzw. wer war mit ihm noch zusammen? Auf dem Nachhauseweg trug er einen Einkaufsbeutel, in welchem sich Getränke befanden.

Zweckdienliche Angaben sind an das Volkspolizei-Kreisamt Gera, Kriminalpolizei, App. 613 293 oder an jede andere VP-Dienststelle zu richten. Hinweise werden auf Wunsch vertraulich behandelt.

Artikel im Thüringer Tageblatt v. 16.o6.1979 Seite 6 -Lokalseite

Die VP bittet um Mitarbeit

In der Nacht vom 13. zum 14. Juni 1979 ist in Gera, Appartementhaus Ernst-Toller-Straße 14, Zimmer 113, ein Wohnungsbrand ausgebrochen. Der Mieter dieses Appartements konnte nur noch tot geborgen werden (siehe TLZ vom 16. Juni).

Nach den kriminalpolizeilichen Untersuchungen ist ein Tötungsverbrechen nicht auszuschließen. Vermutlich wurden folgende Gegenstände aus der Wohnung des Geschädigten entwendet:

1. Eine Reisetasche, schwarzes glattes Kunstleder, ca. 40 × 60 × 16 cm, mit zwei stabilen bogenförmigen Griffen, goldfarbener Reißverschluß, der nur zu zwei Drittel funktionsfähig ist.

2. Ein Ruhla-Wecker, 0steinig, Kaliber 69—30—82—97, verchromt, orangefarben, Zifferblatt mit schwarzen Zahlen, Leuchtpunkten und Leuchtzeilen.

3. Ein Ruhla-Doppelglockenwekker, Kaliber 69–37, Gehäuse lindgrün, goldfarbene Glocken, Zifferblatt mit römischen Zahlen.

4. Ein Kofferradio, sowjetisches Fabrikat, Typ unbekannt, Größe ca. 20 × 13 × 4 cm, helles Plastgehäuse, an der Vorderseite zwei runde Bedienungsknöpfe und ein rechteckiges, goldfarbenes Schild mit rotem Schriftzug in kyrillischen Buchstaben.

5. Ein Windlicht mit Glaszylinder, Höhe ca. 25 cm, goldfarbenes, eloxiertes, metallenes Unterteil, Durchmesser ca. 7 cm.

6. Ein Windlichtunterteil ohne Glaszylinder.

7. Eine Standgarnitur mit drei goldbraunen Kugelschreibern, es handelt sich um einen Werbeartikel mit der Aufschrift „BOSCH".

8. Ein Schlüsselbund mit einem sternförmigen Punkt-Sicherheits-Schlüssel, außerdem können sich an diesem Schlüsselbund ein Bundbartschlüssel und zwei Sicherheitsflachschlüssel befinden.

Wo wurden diese oben genannten Gegenstände zum Verkauf angeboten? Wer kann Angaben darüber machen, welche Personen sich im Besitz dieses Gegenstände befinden? Wer hat solche Gegenstände nach dem 13. Juni 1979, insbesondere einen Schlüsselbund mit den oben angeführten Schlüsseln, gefunden?

Zweckdienliche Hinweise, die auf Wunsch auch vertraulich behandelt werden, sind an das VPKA, Abteilung Kriminalpolizei, Ruf 61 32 93, oder an jede andere VP-Dienststelle zu richten.

Artikel in der Thüringer Landeszeitung v. 22.o6.1979
(Seite 8 - Lokalseite)

VP bittet die Bürger um Mitarbeit

Wer kann Angaben machen?

In der Nacht vom 13. zum 14. Juni 1979 ist in Gera, Appartementhaus Ernst-Toller-Straße 14, Zimmer 113, ein Wohnungsbrand ausgebrochen. Der Mieter dieses Appartements konnte nur noch tot geborgen werden (Siehe unsere Veröffentlichung vom 16. Juni). Nach den kriminalpolizeilichen Untersuchungen ist ein Tötungsverbrechen nicht auszuschließen. Vermutlich wurden nachfolgend aufgeführte Gegenstände aus der Wohnung des Geschädigten entwendet:

1. eine Reisetasche, schwarzes glattes Kunstleder, ca. 40x30x16 Zentimeter, mit zwei stabilen bogenförmigen Griffen, goldfarbener Reißverschluß, der nur zu zwei Dritteln funktionsfähig ist

2. ein Ruhla-Wecker, 0-steinig, Kal. 69-30-82-97, verchromt, orangefarben, Zifferblatt mit schwarzen Zahlen, Leuchtpunkten und Leuchtzeilen

3. ein Ruhla-Doppelglockenwecker, Kal. 69-37, Gehäuse lindgrün, goldfarbene Glocken, Zifferblatt mit römischen Zahlen

4. ein Kofferradio, sowjetisches Fabrikat, Typ unbekannt, Größe ca. 20x13x4 Zentimeter, helles Plastgehäuse, an der Vorderseite zwei runde Bedienungsknöpfe und ein rechteckiges goldfarbenes Schild mit rotem Schriftzug in kyrillischen Buchstaben

5. ein Windlicht mit Glaszylinder, Höhe ca. 25 Zentimeter, goldfarbenes, eloxiertes metallenes Unterteil, Durchmesser ca. 7 Zentimeter

6. ein Windlichtunterteil ohne Glaszylinder

7. eine Standgarnitur mit drei goldbraunen Kugelschreibern, es handelt sich um einen Werbeartikel mit der Aufschrift „Bosch"

8. ein Schlüsselbund mit einem sternförmigen Punktsicherheitsschlüssel, außerdem können sich an diesem Schlüsselbund ein Bundbartschlüssel und zwei Sicherheitsschlüssel befinden.

Wo wurden diese oben genannten Gegenstände zum Verkauf angeboten? Wer kann Angaben darüber machen, welche Personen sich im Besitz dieser Gegenstände befinden? Wer hat solche Gegenstände nach dem 13. Juni 1979, insbesondere einen Schlüsselbund, mit den oben angeführten Schlüsseln gefunden?

Zweckdienliche Hinweise, die auch auf Wunsch vertraulich behandelt werden, sind an das VPKA Gera, Kriminalpolizei, Telefon 613 293 oder jede andere VP-Dienststelle zu richten.

Artikel im
Thüringer Tageblatt
vom 22.o6.1979
(Seite 5 - Lokals.)

Zeitungsartikel in verschiedenen Tageszeitungen in Gera.

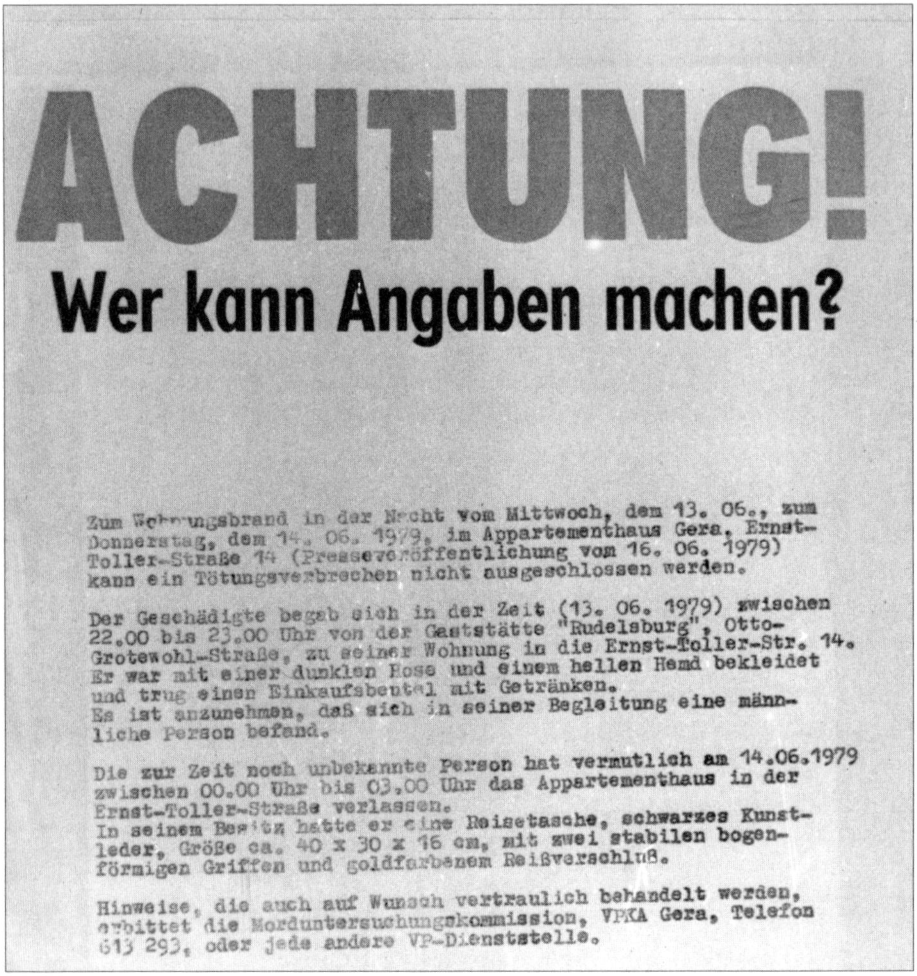

ACHTUNG!

Wer kann Angaben machen?

Zum Wohnungsbrand in der Nacht vom Mittwoch, dem 13. 06., zum
Donnerstag, dem 14. 06. 1979, im Appartementhaus Gera, Ernst-
Toller-Straße 14 (Presseveröffentlichung vom 16. 06. 1979)
kann ein Tötungsverbrechen nicht ausgeschlossen werden.

Der Geschädigte begab sich in der Zeit (13. 06. 1979) zwischen
22.00 bis 23.00 Uhr von der Gaststätte "Rudelsburg", Otto-
Grotewohl-Straße, zu seiner Wohnung in die Ernst-Toller-Str. 14.
Er war mit einer dunklen Hose und einem hellen Hemd bekleidet
und trug einen Einkaufsbeutel mit Getränken.
Es ist anzunehmen, daß sich in seiner Begleitung eine männ-
liche Person befand.

Die zur Zeit noch unbekannte Person hat vermutlich am 14.06.1979
zwischen 00.00 Uhr bis 03.00 Uhr das Appartementhaus in der
Ernst-Toller-Straße verlassen.
In seinem Besitz hatte er eine Reisetasche, schwarzes Kunst-
leder, Größe ca. 40 x 30 x 16 cm, mit zwei stabilen bogen-
förmigen Griffen und goldfarbenem Reißverschluß.

Hinweise, die auch auf Wunsch vertraulich behandelt werden,
erbittet die Morduntersuchungskommission, VPKA Gera, Telefon
613 293, oder jede andere VP-Dienststelle.

Fahndungsblatt.

in diesem speziellen Fall ebenfalls die Branduntersuchungskommission (BUK) und die MUK.*

Wir zwei diensthabenden Spezialisten, der Sachbearbeiter der BUK und ich von der MUK, verschafften uns am Ereignisort einen Überblick über die Tatortsituation und erklärten einstimmig, daß ein Tötungsverbrechen nicht ausgeschlossen werden konnte. Wir hinter-

* Hans Girod: »Der Polizistenmord von Gera«. Berlin 2008, S. 190; Hans Thiers: »Erfahrungen zur Untersuchung von Tötungsdelikten durch überörtliche Täter (Diplomarbeit)«. Berlin 1982, Bl. 19.

fragten natürlich die Ursache der drei unterschiedlichen Brandherde, aber auch die Menge an Gläsern, leeren Wein- und Bierflaschen auf dem Tisch sowie den Aschenbecher, randvoll mit verschiedenen Zigarettenresten. Alles deutete auf eine mehrköpfige Zechrunde hin. Hinzu kam, daß Schränke und Behältnisse offen standen, als ob sie durchwühlt worden wären, und allerlei Utensilien verstreut auf dem Boden lagen.

Da es sich bei dem Toten um einen Polizisten handelte, war weisungsmäßig die MUK für die weitere Bearbeitung zuständig. Während sich die Straftat für die BUK erledigt hatte, wurden unsere Kriminaltechniker vor Ort zusätzlich durch Mitarbeiter vom KT-Stützpunkt des VPKA Gera und Sondertechniker unterstützt. Zu den Spezialisten, die das Dezernat KT der BDVP Gera schickte, zählten Daktyloskopen, ein Biologe sowie ein Trassologe. Weiterhin wurden der Brandursachenermittler der Feuerwehr, der Netzgasingenieur des Energiekombinates Gera und die Gerichtsmediziner des Institutes für gerichtliche Medizin Jena einbezogen. Auf mein Kommando begann unter Leitung unseres Kriminaltechnikers die systematische Tatortuntersuchung. Nachdem die Lage der Leiche fotografisch dokumentiert und exakt beschrieben worden war, ließ man sie auf Anordnung des Staatsanwaltes in die Pathologie des Bezirkskrankenhauses Gera zur gerichtsmedizinischen Sektion überführen.

Ein CO-Hb-Wert von 67 Prozent ließ keinen Zweifel an einer Kohlenstoffmonoxidvergiftung als einziger Todesursache. Daß der Kollege Ruß eingeatmet hatte, war bis in die Bronchien hinein deutlich erkennbar. Sein Blutalkoholwert betrug 3,1 Promille, im Urin befanden sich 4,2 Promille. Lutz L. hatte es sich an jenem Abend an nichts fehlen lassen.

Unmittelbar nach der Tatortarbeit informierte ich den Leiter der Morduntersuchungskommission, Major der K, Waldemar Wunder, darüber, daß alle Indizien für ein Tötungsverbrechen sprachen. Er verschaffte sich unverzüglich persönlich einen konkreten Überblick und forderte schließlich die E-MUK an, da ein erheblicher Ermittlungsaufwand absehbar war. Der Verdacht eines Tötungsverbrechens begründete sich wie folgt:

Erstens zeugten die benutzten Gläser etc. davon, daß sich mehrere Personen in der Wohnung des Opfers aufgehalten haben mußten. Hinzu kamen zweitens die verschiedenen Brandstellen innerhalb der Wohnung. Laut Aussage der Mutter des Toten, wurden – drittens – Gegenstände entwendet. Es handle sich um zwei Wecker, zwei Windlichter, ein Kofferradio, eine Schreibgarnitur, mehrere Gläser, eine schwarze Kunstledertasche und den Schlüsselbund samt Wohnungsschlüssel. Ein viertes Indiz lieferten die geöffneten Gasgerätehähne. Hinweis fünf und sechs schienen miteinander in Verbindung zu stehen, denn neben der offenstehenden Wohnungstür blieb der Schlüsselbund des Toten verschwunden.

Alle vorgefundenen Umstände am Tatort und die Auffindesituation des Opfers sprachen für einen Verbrechensverdacht. In voller Einsatzstärke bezog die E-MUK den Untersuchungsstützpunkt im VPKA Gera. MUK-Leiter Waldemar Wunder klärte über die Sachlage auf und legte einzelne Untersuchungskomplexe fest. Er selbst war für die Leitung der gesamten Untersuchung zuständig. Die Arbeit am Tatort, die Untersuchungen zum objektiven Tatgeschehen, die Spurensuche, -sicherung und -auswertung übergab er an den Kriminaltechniker der MUK. Zu deren Auswertung und Analyse war der Offizier der MUK bestellt. Das restliche Team arbeitete in Komplex-Gruppen daran, Personenbewegungen nachzuvollziehen, Gastwirte zu befragen, aktiven Verdachtsrichtungen nachzugehen und den sozialen Hintergrund des Toten zu ermitteln.

Natürlich war ein enges Zusammenwirken mit allen anderen Fachabteilungen der Volkspolizei unabdingbar, denn es kündigten sich bereits aufwendige Fahndungsmaßnahmen an. Um gezielt an Informationen zu gelangen, war es nötig, eine breite Öffentlichkeitsarbeit zu organisieren. Ohne eine straffe Führung der Kräfte und Mittel würde es schwer. Deshalb traf der MUK-Leiter folgende Entscheidungen und legte auf Grund des festgestellten objektiven Tatgeschehens folgende Maßnahmen fest:

1. tägliche Arbeitsbesprechung unter Verantwortung des MUK-Leiters mit den Komplexleitern einschließlich des K-Leiters des VPKA Gera
2. Teilnahme des Leiters Kriminalpolizei der BDVP Gera oder seines Stellvertreters
3. Einbeziehung und Teilnahme des Dezernates I der BDVP sowie des Kommissariats I des VPKA an den Arbeitsberatungen mit der Zielstellung, spezifische Ermittlungshandlungen zu übernehmen

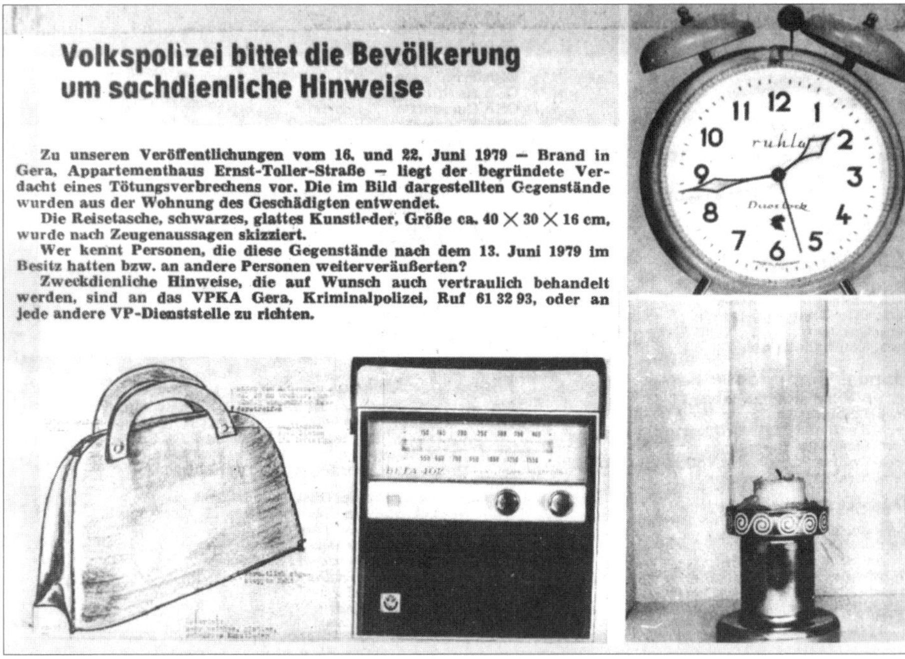

Volkspolizei bittet die Bevölkerung um sachdienliche Hinweise

Zu unseren Veröffentlichungen vom 16. und 22. Juni 1979 – Brand in Gera, Appartementhaus Ernst-Toller-Straße – liegt der begründete Verdacht eines Tötungsverbrechens vor. Die im Bild dargestellten Gegenstände wurden aus der Wohnung des Geschädigten entwendet.

Die Reisetasche, schwarzes, glattes Kunstleder, Größe ca. 40 × 30 × 16 cm, wurde nach Zeugenaussagen skizziert.

Wer kennt Personen, die diese Gegenstände nach dem 13. Juni 1979 im Besitz hatten bzw. an andere Personen weiterveräußerten?

Zweckdienliche Hinweise, die auf Wunsch auch vertraulich behandelt werden, sind an das VPKA Gera, Kriminalpolizei, Ruf 61 32 93, oder an jede andere VP-Dienststelle zu richten.

Aufruf an die Bevölkerung, beim Auffinden der gestohlenen Gegenstände mitzuwirken.

4. abgestimmte Informationsbeziehungen zu anderen Sicherheits- bzw. Staatsorganen und gesellschaftlichen Organisationen
5. rechtzeitige Einbeziehung von Spezialisten in jedem Stadium der Untersuchung
6. differenzierte Einbeziehung der Kommissariatsleiter K des VPKA
7. abgestimmte und zielgerichtete Fahndungsmaßnahmen
8. rechtzeitige Einbeziehung der Öffentlichkeit (Fahndungsaushänge/ Presseveröffentlichungen usw.)
9. zielgerichtete und abgestimmte Zusammenarbeit mit der Bezirksstaatsanwaltschaft und der Spezialkommission des MfS
10. Nutzung des gespeicherten Informationsmaterials für einschlägig vorbestrafte Täter und kriminalistischer Informationen im DDR-Maßstab
11. Informationen an die benachbarte MUK zugunsten eines guten Informationsaustausches
12. organisiertes Zusammenwirken zwischen der MUK und dem Institut für gerichtliche Medizin.

Diese Arbeitsweisen hatten sich bisher in der Praxis bewährt und sollten sich später auch für die Aufklärung im speziellen Fall als nützlich erweisen. Die Untersuchungsplanung verlief nicht nur gründlich, sondern auch auf Grundlage des neuesten Standes der Ermittlungsergebnisse im Fall des getöteten Polizisten. Die Bemerkung, daß die Kriminalpolizei in der DDR durch ihre spezielle Ausbildung hochqualifiziert war und dem internationalen Niveau standhielt, ist an dieser Stelle vielleicht nicht uninteressant zu erwähnen.

Umfangreiche Ermittlungen in alle Richtungen hatten bereits zwei Tage nach dem Verbrechen mit Aufrufen zur Mithilfe in der örtlichen Presse begonnen und nahmen mit Fahndungsblättern in zahlreichen öffentlichen Einrichtungen ihren Lauf. Eine zusätzliche Annonce, welche Gegenstände erbeutet worden waren, sollte helfen, den Tätern auf die Spur zu kommen. Trotz erfolgversprechender Hinweise blieb unsere Suche jedoch erfolglos. Auch die vom Dezernat VI der BDVP Gera erfolgten Zuarbeiten von »Bekannten aktiven Tätern« (BAT) und »Straftaten mit unbekannten Tätern« (STUT) blieben ohne Ergebnis.

Wir brachten dennoch in Erfahrung, daß Lutz L. eine Vielzahl an Kontakten hatte, vornehmlich Trinkfreunde, die sogar noch einen Tag vor seinem Tod in der Wohnung waren und vermutlich für die diversen Spuren verantwortlich waren.

Bis Mitte September 1979 hatte der MUK-Leiter die gesamte Ermittlergruppe kräftemäßig reduziert. Unsere Erfolgschancen waren rapide geschwunden, unsere Hoffnung noch nicht. Plötzlich erhielt der MUK-Leiter eine Meldung vom 10. August 1979. In Dresden seien zwei Männer festgenommen worden, die im Verdacht standen, ein Tötungsverbrechen in Dresden-Neustadt begangen zu haben. Beide stammten aus Luckenwalde und vagabundierten seit Anfang Juni 1979 in den mittleren und südlichen Bezirken der DDR umher. Sie wurden weiterer Straftaten verdächtigt.

Für den Moment glaubten wir, daß diese vermeintlichen Straftäter auch für das Tötungsverbrechen in Gera in Frage kommen könnten. Der Kontakt zur MUK Dresden war schnell hergestellt. Nach ersten Konsultationen stand fest, daß die beiden Männer zwar zum Tötungsverbrechen in Dresden Aussagen machten, daß diese aber auch auf das Tötungsverbrechen in Gera hätten zutreffen können. Sofort glichen wir ihre Aussage mit unseren gesicherten Spuren ab. Keine Übereinstimmung. Eigenartig war nur, daß sie in Dresden ausgesagt hatten, einen Brand in einer Neubau-Wohnung gelegt zu haben. In Dresden-Neustadt handelte es sich bei dem Tatort jedoch um einen Altbau, der nicht von einem Brand betroffen war. Somit stieg die Hoffnung, diese beiden Straftäter könnten doch unsere gesuchten Mörder sein.

Die neue Ermittlungssituation machte eine Lagebesprechung notwendig. Ideen aller Mitarbeiter waren gefragt. Die Strategie sah zwei Vernehmergruppen vor, die nacheinander, vor allem aber unabhängig voneinander die Vernehmung der Männer in Dresden vornehmen sollten. Eine weitere Ermittlergruppe blieb in Gera, um relevante Aussagen der Inhaftierten umgehend zu überprüfen.

Zusammen mit dem Vernehmer Oberleutnant der K Mario Schmidt fuhr ich erst nach Luckenwalde, um von der dortigen Kriminalpolizei ein noch besseres Bild von den Täterpersönlichkeiten zu bekommen. Als unser Informationsbedarf gedeckt war, fuhren wir weiter nach Dresden und nahmen die ersten Konsultationsgespräche mit der dortigen MUK auf. Die zweite Vernehmergruppe, bestehend aus zwei ausgezeichneten, erfahrenen Kriminalisten, war ebenfalls in Dresden eingetroffen. Nachdem wir die Aktenlage zum Neustädter Mord ausreichend analysiert hatten, entschieden wir, daß der Kollege Schmidt und ich zuerst den inhaftierten Jürgen V. vernehmen würden, während sich – parallel dazu – das Vernehmer-Gespann Oberleutnant der K Hans-Jürgen Schaap und Oberleutnant der K Klaus Apel um die Befragung des inhaftierten Horst W. kümmern sollten.

Die beiden Männer waren zu diesem Zeitpunkt noch in der Untersuchungshaftanstalt in Dresden untergebracht. Obwohl sie auf verschiedenen Etagen stationiert waren, um keinerlei Informationen austauschen zu können, entschieden wir aus reiner Vorsicht, Horst W. in die Haftanstalt nach Görlitz zu verlegen. Unsere zweite Vernehmergruppe siedelte entsprechend ebenfalls um.

Mit Unterstützung der MUK Dresden bereiteten wir das Zimmer für die Vernehmung vor. Die Stühle wurden so gestellt, daß wir V.s Gestik- und Mimikspiel immer im Blick hatten. Dazu wurde das Tonbandgerät aufgebaut und der Beschuldigte über den Mitschnitt in Kenntnis gesetzt und belehrt. Ein Kollege der MUK Dresden war immer zugegen, um sicherzustellen, daß wir Geraer Vernehmer dem Verdächtigen kein Täterwissen suggerierten.

Aushang B D V P

ACHTUNG!

Wer kann Angaben machen?

Die in beiden Bildern dargestellten männlichen Personen

geb. am 4.2.196o　　　　geb. am 16.5.196o

haben am 22.o6.1979 in Dresden ein schweres Verbrechen verübt. Nach vorliegenden Ermittlungen ist nicht auszuschließen, daß sich beide in der Zeit vom 11.o6.1979 bis 25.o6.1979 in Gera-Stadt oder Gera-Land aufgehalten haben.
Wo wurden die beiden Personen gesehen bzw. kontrolliert?

Hinweise sind an die BDVP, Abt. K, MUK, z. Zt. VPKA Gera, Telefon 613 314, zu richten.

Alle Angehörigen der Deutschen Volkspolizei sind in diese Fahndungsmaßnahmen einzubeziehen.

Fahndungsblatt an die Bevölkerung mit der Bitte um Unterstützung.

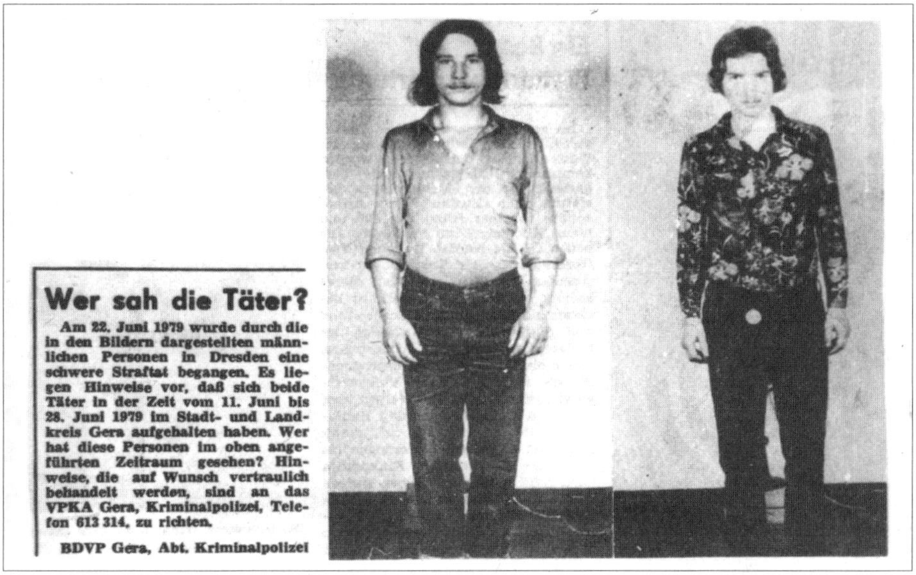

Wer sah die Täter?

Am 22. Juni 1979 wurde durch die in den Bildern dargestellten männlichen Personen in Dresden eine schwere Straftat begangen. Es liegen Hinweise vor, daß sich beide Täter in der Zeit vom 11. Juni bis 28. Juni 1979 im Stadt- und Landkreis Gera aufgehalten haben. Wer hat diese Personen im oben angeführten Zeitraum gesehen? Hinweise, die auf Wunsch vertraulich behandelt werden, sind an das VPKA Gera, Kriminalpolizei, Telefon 613 314, zu richten.

BDVP Gera, Abt. Kriminalpolizei

Volkspolizei bittet um Mithilfe

Am 22. Juni 1979 wurde durch die in den Bildern dargestellten männlichen Personen in Dresden eine schwere Straftat begangen. Es liegen Hinweise vor, daß sich beide Täter in der Zeit vom 11. Juni bis 28. Juni im Stadt- und Landkreis Gera aufgehalten haben. Wer hat diese Personen im oben angeführten Zeitraum gesehen?

Hinweise, die auf Wunsch vertraulich behandelt werden, sind an das VPKA Gera, Kriminalpolizei, Telefon 613 314, zu richten.

Zeitungsartikel an die Bevölkerung mit der Bitte um Unterstützung.

Es war ein Montagvormittag, als uns Jürgen V. in besagtem Zimmer zum ersten Mal gegenübersaß. Wir stellten uns als Kriminalisten eines anderen Bezirkes vor, nannten jedoch keinen Stadtnamen, und begannen ein unverfängliches allgemeines Gespräch. Nach einer Stunde bat er darum, eine Zigarette rauchen zu dürfen. Wir gewährten es. Alsbald kamen wir auf unser eigentliches Anliegen zu sprechen und ich forderte ihn höflich, aber doch bestimmt dazu auf, uns Auskunft zu erteilen.

Jürgen V. zeigte sich insgesamt gesprächsbereit. Die Dresdner Kollegen hatten angedeutet, daß er von der zugänglicheren Sorte wäre. Ich hatte den Eindruck, V. fühlte sich akzeptiert, zumindest signalisierte er eine innere Bereitschaft, kooperieren zu wollen. Trotzdem stammelte er oft Merkwürdiges vor sich hin, sagte »man könnte ja darüber reden« oder aber »ob heute oder später oder vielleicht überhaupt nicht ...« Auf Nachfragen, wie es sich mit gewissen Umständen verhalten hätte oder wie wir seine jeweilige Antwort verstehen sollten, wich er mit den Worten »es kommt drauf an« aus. Fragen und Gegenfragen ergaben ein eher unbefriedigendes Ergebnis. Während derlei Wort- und Satzspielereien bat er immer wieder um eine Zigarette, die wir ihm auch reichten.

Die Art, wie er an der Zigarette zog, zeigte, daß er nervös war. Wir taten aber, als bemerkten wir es nicht. Kollege Schmidt und ich tauschten vielsagende Blicke, die ahnen ließen, einem Teilerfolg nahe zu sein. Nach gut zwei Stunden Vernehmung fragte Jürgen V. plötzlich nach einer Vita Cola und einem Camembert. Wenn wir ihm den Käse, eingewickelt in Goldpapier, nicht in Silberpapier, und die Cola, die ihm so gut schmecke, brächten, könnte ihm eventuell schneller einfallen, wo er und sein Busenfreund sonst noch unterwegs gewesen waren.

Bei uns stieg die Anspannung. Sollte das wirklich ein Ablenkungsmanöver sein oder hatten wir ihn schon am Haken? Nach kurzem Stutzen forderte ich den Kollegen Schmidt auf, in der Kantine nachzusehen, ob gewünschte Dinge zu bekommen seien. Er kam wieder und präsentierte wirklich eine Vita Cola und den Käse im Goldpapier. In der U-Haft an andere Speisen gewöhnt, verriet V.s Gesicht pure Freude. Diese nutzten wir, seine Gegenleistung einzufordern, indem wir die beiden Sachen so auf dem Tisch vor ihm platzierten, daß er sie die ganze Zeit über nur ansehen konnte, wenn er nicht mit der Sprache herausrückte. Obwohl ihm das Wasser im Mund zusammengelaufen sein mußte, druckste er noch eine Weile herum, bis er plötzlich von einer Stadt mit »G« sprach. Wir hinterfragten, wieso er gerade auf eine Stadt mit »G« käme. Mehr war jedoch nicht aus ihm herauszubringen. Nun keimte bei uns wieder berechtigte Hoffnung.

Während wir unsere Freude verbargen, bekam Jürgen V. endlich seine Cola, seinen Käse und auch Zigaretten, denn er rauchte leidenschaftlich gern. Nachdem er sehr genüßlich alles aufgegessen hatte, wurde zusätzlich zur Tonbandaufnahme das Vernehmungsprotokoll geschrieben. Unseren Teilerfolg hatten wir noch nicht einmal richtig verdaut, unsere Freude noch nicht annähernd herausgelassen, da gab uns V. zu verstehen, daß er uns zu jeder weiteren Vernehmung einen weiteren Buchstaben des Aufenthaltsortes präsentieren würde, wenn er nur immer dieselbe Ration Cola, Käse und Zigaretten bekäme!

Wir wären wohl die letzten gewesen, die sich dieser Forderung widersetzt hätten. Uns konnte diese Art Geben und Nehmen nur nützen. Der MUK-Leiter gab uns grünes Licht, die Cola-Käse-Zigaretten-Taktik fortzusetzen, die mit Erreichen des Donnerstags auch für beendet erklärt wurde. Die beiden waren tatsächlich in Gera gewesen. Da wir als Team täglich mehr Informationen von Jürgen V. einfahren konnten als die Kollegen in Görlitz, tauschten wir die Erkenntnisse untereinander so geschickt aus, daß auch die anfangs zähe Vernehmung von Horst W. langsam Früchte zu tragen begann. V.s Aussagen setzen – subtil, aber im richtigen Moment von den Kollegen verwendet – seinen Kumpanen ziemlich unter Druck.

Als wir uns sicher waren, die richtigen Täter an der Angel zu haben, wurde festgelegt, daß Jürgen V. in die UHA Gera verlegt und Horst W. in die UHA Rudolstadt überführt werden sollte. Weiterführende Vernehmungen, in denen Beharrlichkeit gefragt war, ergaben, daß sich beide vom 13. zum 14. Juni 1979 erstmals und nur wenige Stunden in Gera aufgehalten hatten. Trotz dieses kurzen Zeitraumes waren sie in der Lage, sich an Einzelheiten zu erinnern und tatortspezifische Angaben zu machen.

Nach ihrer Zugfahrt von Luckenwalde nach Gera seien sie in der Gaststätte »Rudelsburg« auf Lutz L. gestoßen, der sie später mit in seine Wohnung genommen hätte. Die Beschreibung seiner Kleidung, diverser Einrichtungsgegenstände und wo diese im Haus zu finden waren, war aussagekräftig. Ihnen war im Gedächtnis geblieben, wie sie ihren Gastgeber niedergestreckt, dann sein Hab und Gut auf Wertgegenstände durchwühlt und diese gestohlen hatten. Anschließend legten sie die Brände, drehten die Gashähne auf und entkamen in Richtung Bahnhof, während die Wohnungstür offen stehen blieb.

Während in der Folge der Beschuldigte Jürgen V. das Zusammentreffen mit Lutz L. exakt zeigte, zielgerichtet zum besagten Wohnhaus lief und auf Anhieb dessen Wohnung aufsuchte, führte der Beschuldigte Horst W. die Kriminalisten bewußt daran vorbei. Das gestand er auch in der anschließenden Vernehmung mit der Begründung, Zweifel an seiner

Blatt 1

Kriminalistische Information	Nr. 1/79 10. 8. 79	03.2.

Am 26. Juni 1979 wurden in Dresden

1. [geschwärzt] geb. am 16. Mai 1960 in Sangerhausen, wohnhaft in Luckenwalde, und

2. [geschwärzt], geb. am 4. Februar 1960 in Luckenwalde, wohnhaft in Luckenwalde,

wegen eines versuchten Tötungsverbrechens in Haft genommen.

Personenbeschreibung:

Zu 1.
Scheinbares Alter 17 bis 22 Jahre; 173 cm groß; schlank; dunkelblondes, leicht gewelltes nackenlanges Haar, Mittelscheitel, Ohren bedeckt. Bekleidung bis 20./21. Juni 1979: grünbraune Stoffhose, hellblaues Dederonhemd, abgetragene braune Schnürhalbschuhe; ab 20./21. Juni 1979: Jeanshose „Wisent", Dederonhemd mit violett-schwarz-weiß-rotem Blumenmuster, hellbraune Clogs. Dazu blaue Cordjacke.

Zu 2.
Scheinbares Alter 17 bis 22 Jahre; 161 cm groß; schlank; mittelblondes, auf Kragen aufstoßendes, ungepflegtes Haar, Mittelscheitel. Tätowierungen an beiden Unterarmen: Herz mit Pfeil, Kreuz, USA-Symbole, Schriftzeichen. Bekleidung: blaue Jeanshose „Boxer", blaue Dederonwindjacke mit braunem Kragen und Bündchen sowie Reißverschluß; rotes Polohemd. Dazu bis 20. Juni 1979 hellbraune Pantoletten (ein Schuh verloren), am 20. und 21. Juni 1979 hohe braune, innen mit Fell gefütterte Lederschnürschuhe (in Wohngrundstück in Halle abgestellt) und ab 21. Juni 1979 hellbraune Clogs.

14.06. [handschriftlich, unleserlich] Tolk-Str. 14

Kriminalistische Information für die K-Dienststellen des MdI.

Kriminalistische Information	Nr. 1/79 10. 8. 79	03.2.

Begehungsweise:

█████ und █████ gingen seit dem 13. bzw. 20. Juni 1979 keiner geregelten Arbeit mehr nach. Bis zum 20. Juni 1979 trieben sie sich in den Nachmittags- und Abendstunden in Luckenwalde, in benachbarten Kreisen und in Berlin umher. Ab 20. Juni 1979 hielten sie sich eigenen Angaben zufolge in Berlin, Schönefeld, Zossen, Jüterbog, Halle, Leipzig, Zwickau, Sebnitz und Dresden auf, wobei sie vor allem die Reichsbahn als Verkehrsmittel nutzten.

Am 20. Juni wollen sie in der Nähe des Bahnhofes Berlin-Schönefeld einem in angetrunkenem Zustand auf der Bank einer Buswartehalle schlafenden Bürger – der noch unbekannt ist – die Brieftasche mit einer größeren Summe Bargeld und persönlichen Dokumenten entwendet haben. Die Papiere sollen auf der Strecke der DR zwischen Schönefeld und Zossen aus dem Zug geworfen worden sein.

Am 21. Juni begingen sie gemeinsam mit einer dritten, noch unbekannten, männlichen Person gegen 21.40 Uhr im Zug auf der Fahrt zwischen Dresden-Neustadt und Dresden-Hauptbahnhof einen weiteren Diebstahl. Nachdem die Geschädigte infolge von Belästigungen kurzfristig das Abteil verlassen hatte, entwendeten sie Bargeld aus der zurückgelassenen Handtasche.

Personenbeschreibung des unbekannten Mittäters:

Bis 20 Jahre alt; 175 bis 180 cm groß; schlank; Sommersprossen; dünnes, rotes, welliges Haar, halblang und ungepflegt. Er trug ein quergestreiftes, rot-weißes Nicki und (wahrscheinlich) eine Jeanshose.

In den Nachmittagsstunden des 22. Juni suchten die

Täterschaft aufkommen lassen zu wollen. Die zweite Rekonstruktion verlief ohne Irrwege.

Vor Gericht überzeugten vorrangig die Rekonstruktionen und Untersuchungsexperimente. Die beiden Männer wurden zu einer lebenslänglichen Freiheitsstrafe verurteilt. Aus unerklärlichen Gründen wollten sie nicht darüber sprechen, wo das Diebesgut verblieben war. Wir haben es nie gefunden. Der Mordfall in Dresden mußte natürlich nochmals neu aufgerollte werden. Aber auch den Kollegen der MUK in Dresden gelang es letztlich, die richtigen Täter hinter Schloß und Riegel zu bringen.

Das Tötungsverbrechen in Gera erwies sich für mich auf Grund seines hohen kriminalistischen Ermittlungsaufwandes sowie der Erfahrungen, die ich bei der Untersuchung von Morden mit überörtlich handelnden Tätern sammeln konnte, als so interessant, daß ich es zur Grundlage meiner Diplomarbeit nahm. Prof. Dr. jur. habil. Hans Girod war damals nicht nur mein Mentor, er hatte sogar an diesem Fall mitgearbeitet. In einem Interview in der OTZ vom 21. Dezember 2009 erklärte er, der »Polizistenmord von Gera [...] hat nicht nur polizeihistorische Bedeutung, sondern gilt auch heute als Lehrbeispiel für die Wirkung, die ein taktisch fehlerhafter Umgang mit dem Täterwissen nach sich ziehen kann.«

Seine Äußerung ist für mich insofern von Bedeutung, als sie zeigt, daß ich in meiner Arbeit aktuelle Fragen und Antworten der modernen Kriminalistik aufgeworfen und verarbeitet habe, die eine allgemeine kriminalistische Gültigkeit besitzen und bei der Mordaufklärung nie außer Acht gelassen werden sollten. Ich untersuchte und erkannte,

1. wie und unter welchen Umständen das Zusammenwirken der polizeilichen Kräfte funktionieren und wie vor allem die kriminalpolizeilichen Untersuchungen in all ihrer Komplexität organisiert werden sollten. Sinnvoll ist es, an dem Ort, an dem der Mord verübt wird, die MUK des Bezirkes die Untersuchungen leiten zu lassen – eine eindeutige Führungserkenntnis.
2. wie mit »Täterwissen« als kriminalistischer Spur umgegangen werden sollte. Grundlegend muß der Personenkreis, an den Informationen zum Tatort, Spuren etc. weitergeleitet werden, sehr klein gehalten werden, um sie wirklich als Täterwissen beweisorientiert verwenden zu können.

Ich erarbeitete 3. eine Definition von »Täterwissen« als »Gesamtheit der Informationen, die sich der Straftäter bei der Vorbereitung, Begehung und der Verschleierung eines kriminalistisch relevanten Geschehens angeeignet hat (örtlich, zeitlich usw.). Der Täter muß mit den Örtlichkeiten, dem Opfer, entwendeten Gegenständen usw. bei der Durchführung dieser Straftat konfrontiert worden sein, dies bei der Tatbegehung tatsächlich geistig wahrgenommen, erlebt und verarbeitet haben und in der Lage sein, es widerzuspiegeln.«

Ein entsprechend verantwortungsbewußter Umgang mit Täterwissen sollte zum kriminalistischen Alltag gehören. Die Sensationslust der Medien darf die kriminalistische Aufklärung nie gefährden.

15

DIE TRANSITLEICHE VON BAD KLOSTERLAUSNITZ (1979)

Am 24. November 1979 war Walter P. als Komplexleiter des Staatlichen Fortwirtschaftsbetriebes Jena als Jagdleiter des Jagdbetriebes Bad Klosterlausnitz eingesetzt. Er befuhr gegen 8.20 Uhr mit seinem Wartburg 311 die Landstraße I. Ordnung (L.I.O.) Nr. 75 und bog in die Waldschneise im Waldgebiet bei Bad Klosterlausnitz, zirka 1,2 km westlich der Autobahnabfahrt Bad Klosterlausnitz/Jena ein, um zu parken. Als er ausstieg und seine Jagdwaffe aus dem Kofferraum holte, stellte er hinter sich einen verkohlten Haufen fest. Im ersten Moment dachte er sich nichts dabei, aber beim zweiten Hinsehen erkannte er einen menschlichen Kopf. Der Rest des Körpers wies eine starke Verkohlung auf.*

Voller Entsetzen informierte er seine Jagdkollegen und ließ von einem Jagdhelfer den Bereich des Waldweges durch eine querliegende Holzstange absichern. Dann begab sich Walter P. zum Gruppenposten Hermsdorf und meldete seinen schrecklichen Fund der Polizei.

Sofort griff das Räderwerk des Informationsflusses an die dafür verantwortlichen Dienststellen. Mit dem Eintreffen der Kriminalpolizei des VPKA Stadtroda wurde der gesamte Ereignisortbereich abgesperrt und durch Kräfte der Schutzpolizei gesichert. Die gesamte MUK und Teile der Erweiterten MUK kamen sofort zum Einsatz.

Wir richteten unseren Einsatzstützpunkt auf dem Polizeigruppenposten des Hermsdorfer Kreuzes ein. Von hier aus wurden alle Untersuchungshandlungen geplant und geführt. Ein vom MUK-Leiter erarbeiteter Maßnahmeplan legte die einzelnen kriminalistischen Untersuchungshandlungen fest.

Zusammen mit unserem Kriminaltechniker, den Kriminaltechnikern des VPKA Jena und den Kriminaltechnikern der BV Gera Abt. IX/

---

* Der brisante Fall wurde bereits 1983 in dem doppelbändigen Buch »Kriminalisten im Verhör/Kriminalisten im Einsatz« von Manfred Drews veröffentlicht.

SK (MfS) wurde ich mit der Ereignisortarbeit beauftragt. Weiterhin kamen KT-Spezialkräfte der BDVP Gera zum Einsatz. Die Gerichtsmedizin Jena verschaffte sich am Fundort ebenfalls einen Überblick von der verkohlten Leiche.

Was für ein schlimmer Anblick! Allen Beteiligten war sofort klar, daß es sich wohl um Mord handelte, denn eine verkohlte Leiche in der unmittelbaren Nähe der Transitstrecke ließ die Vermutung aufkommen, daß ein Transitreisender irgendwo getötet und als Leiche abgelegt und angebrannt worden war. Den richtigen Anhaltspunkt konnten uns jedoch erst die Spuren am Fundort liefern, den wir sehr weiträumig sicherten.

Es galt, neben der allgemeinen Fundortdokumentation, einiges zu klären: Handelte es sich um eine weibliche oder männliche Person? Wie war diese Person bekleidet? Welche Spuren deuteten auf seine Identität? Unsere Kriminaltechniker arbeiteten mit Ruhe und Sachverstand. Hektik war ein Fremdwort und hätten wir in dieser Situation nicht gebrauchen können.

Den Fundort durften nur Personen betreten, die mit den konkreten Untersuchungen beauftragt waren. Als erstes legte ich fest, daß ein Zugangsweg ins Zentrum des Fundortes bis hin zum Opfer abgesteckt wurde. Nur über diesen Weg durften die Verantwortlichen den unmittelbaren Fundort betreten. Dabei wurde penibel darauf geachtet, daß dieser Zugangsweg keine äußerlichen Spuren, wie z. B. Fußabdruck- und/oder Fußeindruckspuren bzw. Fahrzeugspuren zerstörte. Jede gesicherte Spur war wichtig und ein »Spurenzertretkommando« konnten wir beim besten Willen nicht gebrauchen. Daß Kommissare sich an Leichen zu schaffen machen, gibt es nur in schlechten Kriminalfilmen, wohl aber folgendes! Ich schreibe dies so deutlich aus einem ganz bestimmten Grund:

So ein Ereignis, noch dazu ein Mord an einem Transitreisenden, weckte natürlich immer großes Interesse, und das vor allem bei Persönlichkeiten, die mit der Untersuchung eigentlich gar nichts am Hut haben. Kriminaloberrat a. D. Klaus Dalski nannte sie auf einer Lesung die »Sehleute«. Nach dem Prinzip ich habe es gesehen, ich weiß etwas, war dabei und kann etwas erzählen.

So kam es auch, daß der Amtsleiter des VPKA Stadtroda, Oberstleutnant P., mit seinem Dienst-PKW zum Fundort fuhr und sich einen

Überblick über das Vorgefundene verschaffen wollte. Nachdem er aus dem PKW ausgestiegen war, wollte er auf direktem Weg zum unmittelbaren Fundort der Leiche hinsteuern.

Als damaliger Oberleutnant der K machte ich mit meinen 1,69 m dem Amtsleiter unmißverständlich – dabei höflich, aber bestimmt – klar, daß er den unmittelbaren Fundort nicht zu betreten habe, um Spuren nicht zu vernichten oder neue Spuren zu verursachen. Ich gab ihm zu verstehen, daß er sich zwar in gebührendem Abstand den Fundort ansehen könne, aber mehr auch nicht. Das unmittelbare Betreten war den Kriminaltechnikern und Gerichtsmedizinern vorbehalten. Ich merkte sofort, daß ihm das nicht paßte. Augenscheinlich verärgert, verließ er ohne Kommentar den Fundort. »Hm«, dachte ich, »das hat bestimmt ein Nachspiel.« Doch dazu später.

Auf dem Waldweg fotografierten wir mehrere Reifeneindruckspuren, die gut erkennbar waren und die in ihrer Struktur markante Merkmale aufwiesen. Nun wurden diese Fahrzeugeindruckspuren mittels Gips-Naßverfahren gesichert, wozu wir einen Gips mit hohen Qualitätseigenschaften benutzten, der uns eigens dafür in einem 50-kg-Sack vom Leiter des BSK der Keramischen Werke Hermsdorf, Oberleutnant der K Mildner, geliefert wurde. Schließlich mußten diese gut sichtbaren Strukturen der Reifenabdruckspuren nach dem Ausgießen erhalten und auswertbar bleiben.

Reifeneindruckspuren im Waldboden am Fundort.

Die Kriminaltechniker gossen den flüssigen Gips in die Spur, um einen sauberen Abdruck zu erhalten. Nachdem der Gips leicht angehärtet war, wurden in der zweiten Schicht Stabilisierungsstäbe eingebracht. Dann erfolgte die komplette Ausgießung der Spur.

Während wir weiter den gesamten Fundort untersuchten, gaben uns die Gerichtsmediziner zu verstehen, daß es sich bei der Leiche augenscheinlich um einen Mann handelte. Die unbekannte männliche Leiche lag rechtwinklig zum Verlauf des Waldweges auf der rechten Wegseite mit dem Kopf in nordöstlicher Richtung in Bauchlage, etwas nach links geneigt. Die unteren Extremitäten waren im Bereich des Beckens hochgradig verbrannt und nahezu zerstört.

Folgende Gegenstände wurden zwischen der Landstraße und dem Fundort des Opfers gesichert: eine leere zerrissene Zigarettenschachtel der Marke »Peter Stuyvesant« und Stanniolfolie, ein Blockzettel mit dem Aufdruck »Was trinken wir – Schultheiß Bier« und eine nicht angerauchte Zigarette der Marke »Peter Stuyvesant«.

Nachdem die Gipsabdrücke total ausgehärtet waren, wurden sie vorsichtig aus dem Erdreich gehoben, gedreht und begutachtet. Die Kriminaltechniker waren zufrieden. Mit diesen gesicherten Fahrzeugspuren konnte man etwas anfangen. Die Gipsabdrücke waren unterschiedlich lang und breit. Für den Trassologen der BDVP Gera eine gute Spur, die uns zum Fahrzeug bzw. zum Reifentyp später weiterbringen sollte.

Jetzt hieß es, diese wertvollen Spuren im KT-Fahrzeug (B1000) so vorsichtig zu lagern, daß sie nicht beschädigt würden. In der Folge teilten wir das Opfer in drei Zonen ein: Kopfbereich, Hals/Rumpf und untere Extremitäten. Wir begannen, von unten nach oben alles an verbrannter Restbekleidung fotografisch festzuhalten und anschließend einzeln zu sichern.

Wir gingen davon aus, daß sich aus den Resten der teilweise verbrannten und angekohlten Bekleidungsgegenstände Rückschlüsse auf ihre Herkunft ziehen ließen. Die Untersuchung ergab, daß diese nicht aus DDR-Produktion, aber mit hoher Wahrscheinlichkeit aus dem NSW (Nicht-Sozialistisches Wirtschaftsgebiet) stammten.

Der kriminaltechnische Einsatz wird im Fundortbefundsbericht, den ich zusammen mit den Kriminaltechnikern erstellte, wie folgt beschrieben: »Vom Fundort der unbekannten männlichen Leiche sowie der in diesem Bereich vorgefundenen Spuren wurden Orientierungs-,

Fotos vom Fundort.

Die verkohlte Leiche.

Übersichts- und Nahaufnahmen gefertigt. Die Fixierung der festgestellten Reifeneindruckspuren erfolgte fotografisch sowie durch Gips-Naßverfahren. Die verkohlten Rückstände im Bereich der Leiche wurden nach den Abschnitten Kopf, Hals, Rumpf, Becken, Beine und Füße gesichert.«

Im Institut für gerichtliche Medizin der Friedrich-Schiller-Universität Jena wurden bei der Leichenbesichtigung an der linken Hand im Bereich der Fingerwurzelpartie Papillarleisten festgestellt und durch Abtrennen der Hand gesichert.

Alle aufgefundenen Gegenstände im unmittelbaren Auffindungsbereich wurden sichergestellt. Das galt auch für Bodenproben. Von der Fahrbahnkante der L.I.O.75 wurden vom Waldweg auf einer Strecke von zirka 20 m Vergleichsproben genommen. Die Ereignisortuntersuchung wurde am 24. November 1979, 18 Uhr, beendet. Die Leiche wurde ins Institut für gerichtliche Medizin der Friedrich-Schiller-Universität Jena überführt.

Im Sektionsprotokoll heißt es zur Todesursache: »Eine eindeutige Todesursache konnte durch die Obduktion und durch die toxikologisch-chemischen Untersuchungen nicht festgestellt werden. Die zum Zeitpunkt des Todes geltende extrem hochgradige Alkoholeinwirkung (Bestimmungswert 4,6 Promille) kann, aber muß nicht zwangsläufig für sich allein den Tod herbeigeführt haben. Zusätzliche Gewalteinwirkungen (Würgen, Erdrosseln, Verletzungen im Bereich des Rumpfes und der Extremitäten) können infolge der hochgradigen Verkohlung nicht ausgeschlossen werden. Das Anbrennen des infolge Alkoholeinwirkung tief Bewußtlosen ohne weitere andersartige Einwirkungen wird für möglich gehalten.«

Jetzt liefen die Ermittlungen zur Identifizierung der unbekannten männlichen Leiche an. Da eine Gesichtshälfte relativ gut erhalten war, wurde die andere Gesichtshälfte analog modelliert, so daß über eine Fotomontage eine Art subjektives Porträt vom Opfer gefertigt wurde.

Parallel zu unserer Ereignisarbeit liefen eine Vielzahl von umfangreichen Rundumermittlungen. Die Öffentlichkeit wurde über Lautsprecherwagen zur Mithilfe aufgerufen. Es wurden alle Personen befragt bzw. vernommen, die diesen Bereich am Freitag zum Sonnabend frequentiert hatten.

Verschiedene Zeugen hatten in dem Fundortbereich ein Feuer gesehen, sich aber nichts weiter dabei gedacht. Weitere Zeugen hatten in dieser Waldschneise die Heckpartie eines Fahrzeuges gesehen. Man tippte eventuell auf einen »Ford Taunus«. Dieses Fahrzeug könnte ein Westberliner Kennzeichen gehabt haben. Die Vermutung lag nahe, weil nicht unweit vom Fundort die Transitstrecke verlief.

Da es sich bei den gesicherten Reifeneindruckspuren um kein Reifenprodukt aus der DDR-Produktion handelte, konnte diesen Spuren der Reifentyp »Uniroyal Rally 280« zugeordnet werden.

Auf Grund der bis dahin insgesamt geführten Untersuchungen und gewonnenen Erkenntnisse, konnte man davon ausgehen, daß diese unbekannte männliche Person Opfer eines Tötungsverbrechens geworden war.

Deshalb übernahmen die Kollegen des MfS den gesamten Ermittlungsbereich von der Grenze Westberlin – Transitstrecke bis zur Grenze nach Hirschberg.

Sie konnten ermitteln, daß die Eheleute Rö. aus Westberlin am 21. November 1979, gegen 19.00 Uhr, über die Grenzübergangsstelle Drewitz mit einem PKW Ford in die DDR eingereist waren, am selben Tag, gegen 23.00 Uhr, über die Grenzübergangsstelle Hirschberg in die BRD ausreisten und zirka eine Stunde später, gegen 24.00 Uhr, erneut über die Grenzübergangsstelle Hirschberg in die DDR einreisten. Am 22. November 1979, gegen 02.30 Uhr, reisten sie wieder über die Grenzübergangsstelle Drewitz nach Westberlin ein.

In Anlehnung an diese gesicherten Erkenntnisse erfolgte eine Weg-Zeit-Berechnung, so daß man zu der Schlußfolgerung kam, daß das Ehepaar Rö. örtlich und zeitlich am 21. November 1979, gegen 22.00 Uhr, zum ermittelten Zeitpunkt der Inbrandsetzung der Leiche, am Fundort gewesen sein könnte.

Es schloß sich nun immer mehr der Kreis dieses Verbrechens. Das Opfer wurde als der Westberliner Manfred Sch. identifiziert. Bei dem PKW, den das Täterehepaar genutzt hatte, handelte es sich um ein Mietfahrzeug, welches die Täter zum Transport des Opfers gebrauchten. Über bestimmte Quellen wurde der PKW Ford in Westberlin angemietet und in die DDR gebracht.

Der PKW wurde durch Spezialisten des KI der DVP einer ausführlichen und tiefgründigen Spurensuche und -sicherung unterzogen. Es konnte nachgewiesen werden, daß im Kofferraum des PKW eine Leiche transportiert worden war. Die darin gesicherten Blutspuren ergaben eine Übereinstimmung zu unserem Opfer. Außerdem wiesen die Reifen des PKW genau das Profil auf, welches den Reifenabdruckspuren vom Fundort entsprach. Bodenproben aus den Radkästen zeigten eine Übereinstimmung mit den Vergleichsproben vom Fundort.

Weitere gesicherte Spuren erbrachten eindeutig den Beweis, daß das Opfer im Kofferraum dieses PKWs auf das Territorium der DDR transportiert, an dem Fundort abgelegt und angebrannt wurde. Durch ihre Vorgehensweise dachten die Täter, daß ihre Straftat unentdeckt bliebe. Sie hatten Pech.

Die Leiche verbrannte zum Glück nicht vollständig. Die Täter hatten wahrscheinlich nicht genügend Benzin beim Übergießen der Leiche benutzt. Zudem hatten sie Spuren am Fundort hinterlassen, die wir Kriminalisten nachverfolgen konnten. Sie unterschätzen wahrscheinlich die akribische kriminalistische Arbeit von DDR-Kriminalisten.

Noch einen Nachsatz zum Besuch des Amtsleiters von Stadtroda am Fundort:

Ich hatte ihm ja den Zutritt zum direkten Fundort des Opfers verwehrt. Als die Fundortarbeit abends beendet war, fuhr ich zum Einsatzstützpunkt Hermsdorfer Kreuz. Ich berichtete den anwesenden Führungskräften (MUK-Leiter, K-Leiter, Dezernatsleiter II, Staatsanwalt, Sonderkommission SK IX des MfS, Komplexleiter, Leiter des VPKA Stadtroda) über den aktuellen Stand der gesicherten Spuren am Fundort und das Ergebnis der gerichtsmedizinischen Sektion des Opfers.

Bei dieser Beratung im großen Führungskreis beschwerte sich der Amtsleiter von Stadtroda plötzlich, daß der Oberleutnant der K ihm den Zutritt zum unmittelbaren Fundort verweigert hätte. Ich bekam jetzt sofort Rückendeckung vom K-Leiter, Dezernatsleiter II und MUK-Leiter.

Dem Amtsleiter wurde eindeutig klar gemacht, der Genosse Oberleutnant der K Thiers hatte die volle Verantwortung für die Untersuchung am Fundort und damit die Entscheidungsgewalt, wer diesen Fundort wie und unter welchen Umständen betreten dürfe. Das war eine eindeutige Ansage. In der Folge war der Amtsleiter sowieso bei allen Beratungen dabei und war über alle polizeilichen und kriminalistischen Maßnahmen informiert. Dieser kleine »Zusammenstoß« wirkte sich bei der Aufklärung von anfallenden Tötungsverbrechen im Kreis Stadtroda nie negativ aus, im Gegenteil.

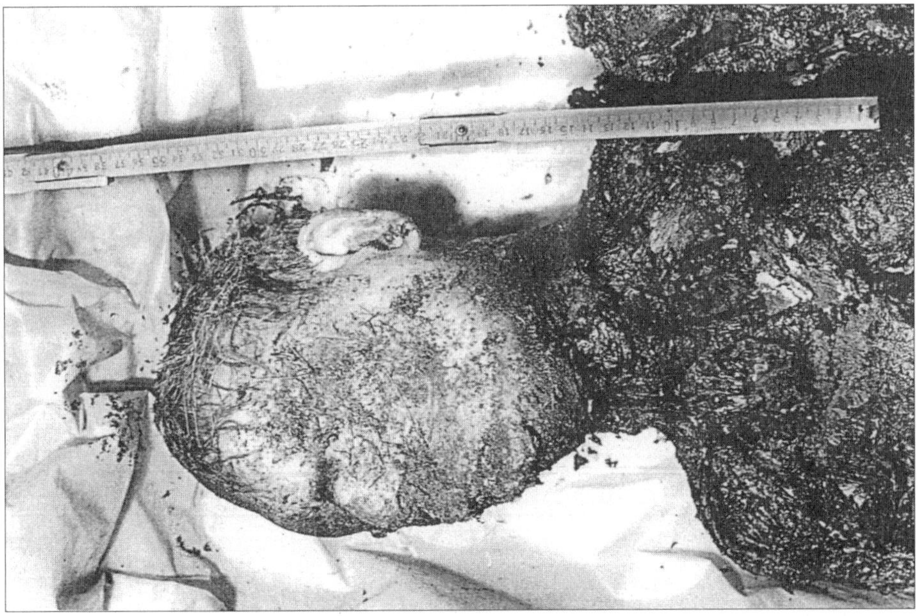

Kopf-Brustbereich der Leiche vor der gerichtsmedizinischen Sektion im ungesäuberten Zustand.

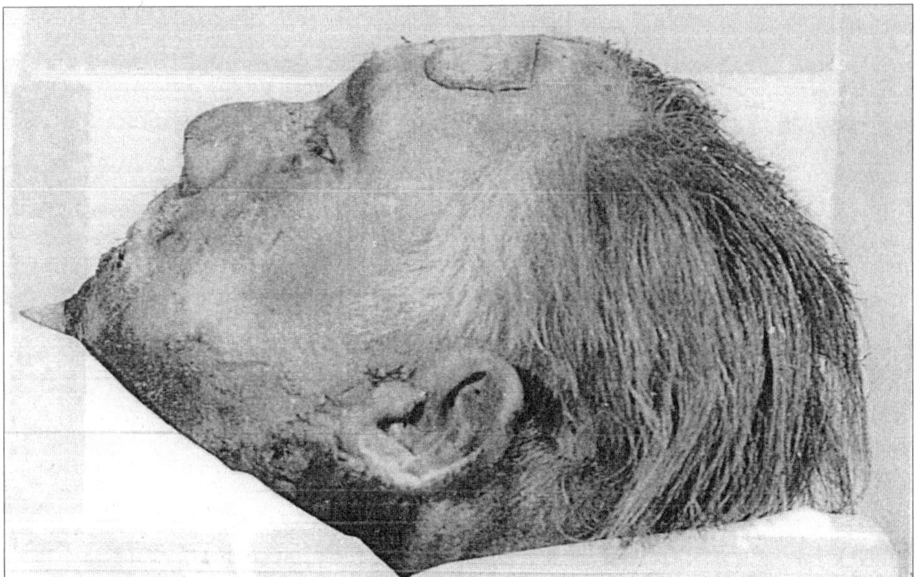

Die Leiche nach erfolgter Leichentoilette.

Übersichtsaufnahmen vom Tatfahrzeug.

Durch die sofort richtigen kriminalpolizeilichen Ermittlungsmaßnahmen und das gut funktionierende Zusammenwirken zwischen allen an diesem Tötungsverbrechen arbeitenden Institutionen (Kriminalpolizei, MfS, Gerichtsmedizin, Staatsanwaltschaft, Zeugen, Rechtshilfeersuchen an die Westberliner Justiz) war es gelungen, daß das Opfer identifiziert werden konnte. Auf Grund unserer beweisgesicherten kriminalistischen Unterlagen (Abbildung des Opfers, Beschreibung der Bekleidung und des Zahnstatus) konnte das Opfer von der geschiedenen Ehefrau als ihr ehemaliger Ehemann identifiziert werden. Im Rahmen der Rechtshilfeangelegenheit konnte den Westberliner Juristen folgende Beweismittelakte übergeben werden:

- Xerokopie des Ereignisortbefundsprotokolls vom 24.11.1979
- Xerokopie der Auskunft der Meteorologischen Station Gera vom 3.12.1979
- Xerokopie der Skizze zum Ereignisortbefundsprotokoll vom 24.11.1979 mit zehn Fotos
- Fotokopie eines Kartenausschnittes mit eingezeichneter Fundstelle
- Bildbericht zum Fund einer unbekannten männlichen Leiche vom 24.11.1979 mit 24 Fotos
- Protokoll über kriminalistische Tatortarbeit vom 24.11.1979, Tagebuch-Nr. 286/79 des VPKA Stadtroda
- Spurenauswertungsbericht des KI der DVP vom 3.1.1980
- Obduktionsbefund des Instituts für gerichtliche Medizin der Friedrich-Schiller-Universität Jena vom 4.12.1979
- Fotokopien von zwei Transitvisa vom 21.11.1979
- Fotokopien von zwei Transitvisa vom 21./22.11.1979
- Xerokopie einer staatsanwaltschaftlichen Verfügung vom 3.1.1980

Zugleich wurden am Fundort aufgefundene Gegenstände, Bodenproben, Ascherückstände, Reifeneindruckspuren und die abgesetzte Hand des Opfers übergeben. Ferner erfolgte die Übergabe von bei der Untersuchung gesicherten Haaren, von sechs Beuteln mit aus dem Brandschutz isolierten Teilen sowie eines Beutels Brandschutt. Am 9. Juni 1980 begann der Prozeß gegen Rainer und Petra Rö. Im »Tagesspiegel« vom 10. Juni 1980 heißt es dazu: »Vor einer Moabiter Schwurgerichtskammer begann gestern der Prozeß gegen ein junges,

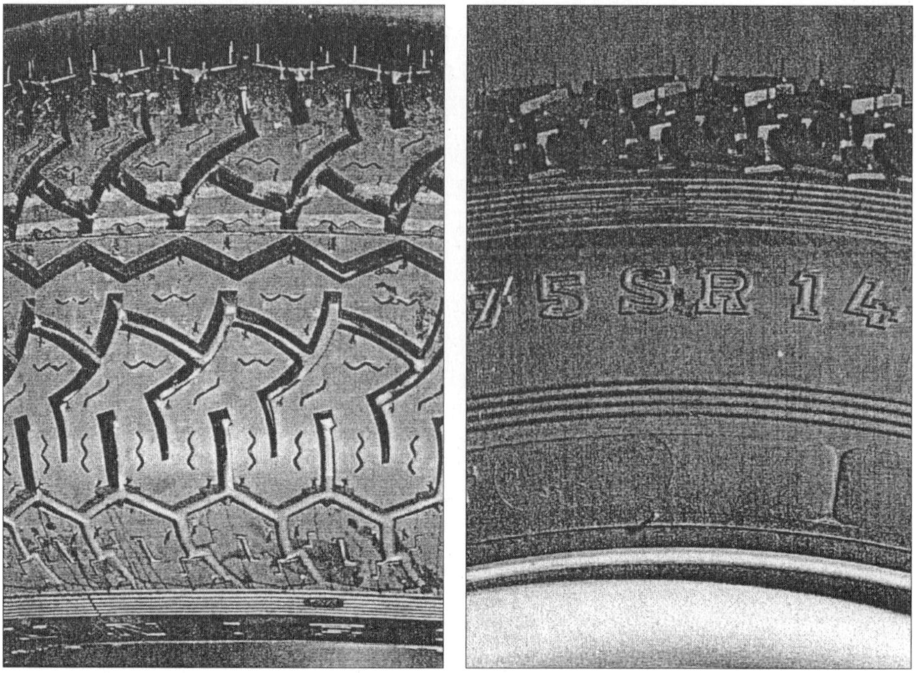

Identifizierte Reifen als Spurenverursacher am Fundort.

aus der DDR stammendes Ehepaar, das sich jetzt für den Tod eines Mannes verantworten muß, dessen Leiche im November vergangenen Jahres nahe der Transitautobahn Richtung Hof in stark angekohltem Zustand aufgefunden worden ist. Im Hintergrund der Tat steht die Unterschlagung von 25 500 Mark, die das spätere Opfer im Rahmen von Pachtverhandlungen über ein Lokal, das von dem Ehepaar betrieben worden ist, diesen übergeben hatte...«*

Die »Morgenpost« berichtete in ihrer Ausgabe vom 19. Juni 1980 vom Ausgang des Prozesses am 18. Juni 1989: »[...] Das Opfer, das nach Feststellung der Gerichtsmediziner 4,6 (!) Promille im Blut hatte, war nach den Faustschlägen an seinem eigenen Blut erstickt. Wie berichtet, hatten die Angeklagten die Leiche gemeinsam in einem Mietwagen in die DDR gefahren und dort an der Transitautobahn im Bezirk Gera mit Benzin übergossen und angezündet [...]«

---

* »Bericht über die am 7. Januar 1980 in der Mordsache Rö. erfolgten Übergabeverhandlungen mit Vertretern des Westberliner Generalstaatsanwalts«, BStU ZA MfS HA IX Nr. 2087, Bl. 85.

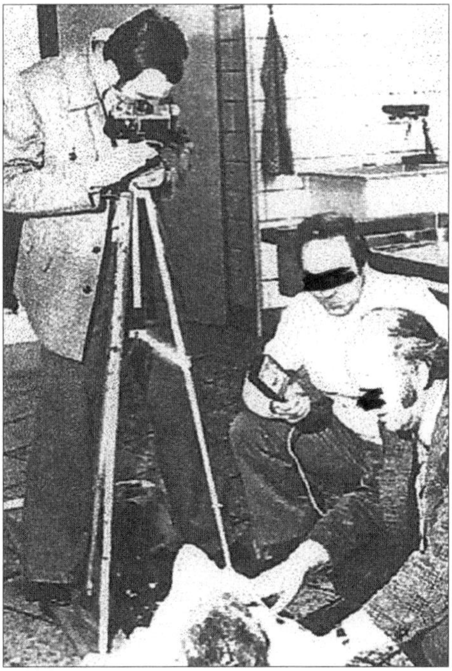

Kriminalisten bei der Leichentoilette.

In der Presse machte Raincr Rö. nach der Verurteilung noch einmal auf sich aufmerksam. Die »BZ« berichtete in ihrer Ausgabe vom 11. Juni 1981, daß Rainer Rö. aus der Haft geflohen war. »Zum Besuch der kranken Mutter in Schöneberg begleiteten ihn ein Justizbeamter und ein Gefängnispfarrer. Die Besuchszeit war fast zu Ende, als Rainer Rö. [...] zu seinen Begleitern sagte: ›Ich muß mal auf die Toilette.‹ Er durfte, niemand begleitete ihn. Während sich seine Bewacher von der Mutter verabschiedeten, lief der Häftling unbemerkt wieder aus der Toilette und türmte aus der im vierten Stock gelegenen Wohnung.«

16

DER TOTE SÄUGLING AUF DEM GELÄNDE DER EHEMALIGEN STAATLICHEN VERSICHERUNGS-KRANKENKASSE DER DDR

(Gera, 1979)

Am 4. Dezember 1979 rief uns der Kriminaldienst des VPKA Gera zum Einsatz, nachdem der Hausmeister der ehemaligen Staatlichen Versicherungskrankenkasse (SVK) der DDR in einem der Gullys einen toten Säugling gefunden hatte.

Es sah ganz nach einem Tötungsverbrechen mit unbekannter Täterin aus, weshalb wir alles daran setzten zu ermitteln, wer den Säugling geboren hatte, wo er zu Welt kam und wer ihn an solch einem ungewöhnlichen Ort versteckt haben konnte. Die Gesuchte verfügte anscheinend über detaillierte Geländekenntnis und hatte eventuell sogar einen Gehilfen.

Die Ermittlungen begannen an der Fundstelle. Da in der Behörde vorwiegend Frauen arbeiteten, war uns potentiell jede verdächtig. Wir befragten freilich nur diejenigen unter ihnen im gebärfähigen Alter und prüften deren Alibis. Man kann sich nun vorstellen, für welche emotionale Erregung der Fund des toten Säuglings bei den Frauen sorgte. Mütter reagierten besonders bestürzt darüber, daß eine Frau zu solch einer skrupellosen Tat fähig war. Ihnen allen war es unbegreiflich, wie es möglich gewesen sein konnte, eine schwangere Kollegin zu übersehen. Keine wollte an eine Täterin aus dem eigenen Arbeitsbereich glauben.

Unterdessen suchten die Kriminaltechniker das gesamte Objekt der SVK, vor allem auch die Mülltonnen, auf relevante Spuren ab. Da diese allerdings wöchentlich geleert wurden, lag die Trefferquote bei Null und die Ermittlungen begannen von neuem.

Die Befragung der gesamten Bewohner im Haus sowie die aller Mitarbeiter und Mitarbeiterinnen in der SVK stand noch aus. Wir klingelten auch bei Frau K., damals Abteilungsleiterin beim FDBG-Bezirksvorstand. Kolleginnen hatten ausgesagt, daß sie sich über längere Zeit

Fund des getöteten männlichen Säuglings im Abwasserschacht der ehemaligen SVK Gera, Dr.-Friedrich-Wolf-Straße.

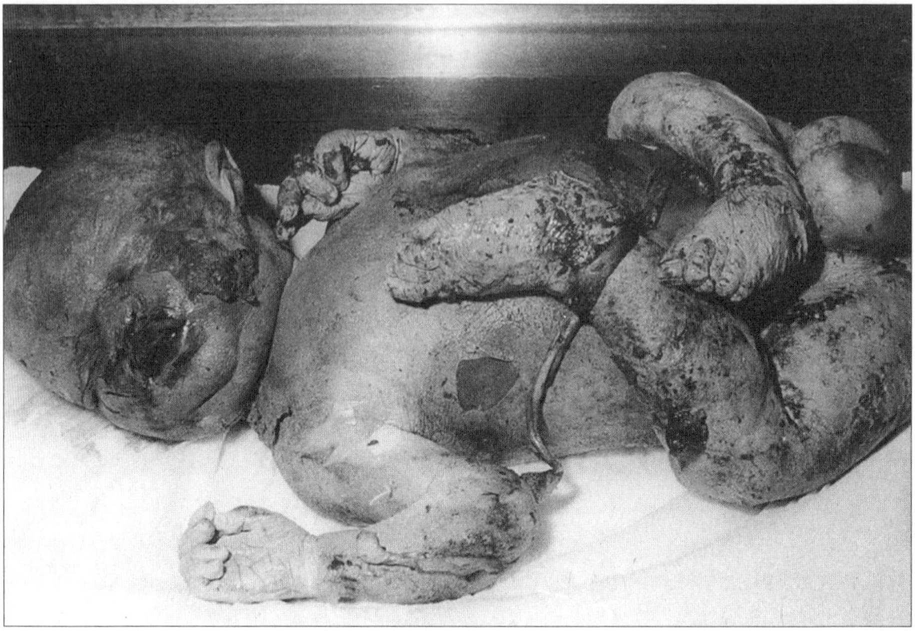

Toter männlicher Säugling nach der Bergung.

körperlich verändert hätte, daß sie erst etwas dicker, plötzlich jedoch wieder schlanker erschiene. Auch wenn wohl die Wechseljahre genügend Grund für Ihre veränderte Körperfülle geboten hätten, gingen Untersuchungsführer Oberleutnant der K Mario Schmidt und ich diesem vagen Hinweis nach. Frau K. versuchte anfänglich, die Aussagen ihrer Kolleginnen zu entkräften, jedoch nicht plausibel genug. Alsbald legte sie ein erschreckendes Geständnis ab: »Ja, ich habe mein Neugeborenes im Gully versteckt.«

In ihrer Wohnung stellten die Kriminaltechniker nicht nur ihren Schlafanzug mit Geburtsspuren sicher, sie machten nach dem Wenden der Matratze im Schlafzimmer auch einen großen Blutfleck ausfindig, der durch die Nachblutungen entstanden sein mußte.

Auf unsere Frage, was sich genau zugetragen habe, gab Frau K. ohne Umschweife Antwort. Als sie bemerkt habe, schwanger zu sein, wäre weder eine Schwangerschaftsberatung noch eine legale Abtreibung für sie in Frage gekommen. Im Gegenteil, sie habe wiederholt, doch leider immer erfolglos versucht, durch Sitzbäder und Alkoholgenuß das Kind abgehen zu lassen. Da sie es gegenüber ihrem Lebensgefährten verheimlichen wollte, habe sie auch gegenüber ihren Kolleginnen geschwiegen.

In der Nacht vom 8. auf den 9. November 1979 gebar sie ihr Kind daheim auf der Toilette. Das Licht wäre bewußt ausgeschaltet geblieben, weil sie den Säugling aus Abneigung nicht habe sehen wollen. Sie durchtrennte, wie sie sagte, mit einer Schere die Nabelschnur, wickelte das Kleine dann in ein Bettlaken und legte es in den Schrank im Flur. Nachdem sie die Plazenta die Toilette hinuntergespült und diese anschließend gründlich gesäubert hatte, sei sie wieder ins Bett gegangen. Nichts schien verändert, ihr Lebensgefährte würde nichts bemerken.

Da sie die Geburt ohne Komplikationen hinter sich gebracht hatte, ging sie am nächsten Tag wie gewohnt auf Arbeit. Sorgen aber bereitete ihr unterdessen das tote Kleine im Flur, das hätte jederzeit entdeckt werden können. Zur Sicherheit versteckte sie es vorerst in einem anderen Wandschrank, bis sie es eine Woche später in den Keller der SVK brachte und unter Kisten an Leergut versteckte. Früher oder später würde das Kind auch dort von Mitarbeitern gefunden werden können, ahnte sie, weshalb sie letztlich glaubte, ihr Geheimnis am sichersten im Abwassersammler auf dem Gelände der SVK verbergen zu können.

Am Abend des 21. November 1979 ging sie abermals in den Keller, wickelte ihr totes Kind in eine Fransendecke und begab sich zu besagtem Abwassersammler. Sie zog mit einem Eisenhaken den Deckel zur Seite, legte das leichte Bündel hinein und zog den Deckel wieder darüber. Den für die Geburt gebrauchten Eimer, die Bettbezüge mit den Nachgeburtsflecken sowie den Eisenhaken entsorgte sie problemlos im Müllcontainer, womit auch die letzten Spuren ihrer Tat beseitigt waren. Sie war sich sicher, daß das Kind nie gefunden würde. Nur zwei Wochen später machte der Hausmeister, als er den Gully wartungsgemäß reinigte, die grausige Entdeckung.

Im Anschluß an das Verhör lieferte die frauenärztliche Untersuchung von Frau K. den Beweis, daß diese vor kurzem eine Geburt durchgemacht hatte, da die Rückbildung des Uterus noch nicht allzu weit fortgeschritten war.

Die Sektion des Säuglings ergab, daß dieser vollends entwickelt, ohne Mißbildungen und uneingeschränkt lebensfähig auf die Welt gekommen, jedoch infolge der Handlungsweise der Mutter unmittelbar nach der Geburt verstorben war.

Frau K. konnte darüber hinaus nachgewiesen werden, daß sie ihr Neugeborenes allein und ohne Zutun anderer Personen getötet und es im Gully versteckt hatte. Bei der Rekonstruktion zeigte sie, daß Sie durchaus in der Lage gewesen war, den schweren Gullydeckel mit Hilfe der Eisenstange zu öffnen und zu schließen. Sie wurde zu einer mehrjährigen Haftstrafe verurteilt.

Da die 40jährige bereits zwei Kinder aus erster Ehe hatte, fühlte sie sich für ihre Schwangerschaft zu alt und wollte nicht ein weiteres Mal Mutter werden. Sie hätte weder um die finanzielle Sicherheit noch um ihren Arbeitsplatz besorgt sein müssen. Zudem redete sie sich ein, daß sie nach der Geburt dieses Kindes berufliche Nachteile gehabt hätte!

Hier muß angemerkt werden, daß durch die in den 70er Jahren beschlossenen sozialpolitischen Maßnahmen in der DDR Frauen und Familien mit Kindern besser gestellt wurden. Nach der Geburt des zweiten Kindes wurde – bei Sicherung des Arbeitsplatzes – der Frau ein Jahr Freistellung gewährt und dafür 60 Prozent des letzten Nettolohnes monatlich gezahlt. Bei mehreren Kindern verlängerte sich die Freistellung und Bezahlung weiter. Eine Frau, eventuell auch alleinstehend, erwartete diesbezüglich keine wirtschaftliche Notlage.

17

DIE MÄDCHENLEICHE IN DER WALDSCHNEISE

(Teichröda, 1980)

Es war der 9. Februar 1980, als ich als Diensthabender der MUK vom K-Dienst des VPKA Rudolstadt in Kenntnis gesetzt wurde, daß in der Waldschneise Teichröda im Kreis Rudolstadt, etwa 200 m einwärts und unmittelbar an die B 85 angrenzend, eine weibliche Leiche gefunden wurde.

Gemeinsam mit dem Kriminaltechniker der MUK Hauptmann der K R. Rabe fuhr ich direkt zum Fundort, zu welchem auch die Kriminaltechniker des Stützpunktes Saalfeld zur Spurensicherung gerufen wurden. Frau Direktor Prof. Dr. med. Kerde von der Gerichtsmedizin Jena kam zudem persönlich mit ihrem Ärzteteam.

Das Opfer war ein junges Mädchen. Unbekleidet lag es unter einer Decke, was mich sofort eine Sexualstraftat erahnen ließ. Das Mädchen war zierlich, schlank und geschätzt etwa zwischen 14 und 16 Jahre alt. Frau Prof. Kerde bestätigte recht schnell meinen Verdacht. Das Mädchen war von seinem Peiniger und Mörder erdrosselt worden. So wie es jedoch dort lag, deutete alles darauf hin, daß es von seinem Mörder in dieser Waldschneise lediglich abgelegt, nicht aber an diesem Ort getötet worden war. Nun galt es, den Tatort schnellstmöglich zu finden. Wir setzten den Fährtenhund vom KT-Stützpunkt Saalfeld an, der auch sogleich eine Spur aufnahm, diese aber im Bereich der B 85 verlor.

Wir gingen in der Folge von einem Tötungsverbrechen mit unbekanntem Täter aus, weshalb auch ein Ermittlungsverfahren wegen Verdachts des Mordes gemäß § 112 StGB gegen »Unbekannt« eingeleitet wurde. Als die Erweiterte Morduntersuchungskommission zum Einsatz kam, waren alle Spuren am Fundort bereits dokumentiert, so daß die Untersuchungen in zwei Richtungen fortgeführt werden konnten. Zunächst war uns daran gelegen, die Identität und das soziale Umfeld der Toten zu ermitteln, um in einem zweiten Schritt einen oder mehrere mögliche Täter ausfindig zu machen und den Tatort bestimmen zu können.

Ohne den Ermittlungsaufwand mit hohem Kräfte- und Mitteleinsatz zu scheuen, richteten wir unseren Einsatzstützpunkt im VPKA Rudolstadt ein. Mit einem Fotoporträt des Mädchens hofften wir auf die Unterstützung der Öffentlichkeit. Aushänge im Kreis Rudolstadt und in angrenzenden Kreisen, Zeitungsannoncen sowie die Suche in der Vermißtenkartei im DDR-Maßstab wurden veranlaßt. Tatsächlich ging eine Vielzahl von Hinweisen ein, doch obwohl wir alles dokumentierten, konnten wir selbst nach Wochen keinen exakten Anhaltspunkt aufweisen. Die Kollegen, die mit der Täterermittlung beauftragt waren, traten parallel zu uns ebenfalls auf der Stelle. Einschlägig vorbestrafte Täter konnten wir weitgehend ausschließen. Da selbst die Spuren von der Fundstelle nicht verwertbar waren und uns keinen konkreten Hinweis auf einen Täter bzw. Verbringer erbrachten, hätte praktisch jeder ohne Alibi der Täter sein können.

Dann kam aber doch noch Bewegung in den furchtbaren Mordfall. Zeugen gaben an, das Mädchen im Raum Erfurt gesehen zu haben. Sofort wurde der Kontakt zur MUK des Bezirkes Erfurt aufgenommen, um die weiteren Ermittlungen mit den Kollegen dort zu forcieren. Als Wohnort kam die Heiligengrabesmühlengasse ins Spiel, doch konkretisierte sich letztlich die Leninstraße.

An den neuen Einsatzstützpunkt Erfurt verlegt, wurde die Einsatzgruppe E-MUK Gera reduziert und mit ortsansässigen Kriminalisten verstärkt. Von der MUK Erfurt arbeitete in den sechs Monaten intensiver Ermittlungstätigkeit Oberleutnant der K Gerd Ihlau in der Einsatzgruppe. Nachdem wir die junge Frau als Petra N. identifiziert hatten, konzentrierten wir uns vollends auf die Täterermittlung mit dem Ziel, herauszufinden, wo sie auf ihren Peiniger getroffen war.

Dabei war nicht klar, ob beide einander kannten oder ob es ein zufälliges Zusammentreffen gegeben hatte. Wiederum wurde die Bevölkerung über Aushänge und Pressemitteilungen um Mithilfe gebeten und Hinweise zu Personen, mit denen Petra N. unterwegs gewesen war, zu geben. Der Fall beschäftigte uns schon fast sechs Monate, ohne daß wir eine heiße Spur vorweisen konnten.

Zuletzt wurde durch Zeugen bekannt, daß Petra N. im Bereich Leninstraße/Heiligengrabesmühlengasse mit einer unbekannten männlichen Person gesehen wurde. Diese Zeugen beschrieben die männliche Person, die einen blau-weißen Anorak getragen hatte. Über das Zentrale Bekleidungsauslieferungslager in Karl-Marx-Stadt gelang es uns, diesen Anorak aus jugoslawischer Produktion zu besorgen. Er wurde in Erfurt im Kaufhaus »Am Anger« im Schaufenster ausgestellt. Wir erhofften uns dadurch weitere konkrete Hinweise aus der Bevölkerung auf den vermutlichen Täter zu erhalten. Unzählige Meldungen gingen ein, waren aber zumeist unbrauchbar. Erschwerend kam hinzu, daß die Wahrnehmungen der Zeugen – spätabends bei Dämmerlicht – differierten. Zusammen mit Gerd Ilau und Rolf Rabe prüften wir die Lichtverhältnisse und mußten feststellen, daß die Wahrnehmungen nicht aussagekräftig genug waren.

Weiterhin wollten Zeugen gesehen haben, wie der kräftige Mann das Mädchen teilweise getragen habe. Wir schlußfolgerten, daß sich ein Parkplatz in der Nähe befinden müsse, wo sein Auto hätte stehen können. Einen solchen, wo beide sogar gesehen worden waren, gab es tatsächlich, doch verloren sich ab dort die Hinweise schlagartig. Petra N. wurde in Erfurt wahrscheinlich letztmalig lebend gesehen und später in Teichröda als unbekleidete Leiche wiedergefunden.

Die Frage, warum das Opfer gerade in Teichröda abgelegt worden war, bestand nach wie vor. Hatte der Täter zu diesem Ort einen persönlichen Bezug oder lag der Fundort nur auf dem Weg nach Rudolstadt bzw. zu einem anderen nahe gelegenen Ort? Fragen, die wir bis zuletzt nicht beantworten konnten. Ohne neue kriminalistische Bezugspunkte war auch die kleine Einsatzgruppe in Rudolstadt mit ihren Ermittlungen am Ende. Zeugen, die hätten beobachten können, wie die Tote am Fundort abgelegt wurde, konnten leider nicht ermittelt werden. In vielen Mordfällen, wo die Opfer in einem Wald abgelegt oder gar ermordet wurden, war es oft der Wald, der uns zum Täter führte. Aber dieses Mal gab der Waldboden uns nicht einmal Fahrzeugspuren wieder. Wir waren alle bitter enttäuscht. Wir mußten das Ermittlungsverfahren vorläufig einstellen. Es verblieb zu weiteren Ermittlungen bei der MUK Erfurt. In solchen Fällen ging es nach dem Territorialprinzip: Dort, wo das Opfer herstammte, wurde auch das Ermittlungsverfahren geführt. Konnte natürlich in beiden Bezirken auf neue Erkenntnisse zu diesem Mord zurückgegriffen werden, war man bestrebt, die Ermittlungshandlungen neu miteinander abzustimmen. Der Mord an Petra N. blieb vorerst ungesühnt. Wir konnten ihren Mörder zu diesem Zeitpunkt nicht fassen.

18

DIE WENDE IM FALL PETRA N.
(Rudolstadt, 1980)

Ulrike F. hatte es satt. Stets und ständig schielte ihr Mann nach anderen Frauen. Aber dabei blieb es nicht. Immer wieder bändelte der alte Schwerenöter mit fremden Frauen an, von den zahllosen Affären und dem permanenten Fremdgehen ganz zu schweigen. Und so entwickelte sich auch das »Vogelschießen«, ein beliebtes Volksfest in Rudolstadt, zu einem Fiasko. Beide Eheleute sprachen, wie so oft, kräftig dem Alkohol zu. Hans F., redselig und leutselig, vor allem zu den Damen am Tisch (nur nicht zu seiner Frau), vergaß alle Manieren und glich einem Pascha im Harem. Daß man die Damen, mit denen er sich abgab, als »Gesockse« bezeichnen muß, wird die geschätzte Leserschaft nicht verwundern.

Schon auf dem Heimweg in die Jenaische Straße gerieten die beiden angetrunkenen Eheleute in einen heftigen Streit, denn Ulrike F. konnte ihren Mann nur mit Mühe dazu bewegen, mit ihr nach Hause zu gehen und nicht im Bett einer anderen zu versumpfen. Zu Hause angekommen, ging das Gezeter weiter. Außer sich vor Zorn, Haß und Abscheu faßte Ulrike F. nun den Entschluß, ihrem Fremdgeher (den sie zudem wahrscheinlich fürchtete, wie man unten noch sehen wird) das Handwerk zu legen – und zwar ein für allemal.

Wir wissen nicht, ob sie die Tat schon länger geplant hatte, aber an diesem Abend sah sie die Gelegenheit gekommen, ihren Ehemann zu töten und sich dieses Fremdgehers endgültig zu entledigen.

Hans F. konnte kaum auf den Beinen stehen, so betrunken war er. Schon nach wenigen Augenblicken schlief er auf der Couch im Wohnzimmer ein. Ulrike F. schüttelte ihn kräftig, aber er blieb leicht schnarchend reglos liegen. Nachdem sie sich von seiner Hilflosigkeit überzeugt hatte, ging sie in die Küche, drehte die Gashähne auf und ließ unverbranntes Gas ausströmen. Sie ließ die Tür zum Wohnzimmer bewußt offen. Das Gas sollte auch wirklich ihren Mann erreichen. Dann stieg sie eine Etage höher in die Bodenkammer und legte sich dort schlafen.

Ihren Hund nahm sie mit, der sollte nicht sterben. Sie überließ nun ihren Mann seinem Schicksal.

Gegen 7.30 Uhr betrat sie wieder ihre Wohnung und vergewisserte sich, ob Hans F. auch wirklich verstorben war. Mit einem Handtuch vor dem Gesicht schloß sie die Gashähne und wischte die Brennerhähne ab, um ihre Fingerspuren zu beseitigen. Dann lüftete sie die Wohnung und informierte die Dringliche Medizinische Hilfe (DMH). Sie gab den Rettungskräften an, ihr Ehemann habe sich mit Gas das Leben genommen. Eine dreiste Lüge! Doch die haben bekanntlich kurze Beine.

Schon dem diensthabenden Arzt kam die Sache komisch vor. Von einem unnatürlichen Todesfall ausgehend, informierte er die Kriminalpolizei. Der Kriminalist erkannte sofort, daß hier etwas nicht stimmte. Der Gesamteindruck am Geschehensort und bestimmte Situationsfehler machten auch unseren Leichensachbearbeiter Oberleutnant der K Dietmar Schröter stutzig. Hinzu kamen mehr als widersprüchliche Aussagen der Ehefrau. Unseren Spezialisten für Leichenbearbeitung beschlich ein mehr als ungutes Gefühl. Hier konnte er ein Tötungsverbrechen nicht ausschließen.

Am Vormittag des 25. August 1980 informierte er uns, daß in Rudolstadt ein Mann an einer Kohlenmonoxidvergiftung verstorben war. Da es für ihn wie ein Tötungsverbrechen aussah, rekrutierte er uns samt Kriminaltechniker an besagten Fundort, um ihn bei den Ermittlungen zu unterstützen.

Kaum schien eine Sache faul, bewies Dietmar Schröter einen guten Riecher. Wir konnten ihm nach Prüfung der Lage nur zustimmen und ermittelten nun gegen Frau F. wegen des Verdachts, beim Tod ihres Ehemannes nachgeholfen zu haben. Während sich die Kriminaltechniker auf die Suche nach Spuren begaben, begannen mein Kollege W. Seitz und ich mit der Vernehmung von Ulrike F., die sich weithin geständig zeigte. Sie war der Ansicht, ihrem Mann nicht etwa mit Scheidungspapieren, sehr wohl aber mit ausreichend Gas einen anständigen Denkzettel verpassen zu können. Eine Reihe an Beweisen bestätigte ihre Täterschaft. In Anbetracht aller Umstände erhielt sie eine mehrjährige Freiheitsstrafe. Das Geständnis erlaubt tiefe Einblicke in das Seelenleben und das Umfeld der Täterin.

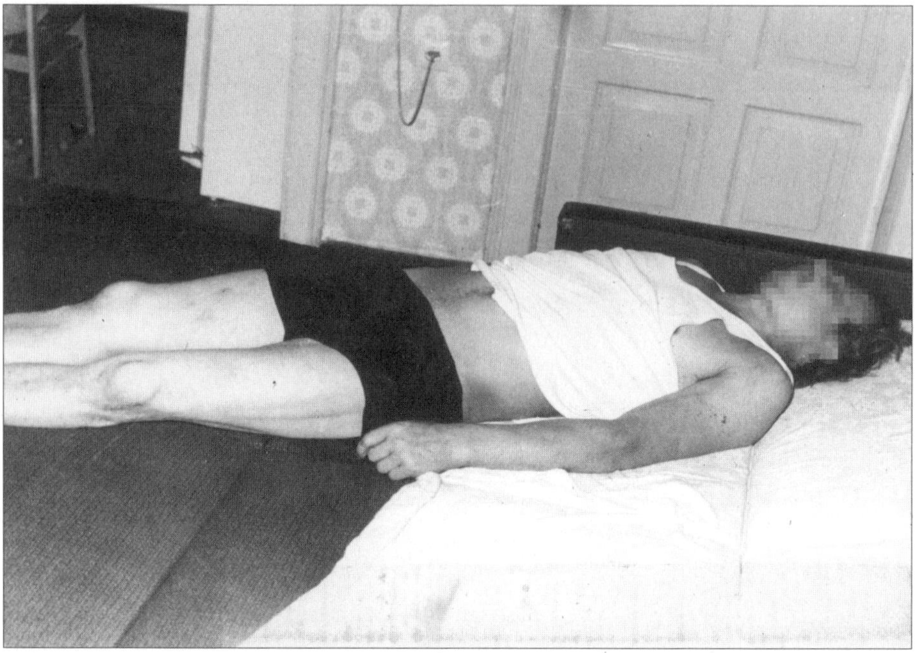

Lage des männlichen Opfers auf der Couch.

Stellungsnahme zu meiner Tat am 25.8.1980

»Am 24.8.1980 weckte mich mein verstorbener Ehemann etwa gegen 8.30 Uhr in dem er mich mit seinem Ellbogen in den Rücken stieß. Mir kamen gleich die Tränen und ich wieß ihn auf sein rücksichtsloses Benehmen hin. Ich stand dann auf, wusch mich und bereitete dann daß Frühstück für uns. Mein Mann war wieder eingeschlafen. er kam erst nach mehrmaligen Wecken etwa gegen 9.15 Uhr an den Frühstückstisch.

Zwischen uns war keine gute Stimmung. Zirka 10.45 Uhr kam mein Vati N. N., er brachte mir Blumen, für meine Freundin N., bei der wir für den Abend zum Geburtstag eingeladen waren. Ich teilte meinen Vati mit, daß wir zum Mittagessen kommen würden. Gegen 12.00 Uhr gingen wir dann zu meinen Eltern Mittagessen. 13.15 Uhr entschlossen wir uns, mit meinen Eltern und Geschwistern in den Park spazieren zu gehen. Als wir das Haus verliesen, regnete es, mein Mann hatte sehr schlechte Laune, weil er sowieso nicht viel vom spazieren gehen hielt. Wir sind dann auch nicht weiter, wie bis zur Bleichwiese gekommen, wo gerade das Vogelschießen statt fand.

Standort des zur Straftat benutzten Gasherdes in der Küche.

Mein Mann gab dann meinem Bruder N., den Auftrag unseren Hund »Blacky« mit zu meiner Oma zu nehmen. Meine Eltern und Geschwister gingen dann nach Hause, mein Mann und ich besuchten 14.00 Uhr das Volksfest. Gegen 14.15 Uhr gingen wir dann ins Bierzelt und tranken den ersten doppelten Schnaps [Apfelkorn]. 15.00 Uhr trafen wir dann Bekannte meines Mannes, mit Ihnen verweilten wir dann bis zirka 18.00 Uhr im Bierzelt, wir nahmen in der Zeit ungefähr 7 doppelte Schnäpse (Korn, Altmeister) und 5 halbe Liter Bier (Pilsner) zu uns. Zirka 18.00 Uhr verließen wir den Rummelplatz und holten unseren Hund bei meiner Oma, danach gingen wir in die Gaststätte »Erholung« um noch 1 Flasche Wein und 1 Tafel Schokolade mit zu nehmen. In der Gaststätte tranken wir jeder noch zwei doppelte Schnäpse (Apfelkorn). Etwa gegen 19.00 Uhr waren wir zu Hause, mein Mann schnitt Brot ab und ich öffente eine Büchse Gurken. Zirka 19.15 Uhr nahmen wir Brot und Gurken und gingen eine Etage höher zu der Geburtstagsfeier meiner Freundin N. Dort tranken wir etwa drei Gläser wein und zwei doppelte Schnäpse »Mocca«. Gegen 21.45 Uhr verliesen wir dann das Haus. N., Marko, N. ihr Bruder, mein Mann und ich besuchten gemeinsam den

Rummelplatz. Im Bierzelt tranken wir dann noch zwei doppelte Schnäpse (Weisen) und zwei halbe Liter Bier. Wir verliesen dann 23.00 Uhr das Bierzelt, ich kann mich nur noch daran erinnern, daß mein Mann plötzlich verschwunden war und Marko ihn suchte.

Etwa 10 Minuten danach erblickte ich meinen Mann selbst, er stand im Eingang des Bierzeltes und küßte sich mit einer mir unbekannten Frau. Ich ging zu ihm hin und machte Theater, zerstritten machten wir uns dann gemeinsam auf den nach Hauseweg. Wir gingen dann wieder in die Wohnung meiner Freundin, was wir da noch getrunken haben, ist meinem Gedächtnis entfallen. Wir waren noch ganz lustig, doch mein Mann schnarchte im Sessel, gegen 0.30 Uhr brachte ich meinen Mann in unsere wohnung, ich kann nicht mehr sagen, ob er sich auszog oder begleitet hinlegte. Ich ging dann zurück in die Wohnung meiner Freundin, etwa gegen 1.10 Uhr verließ ich dann die Wohnung meiner Freundin.

Als ich nach unten kam, war unsere Wohnungstür von innen verschlossen, ich zerschlug eine scheibe unserer Tür, um durchzufassen und die Tür von innen aufzuschließen. Den Krach hörte N., sie nahm mich wieder mit zu sich und verbannt mir meinen zerschnittenen Arm, weil ich so aufgeregt war, gab mir meine Freundin 2 Faustan und gegen ihren Willen nahm ich noch 4 Rutudel mit Alkohol zu mir. Ich ging dann in meine Wohnung zurück und bat meine Freundin, meinen Hund bei sich zu behalten, ich sagte ihr, daß ich dieses Leben satt habe und mir das Leben nehmen wolle.

Nach dem erzählen meiner Freundin, soll ich dann etwa 10–15 Minuten danach in meiner Küche vor dem Gasherd gesessen haben, um das ausströmende Gas einzuatmen. Sie hätte dann mit ihrem Freund die Hähne geschlossen und mich zu meinem Mann gelegt, woran ich mich beim besten Willen nicht erinnern kann. Ich weiß nur noch, daß ich wieder aufstand, um eine Zigarette zu rauchen, mein Mann wurde munter und unser Streit ging von neuem los, er schimpfte mich als größte Hure und beleidigte mich aufs tiefste, wenn ich meinen Mann etwas vorhielt, konnte er sich nie anders verteidigen, als mich zu schlagen, er schlug mir ins Gesicht und drohte mir, wie schon mehrmals vorher mit dem Küchenmesser, ich versuchte zu entfliehen und rannte in das Treppenhaus, mein Mann folgte mir bis zur Wohnungstür, im Hausflur wartete ich mit »Blacky« der mir nachgerannt war zirka 5 Minuten, dann ging ich zurück in unsere Wohnung. Ich kann nicht genau sagen, ob bei meinem Betreten unserer Wohnung [mein Mann] wieder fest eingeschlafen war.

In mir brach plötzlich eine Welt zusammen, die Ereignisse des Tages und die vielen unglücklichen Jahre veranlaßten mich dazu, daß ich in die Küche ging, den Haupthahn öffnete, zwei Brennerhähne auf Mittel stellte, daß das Leuchtgas in die Wohnung strömte, die Tür von der Küche zum Wohnzimmer ließ ich zur hälfte geöffnet, dann nahm ich eine Decke, Zigaretten, mein Feuerzeug, einen Kerzenständer mit Kerze und meinen Hund »Blacky« und ging zirka 1.45 Uhr in unsere Bodenkammer, wie schon mehrmals vorher, um dort zu übernachten.

Zuvor löchte ich aber noch das Licht in Küche und Wohnzimmer und verschloß unsere Wohnungstür. Ich machte mir keine Gedanken darüber, daß mein Mann jetzt sterben könnte in mir ging vor, daß ich so nicht weiter leben konnte, ich wußte aber auch, daß ich meinen Mann niemals aufgeben würde.

Ich war sehr aufgeregt und fühlte mich in einen schlechten nervlichen Zustand, ich merkte, daß die sieben Jahre nicht spurlos an mir vorüber gegangen waren, ich war nervlich und seelig am Ende. Ich rauchte in der Bodenkammer noch 2–3 Zigaretten, dann überkam mich die Müdigkeit, durch den hohen Alkoholgenuß und die Tabletten schlief ich fest ein.

Am 25.8.1980 wurde ich etwa 7.15 Uhr durch lautes klopfen an unsere Wohnungstür geweckt, ich versuchte mich an das Geschehen des vorigen Abends zu erinnern, als mein Mann die wohnungstür nicht öffnete, wurde mir meine Tat erst bewußt, in meinem Kopf hämmerte nur noch ein »nein«.

Ich verließ etwa 7.20 Uhr die Bodenkammer und ging in unsere Wohnung, als ich die wohnzimmertür öffnete kam mir Gasgeruch entgegen, ich ging zu erst in die Küche und schloß die Gashähne, dann ging ich zu meinem Mann, ich schüttelte und rief ihn, doch er gab mir keine Antwort mehr, dann öffnete ich alle Fenster unserer Wohnung, ich konnte einfach nicht fassen, daß mein Mann durch mein Verschulden gestorben war, aus Angst vor der Wahrheit ging ich dann in die Küche zurück und beseitigte die Fingerabdrücke an den Gashähnen, ich zog mir dann eine Jacke über und rannte mit meinem Hund zu meiner Mutti N. N., Thälmannstraße, ich sagte zu ihr Hans hat sich mit Gas vergiftet« und bat sie einen Arzt zu rufen.

Ich erzählte niemanden, daß ich die Gashähne geöffnet habe und das ich Schuld am Tode meines mannes habe. Wenn ich in der Bodenkammer nicht so fest eingeschlafen wäre, wäre ich vieleicht noch zur Vernunft gekommen und hätte es mir anders überlegt.

Ich bin fest überzeugt, daß es mich nie zu dieser Tat getrieben hätte, wenn mein Mann mich nicht jahrelang so gequält und gedemütigt hätte, der Alkohol und die Tabletten, spielten dabei auch eine Rolle. In mir hatte sich alles so aufgespeichert, daß ich immer unter innerlichen Spannungen lebte, daß mein Mann mich größten Teils grundlos schlug, daß ich manchmal Wochen lang nicht wußte wo er sich aufhielt und daß er immer wieder intime Beziehungen zu anderen Frauen aufnahm und der Verlauf des Tages 24.8.1980, all das explotierte in mir und führte mich zu meiner Tat am 25.8.1980.

Ich hatte vorher niemals die Absicht meinen Mann zu töten, ich hatte immer nur eine krankhafe Angst meinen Mann zu verlieren.

Ich bereue heute meine Tat und weiß, daß man Eheliche Probleme nicht aus der welt schaffen kann, in dem man seinen Ehepartner tötet. Ich hätte mich zu der Scheidung durchringen müßen und hätte versuchen müßen, ein anderes Leben zu beginnen. Ich werde alles versuchen, um wenigstens einen Teil meiner schuld wieder gut zu machen. Gera, den 17.9.1980 Ulrike F.«

Nach einem halben Jahr rief mich der MUK-Leiter von Erfurt an und teilte mir mit, daß Ulrike F. aus Rudolstadt in der Haftanstalt Karl-Marx-Stadt ausgesagt hatte, daß ihr Ehemann in der Zeit vom 31. Januar zum 1. Februar 1980 in Erfurt eine gewisse Petra N. kennengelernt hätte. Sie selbst habe mit ansehen müssen, wie er dieses junge Mädchen mit zu ihnen nach Hause genommen habe – wohl um sich sexuell zu vergnügen. Was genau geschehen war, wußte sie nicht. Jedoch habe sie später zusammen mit ihrem Mann die Leiche des jungen Mädchens weggefahren und in der Waldschneise abgelegt. Die Decke stammte aus ihrem privaten Haushalt.

Da die Wohnung der Familie F. noch versiegelt war, wurden nochmals Spuren gesichert. Tatsächlich fand man Schamhaare, die von der getöteten Petra N. stammten. Diese stichhaltigen Beweise führten letztlich dazu, den Fall Petra N. endlich aufgeklärt abschließen zu können.

Schade, daß Frau F. bei unserer Vernehmung uns gegenüber keine Aussagen zu diesem Tötungsverbrechen gemacht hatte. Wir ahnten ja nicht, wie nah wir an einer möglichen Aufklärung dran waren. Zu diesem Zeitpunkt besaßen wir weder Grund noch Anhaltspunkte, ihren Ehemann mit der Tötung von Petra N. in Zusammenhang zu bringen. Sicher ist, daß ihr diese entscheidende Aussage zu einer verkürzten Haftzeit verholfen hat. Unsicher dagegen ist, ob sie danach mehr Glück mit Männern hatte.

19

DAS NEUGEBORENE IN DER FÄKALIENGRUBE
(Endschütz bei Wünschendorf, 1980)

Am 22. Dezember 1980, gegen 16.00 Uhr, erhielt ich von der Kriminalpolizei des VPKA Gera die Information, daß eine 23jährige Frau namens Beate W. mit Geburtsverletzungen in die Frauenklinik Gera eingeliefert worden war. Wie es hieß, hatte sie zu Hause ein Kind geboren, das bei der Geburt in die Fäkaliengrube gefallen sei. Sie hätte sich jedoch nicht weiter um das Neugeborene gekümmert.

Ich fuhr zusammen mit dem Kriminalisten des Kommissariats »Leben und Gesundheit« des VPKA Gera und unserem Kriminaltechniker nach Endschütz zum Tatort. Wir trafen eine verzweifelte Mutter an, die weder gewußt hatte, daß ihre Tochter schwanger gewesen war, noch nachvollziehen konnte, warum diese ihr eigenes Neugeborenes getötet haben sollte.

Zur Mittagszeit habe die Tochter das Kind allein auf dem Plumpsklo zur Welt gebracht. Ich forderte sogleich ein Fäkalienfahrzeug an, um die Grube auszupumpen und das Neugeborene zu bergen. Wir fanden den toten, voll entwickelten Jungen, der nach erster Inaugenscheinnahme keine äußerlichen Mißbildungen besaß. Der Leichenschauarzt stellte ebenfalls den Tod des Neugeborenen fest und schrieb den Totenschein aus. Da der Kreisstaatsanwalt bereits informiert war, ordnete er eine umgehende gerichtsmedizinische Sektion an.

Diese fand am Vormittag des 23. Dezember im Bezirkskrankenhaus (BKH) – Pathologie – statt. Wir erhofften uns natürlich eine klare Aussage darüber, ob das Kind nach der Geburt überhaupt gelebt hatte. Im Falle einer Totgeburt wäre eine rechtliche Relevanz gegenstandslos gewesen. Das Sektionsprotokoll gab jedoch eindeutig Auskunft darüber, daß der Junge durch »Ertrinken mit Einatmung und Verschlucken von Fäkalienresten und -flüssigkeit« gestorben war. Alle lebenswichtigen Funktionen waren normal entwickelt gewesen.

Auf Grund dieses eindeutigen gerichtsmedizinischen Befundes mußten wir natürlich einen Tag vor Weihnachten einige Fragen an die Verdächtige stellen.

Da der Gesundheitszustand von Beate W. stabil war, gestattete uns der behandelnde Frauenarzt am 23. Dezember 1980 eine Erstvernehmung in der Frauenklinik Gera. Die junge Frau war aussagebereit, woraufhin wir sie mit dem Ergebnis der gerichtsmedizinischen Sektion ihres toten Sohnes konfrontierten. Sie erklärte, intime Beziehungen mit einem jungen Mann gehabt zu haben und von ihm schwanger geworden zu sein. Als ihre Regelblutungen ausblieben und sie später Kindesbewegungen gespürt habe, war sie verstört und wollte das Kind nicht haben. Gegenüber ihrer Mutter und ihren Arbeitskolleginnen stritt sie ihre Schwangerschaft in aller Konsequenz ab. Sie vertraute sich weder einem Frauenarzt an, noch suchte sie Unterstützung bei einer Schwangerschaftsberatung. Sie wollte diese Angelegenheit mit sich selbst ausmachen.

Am 22. Dezember 1980 gegen 12.00 Uhr seien bei ihr die Geburtswehen eingetreten. Nachdem die Fruchtblase geplatzt war, setzte zwischen 14.00 Uhr und 15.00 Uhr der Geburtsvorgang ein. Kurz bevor sie die Wehen überfielen, faßte sie den Entschluß, das Kind zu töten. Sie setzte sich deshalb auf das Plumpsklo und ließ das Kind – in vollem Bewußtsein, es damit zu töten – in die Fäkaliengrube fallen. Das Kind riß von der Nabelschnur ab, fiel in die Grube und ertrank. Die Mutter überließ es seinem Schicksal.

Auf Grund der erheblichen Nachblutungen veranlaßte ihre Mutter, die kurz darauf nach Hause gekommen war und den kritischen Zustand ihrer Tochter festgestellt hatte, sofort medizinische Hilfe.

Nach dieser Erstvernehmung leitete ich gegen die Beschuldigte ein Ermittlungsverfahren wegen »Verdachts des Totschlages« gemäß § 113, Abs 1 StGB ein. Ich stellte Antrag auf Haftbefehl, woraufhin die junge Frau zur weiteren medizinischen Versorgung ins Haftkrankenhaus eingeliefert wurde.

Nach ihrer Genesung wurde sie in die Untersuchungshaftanstalt Gera überführt und vollständig zur vorsätzlichen Tötung ihres männlichen Neugeborenen vernommen. Sie war umfassend geständig. Wir übergaben das Ermittlungsverfahren in der Folge zur Begutachtung an den Psychiater. Die nervenfachärztliche Begutachtung gab Aufschluß darüber, daß die junge Frau voll strafrechtlich verantwortlich war. Vor dem Bezirksgericht Gera wurde sie zu einer mehrjährigen Haftstrafe verurteilt.

Wir als MUK und die zugeordneten Kriminalisten des VPKA Gera hatten bis zum Mittag des 24. Dezember 1980 richtig Arbeit mit diesem Fall, konnten danach aber in die Weihnachtsfeiertage gehen. Ob die Verurteilte Weihnachten in friedlicher Besinnung begehen konnte, wage ich ernsthaft zu bezweifeln. Ihre Eltern sicherlich nicht, denn sie hatten ein Enkelkind verloren.

Kindestötungen beschäftigen die Gesellschaft seit vielen hundert Jahren. Hier sei nur an die Gretchentragödie in Goethes Faust erinnert. Aber leider beschäftigt uns dieses grauenvolle Verbrechen immer noch und die Zahl der Kindestötungen nimmt nicht ab. Im Jahre 2003 wurden in Deutschland 31 Neugeborene getötet, 2005 wurden 20 Neugeborene getötet oder auf eine bestimmte Weise ohne Überlebenschance ausgesetzt. Dabei scheint es, daß im Osten Deutschlands doppelt so viele Kindestötungen wie im Westen geschehen. Der spektakulärste Fall trug sich in Brieskow-Finkenheerd in Brandenburg zu. Dort wurden am 1. August 2005 neun winzige Skelette in Blumenkübeln gefunden. Die Kindsmörderin Sabine H., die ihre Babys nach der Entbindung getötet hatte, erhielt 15 Jahre Haft.

20

SCHULD HATTEN IMMER DIE ANDEREN
(Gera, 1981)

Vater und Sohn waren sich noch nie sonderlich grün gewesen. Jeder war dem anderen ein Dorn im Auge, wenn auch die meiste Aggression von dem 41jährigen Hilfsarbeiter Jens Sch. ausging. Hatte er versagt, war der Rest der Welt oder der eigene Vater Schuld. Der erwachsene Sohn, der sich aufspielte wie ein närrisches Kind, war nach seiner ruinierten Ehe besonders wegen seiner schlechten Arbeitsmoral und des übermäßigen Alkoholgenusses als streitsüchtiger Tunichtgut in Verruf geraten. Sein renitentes Verhalten gegenüber Nachbarn hatte ihn in der Salzstraße in Gera zu einem bunten Hund gemacht. Als er nach seiner Scheidung allein zu versumpfen drohte, gewährte ihm sein inzwischen 78 Jahre alter Vater Unterkunft bei sich. Doch nahm er weder Rücksicht auf seinen alten Herrn noch auf dessen gut gemeinte Ratschläge.

Am 6. Februar 1981 fand er nachts in einem stark angetrunkenen Zustand den Weg ins heimische Wohnzimmer und tat, wonach ihm der Sinn stand. Mit extrem lauter Musik gegen 02.30 Uhr morgens tat er jedoch wieder einmal nur sich einen Gefallen. Der Rentner ließ sich die Seitenhiebe seines Sohnes jedoch nicht gefallen und stellte den Rowdy zur Rede.

Dieser zeigte sich von den verbalen Attacken keineswegs beeindruckt, ging aber im Rausch doch noch tätlich gegen den körperlich Unterlegenen vor, so daß dieser sich in ärztliche Behandlung begeben mußte. Sein eigen Fleisch und Blut wegen vorsätzlicher Körperverletzung anzuzeigen, kam für den alten Mann zu seinen Lebzeiten nicht in Betracht. Sein Großmut sollte ihm später zum Verhängnis werden.

Ein paar Tage darauf, in der Nacht vom 11. Februar auf den 12. Februar 1981, spitzte sich die Konfrontation zwischen beiden Herren erneut zu. Auch an jenem Abend war der Sohn nach einem Abstecher in die Tanzbar »Quisisana« reichlich alkoholisiert unterwegs. Als er einer Polizeistreife auffiel und sich nicht ausweisen konnte, wurde er zur

Tanzbar Quisisana.

Klärung seiner Personalien mit aufs Revier genommen. Anschließend wurde er sogar im Streifenwagen nach Hause gefahren. Wie sagt man so schön? – »Die Polizei, dein Freund und Helfer.«

Nachdem er abgesetzt worden war, erinnerte er sich plötzlich, daß gegen ihn eine Zwangsräumung vorlag. Beim Suchen des Gerichtsbeschlusses dröhnte Musik wie üblich bis in die Nachbarwohnungen. Natürlich hielt es den Vater nicht im Bett. Als er seinen Sohn bat, die Lautstärke zu regulieren, entbrannte ein heilloser Streit, der so ausartete, daß dem 41jährigen die Nerven durchgingen und er haltlos aggressiv gegen seinen Vater wurde. Jeglicher Respekt schien ihm im Moment größter Wut abhanden gekommen, so daß er mit erheblicher körperlicher Gewalt gegen seinen schwächeren alten Herrn vorging.

Der Vater versuchte zu flüchten, wurde aber immer wieder von seinem Sohn zurückgeprügelt. Geschwächt, schaffte er es nochmals bis an die Haustür, blieb aber infolge der vorherigen Schläge am Boden liegen. Der Sohn zeigte kein Erbarmen. Blindlings schlug er auf seinen wehrlosen Vater ein. Nach dieser gehörigen »Abreibung« schleifte er ihn die Treppe hinauf in die Wohnung und legte ihn ins Bett, schließlich sollten die Hausbewohner nichts bemerken. Auch nachdem er sich abreagiert hatte, war ihm völlig egal, was aus seinem verletzten Vater würde. Selbst seinen Tod schien er billigend in Kauf zu nehmen, da er keinerlei medizinische Maßnahmen ergriff.

Wenngleich er nur bedingt vorsätzlich gehandelt hatte, den Tod seines Vaters zwar nicht angestrebt, sich aber in der konkreten Situation dessen möglichen Tod ins Bewußtsein gerufen hatte, verspielte er sein Lotterleben eigenhändig und endgültig. Daß ein Verbrechen vorlag, konnte nicht übersehen werden.

Wir als MUK kamen zum Einsatz. Ich leitete auf Grund der objektiven Tatumstände gegen Sch. ein Ermittlungsverfahren wegen »Verdachts des Mordes gemäß § 112 StGB« ein. Umgehend wurde gegen ihn Haftbefehl erlassen. Er wurde in Untersuchungshaft genommen. Das Ermittlungsverfahren wurde bis zur Anklageerhebung durch den Bezirksstaatsanwalt Gera von der MUK Gera abschließend bearbeitet.

Die Ermittlungen ergaben, daß der Beschuldigte – ohne jegliche Achtung vor seinem eigenen Vater und dessen fortgeschrittem Alter – ihn in brutalster Weise regelrecht totgeprügelt hatte.

Die Gerichtsmedizin Jena bestätigte uns die Kausalität zwischen den massiven stumpfen Gewalteinwirkungen und dem Tod des Opfers. Die nervenfachliche Begutachtung ergab bei Jens Sch. volle strafrechtliche Verantwortlichkeit. Der intensive Alkoholgenuß schützte ihn nicht vor seiner gerechten Strafe. Bei der durchgeführten Rekonstruktion konnte er sich trotz seines damaligen alkoholisierten Zustandes im wesentlichen an alle Details seines strafbaren Vorgehens gegen seinen Vater erinnern.

Der Tatverdächtige führte bei dieser Rekonstruktion unter anderem vor, wie er seinen schwerverletzen Vater im Hausflur die Treppe hochtransportierte und anschließend ins Bett legte.

Ich stellte mich bei dieser Rekonstruktion als Opfer zur Verfügung (siehe Bild Rekonstruktion »Kriminalisten im Einsatz«).

Der Straftäter wurde richtigerweise vom Bezirksgericht Gera wegen Mordes zu einer lebenslänglichen Freiheitsstrafe verurteilt. Im Jahre 1991 wurde seine Haftstrafe durch das Kreisgericht Brandenburg auf Bewährung ausgesetzt. Nach Verbüßung seiner Haftstrafe wurde er wieder in Gera seßhaft und wohnte in Gera-Zwötzen, Kaimberger Straße.

Wie das Leben so spielt. Die Polizei-Inspektion Gera-Süd wurde am 5. September 2006, gegen 21.25 Uhr, informiert, daß sich in Gera, Kaimberger Straße, eine Hausexplosion ereignet hatte. Bei dieser Explosion war in dem dreigeschossigen Wohnhaus erheblicher Sach- und Personenschaden entstanden. Insgesamt wurden 13 Personen verletzt und die dritte Etage weitestgehend zerstört. Sieben Verletzte wurden unmittelbar ins SRH Krankenhaus Gera zur medizinischen Versorgung eingeliefert. Unter den 13 Verletzten war der Bewohner der dritten Etage Jens Sch. Er war schwerverletzt mit 60 Prozent Hautverbrennungen ins SRH eingeliefert worden. Auf Grund seiner akuten Verletzungen wurde Jens Sch. schnellstmöglich ins Brandverletzungszentrum nach Halle verlegt. Hier bestand die Chance, dem Verletzten eine qualifiziertere medizinische Betreuung zukommen zu lassen.

Die Ermittler stellten fest, daß sich die Explosion im 3. Stock des Wohnhauses ereignet und die Druckwelle das ganze Haus ergriffen hatte. Die Explosionsursache war von der Wohnung des Bewohners Jens Sch. im 3. Stock ausgegangen.

Um eine exakte Aussage zur Ursache dieser Explosion treffen zu können, wurden die entsprechenden Gutachter durch die Kriminalpolizei

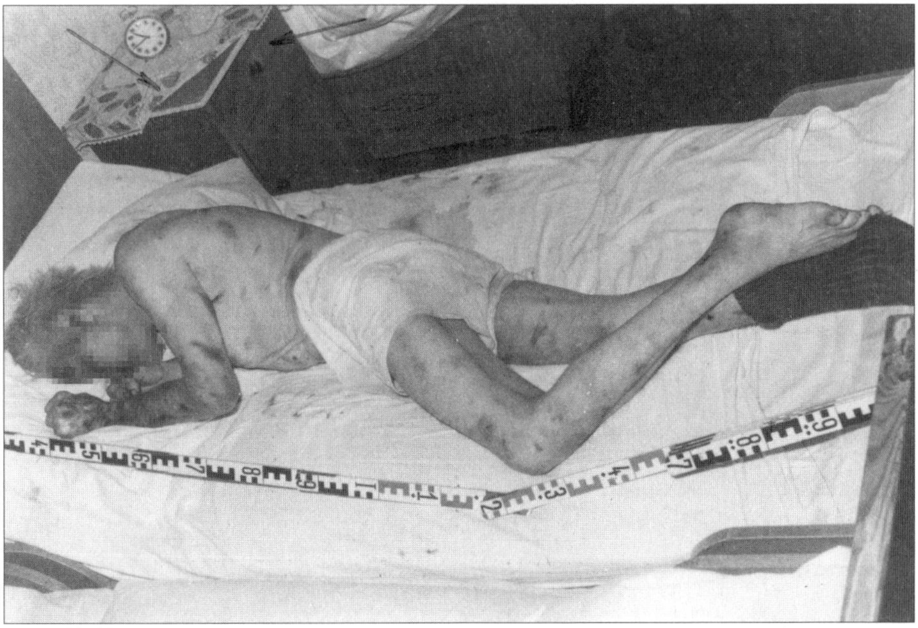

Auffindesituation des Opfers mit deutlichen Spuren der Gewalteinwirkung.

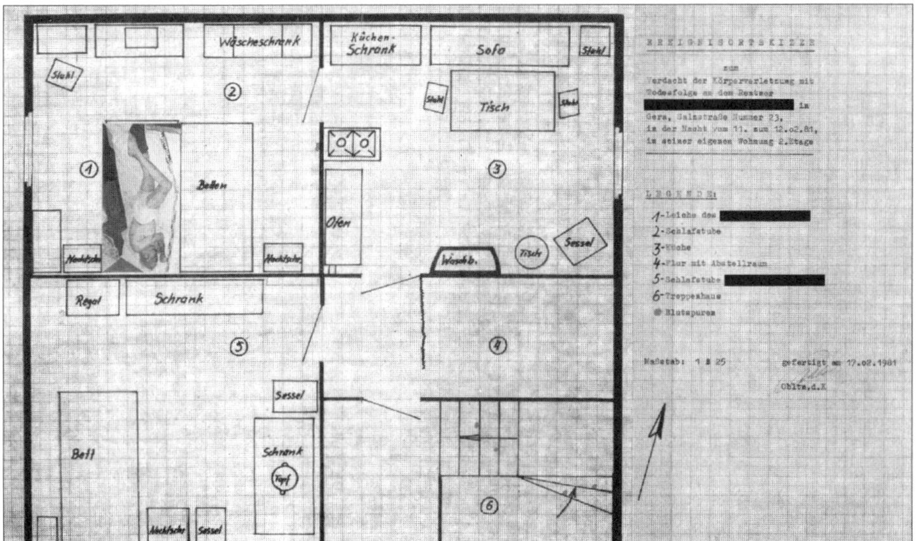

Ereignisortskizze mit Foto des Opfers.

Die Türen zu den beiden Wohnungen im 2. OG sind aus den Angeln gerissen oder so zerstört, dass man jeweils ungehindert in die Wohnungen eintreten kann. Auch im I. OG ist zu sehen, dass Decken in Zimmern auf der Hofseite des Hauses von oben durch Druck aus der Flucht gestellt sind.

Bilder 3 und 4: Übersichtsaufnahmen aus Richtung Kreuzung E.-Zimmermann-Str. und von der gegenüberliegende Seite in Richtung Kreuzung Kaimberger-Str./Gutsstr.-

Bilder 5 und 6: Blick auf die nicht mehr befahrbare Kaimberger Str. mit beschädigten Fahrzeugen von der Kreuzung Kaimberger/Gutsstraße aus

Bilder 7 und 8: Rückfront des Hauses in der Übersicht und dem vergrößerten Bereich des Ausgangs der Explosion im III. OG

Bilder von der Hausexplosion Gera, Kaimberger Straße.

und Staatsanwaltschaft eingeschaltet. Dabei wurde im Gutachten der Energieversorgung Gera folgende Aussage getroffen: »Die Vermutung liegt nahe, daß die Verschraubung vorsätzlich gelöst bzw. an der Gasgeräteanschlußleitung manipuliert wurde.«

Es wurde geschlußfolgert, daß der Mitbewohner Jens Sch. eventuell mit einem Schraubenschlüssel die Verbindung zwischen Gaszuleitung und Gasherd (nicht vollständig) aufgedreht haben könnte und somit Gas ausströmte. Wollte er eventuell selbst an der Gasleitung reparieren? Ein gefährliches Unterfangen.

Was sich daraus entwickeln kann, zeigen die Bilder von der Explosion. Auf Grund dieses Sachverhaltes wurde vom Staatsanwalt Gera ein Ermittlungsverfahren gegen Jens Sch. wegen »Herbeiführung einer Sprengstoff-Explosion« eingeleitet.

Da der Schwerstverletzte Jens Sch. aber nicht mehr aus seinem Koma erwachte, konnte er zu diesen Umständen nicht mehr befragt werden. Er war seinen Verletzungen erlegen. Aus diesen Gründen wurde das Ermittlungsverfahren gegen Jens Sch. am 28. Dezember 2006 eingestellt.

Warum erwähne ich diesen Sachverhalt im Zusammenhang mit dem Tötungsverbrechen von 1981? Der Beschuldigte Jens Sch. hatte im Februar 1981 seinen Vater durch massive Gewalteinwirkung totgeprügelt und war nach seiner Haftentlassung 1991 in dieses Wohnhaus gezogen. Er bewohnte die Wohnung im 3. Stock allein, hatte keinerlei Kontakte zu seinen Mitbewohnern und wurde im Haus als Sonderling eingeschätzt. Er fiel höchstens durch das Abspielen von sehr lauter Musik auf, so daß beim Vermieter oft Beschwerden wegen ruhestörenden Lärms eingingen. Viel schien er durch seine Haftverbüßung nicht gelernt zu haben. Gegenseitige Achtung und Rücksichtnahme im Zusammenleben ignorierte er. Hier setzte sich eine Parallele zu seinem Verhalten von 1981 fort.

Niemandem im Haus war bekannt, daß unter ihnen ein ehemaliger Mörder wohnte und lebte. Aber er hatte ja seine Strafe verbüßt und war wieder ein freier Bürger.

Leider konnte die Explosionsursache auf Grund des Todes von Jens Sch. nicht eindeutig geklärt werden. Nur Vermutungen und Spielräume für Spekulationen. Bei seiner Persönlichkeit konnte man nichts ausschließen. Auszüge aus der handschriftlichen »Stellungnahme« vom 23. Februar 1981 untermauern die Ermittlungsergebnisse.

Stellungnahme

»Am Mittwoch, den 11.2.81 schlief ich bis gegen Mittag, stand dann auf, wusch mich, zog mich an und trank danach Kaffee. Anschließend säuberte ich mein Zimmer und putzte das Küchenfenster. Nachmittag gegen 17.00 Uhr war ich in Zwötzen und zwar im Tabakladen Pfarrstraße (Nähe Lebensmittelgeschäft »Am Anger«) einkaufen. Dort kaufte ich folgende Waren: 5 kleine Beutel Bohnenkaffee »Rondo«, 3 Schachteln Stumpen a,- 85, 4 Schachteln Zig. »Nestor« a,- 20, 2 Beutel Eukaliptusbonbons und eine Flasche »Wodka« (0,5 lt und eine Flasche »Urahn« (0,5 l). Danach ging ich in das Lebensmittelgeschäft »Am Anger« einkaufen. Dort kaufte ich folgendes: »Tempo-Erbsen« u. weiße Bohnen, gebrochene Makkaroni und eine Flasche »Wodka« (0,5l). Anschließend ging ich wieder nach Hause, das muß gegen 18.00 Uhr gewesen sein. Denn es wurde langsam dunkel u. schneite.

Zu Hause angekommen packte ich die gekauften Sachen aus. Da ich mit mir und meiner Situation unzufrieden war trank ich eine Flasche »Wodka« und die andere zur Hälfte leer. Gab jedoch meinen Vater 2 Gläser voll ab. Gegessen habe ich nichts hatte keinen Appetit. Da ich keine Lust hatte zu Hause zu bleiben ging ich noch einmal fort. Es war gegen 20.00 Uhr. Mein Vater ging gegen 19.00–20.00 Uhr schlafen. Ich lief bis Zwötzen Bushaltestelle »Str. d. Aktivisten«. Fuhr mit dem Bus stadteinwärts, stieg am »Interhotel« aus und betrat das »Stadtrestaurant«. Da ich dort keinen Platz bekam, verfließ ich es gleich wieder.

Während dieser Zeit war ich schon ganz schön angetrunken und versuchte mich aber zu beherrschen. Ging dann in die »Qui« Bar. Bezahlte Eintritt und gab meine Garderobe ab. (Anorak mit hellen Streifen auf den Ärmeln) Betrat die Bar und bekam an einen Vierer-Tisch links am Eingang einen freien Platz. Bestellte beim Ober eine Flasche Weißwein für zirka 9,- MDN. Hielt mich bis gegen 23.00 Uhr dort auf, bezahlte meine Zeche u. verließ die »Qui«. Begab mich dann in Richtung Str. des 7. Oktober – Ecke Sorge. Habe nach verlassen der »Qui« bis zu diesem Zeitpunkt nichts mehr getrunken. Hatte die Absicht mit der Straßenbahn bis Zwötzen zu fahren. Dort an der Ecke Str. des 7. Oktober – Sorge fiel ich durch mein Benehmen einen Volkspolizisten auf, welcher mich kontrollieren wollte. Hatte jedoch meinen PA nicht bei mir, er war zu Hause. Deshalb mußte ich mit auf das VP-Revier »Str. des Friedens – Ecke Leninstr«. Dort wurden meine Personalien überprüft. Dieses nahm einige Zeit in Anspruch. Später dann fuhr mich ein Streifenwagen nach Hause.

Unterwegs fiel mir ein das Räumungsurteil was gegen meinen Vater gerichtet war noch einmal zu lesen. In der Salzstraße angekommen, suchte ich meinen Wohnungsschlüssel, leider vergebens. Ich stieg über den Garten Zaun, durchquerte den Hof und stieg durch ein offen stehendes Kellerfenster ein und gelangte nachdem ich die Kellertür geöffnet hatte in den Hausflur. Stieg die Treppe hoch und betrat unsere Wohnung. [...]

Ging dann in die Küche knipste das Licht an, zog meine Schuhe aus, u. stellte das Radio an. Anschließend wollte ich das Räumungsurteil lesen. [...] Jetzt als ich das Räumungsurteil aus dem Umschlag nehmen wollte, merkte ich, der Umschlag ist leer. Ich war sehr aufgeregt und kopflos. Nach zirka 10 Min, das Radio lief ziemlich laut, ich selber merkte es nicht, wurde mein Vater munter und kam angezogen in die Küche. Er trug graue Hosen mit Hosenträgern, graue Socken und ein helles Kurzhemd. In einem barschen Ton fuhr er mich an, das Radio leiser zu stellen. Was ist auch tat. Zwischen uns kam es zum Wortwechsel. Ich fragte meinen Vater wo das Räumungsurteil wäre. Er wußte es nicht. Ich riet ihn in seiner Kammer danach zu suchen, das gleiche tat ich in meinen Zimmer und der Küche. Ohne Erfolg. Das Räumungsurteil war verschwunden. Ich brauchte es aber, um etwas dagegen zuunternehmen. Die Zeit drängte, es war der letzte Tag, am 14.2. wäre das Urteil rechtskräftig. [...] Nun geriet ich und mein Vater in Streit. Wir waren Beide sehr aufgeregt, er fuhr mich an leiser zu sein, und packte mich an beiden Armen.

Durch den vorher genossenen Alkohol, die Aufregung, die gegen mich erhobene Räumungsklage im Jahre 77 und die Räumungsklage gegen meinen Vater war ich nervlich ziemlich fertig. Das versetzte mich in Wut, ich war wie von Sinnen. Ich riß mich los und schlug meinen Vater gegen die linke Brustseite, ich muß auch seinen Oberkörper und den Kopf getroffen haben. Wie viel Schläge es waren, weiß ich nicht mehr, ich schätze 2 bis 3 Schläge. Durch die Wut der Schläge fiel mein Vater auf den Fußboden in der Nähe vom Küchenherd. Nach kurzer Zeit stand er wieder auf, und verließ die Wohnung. Auf den Treppenstufen, nach dem ersten Zwischenpodest, vor dem ersten Stockwerk bekam ich ihn an den Hosenträgern zu fassen und schlug weiter auf ihn ein. Wie viele Schläge es waren, weiß ich nicht mehr. Er riß sich los und erreichte den ersten Stock, die 4 Stufen und das zweite Zwischenpodest mit dem Fenster zur Hofseite. Auf den Treppenstufen zu Paterre schlug ich weiter auf meinen Vater ein. Es waren mehrere Schläge zirka 2–3mal. In meiner Wut war es mir egal wohin ich schlug u. ob er liegen blieb. Dann erreichte mein Vater das Parterre und öffnete die Glastür zum Vorbau. [...]

Auf den Treppenstufen (Steinstufen) im Vorbau, zur Haustür muß Vater gestürzt sein. Zu diesem Zeitpunkt befand ich mich noch auf den Holztreppen zum Erdgeschoß (Paterre). Gesehen habe ich nichts, als er stürtze. Ich fand ihn liegend auf den Steinstufen und den Steinplatten. Sein Kopf und der Oberkörper lagen auf den Stufen, sein Unterkörper u. die Füße auf den Platten Richtung Haustür. Dort muß ich ihn versehentlich mit dem rechten Fuß getreten haben. Er stöhnte, ich versuchte ihn zu beruhigen. Ich packte ihn von hinten unter beide Arme und trug ihn beziehungsweise schleppte ihn die Treppe hoch in die Wohnung und legte ihn ins Bett und deckte ihn zu. Vorher zog ich ihn noch seine graue Hose aus. Ob ich ihm seine Strümpfe und sein weißes Turnhemd auszog weiß ich nicht mehr.

Ich war fix und fertig. Nachdem dies alles geschehen war, ich saß in der Küche, es muß gegen früh, Donnerstag, der 12.2. gewesen sein, erschien in unserer Wohnung eine VP-Streife. Diese VP-Streife wurde wahrscheinlich von den Hausbewohnern verständigt, so vermute ich. Sie fragten nach meinen Vater, ich sagte er schläft, was auch stimmte. Sie guckten aber nicht in seine Kammer. Sie verwackelten mich mit dem Gummiknüppel, weil ich meinen Vater prügeln würde, ich solle ihn in Ruhe lassen. Ich bekam einige Schläge über das Gesäß. Dann gingen sie wieder. Anschließend zog ich mich aus ging zu Bett.

In meinem Zimmer trank ich dann, den Rest »Wodka« aus der zweiten Flasche und die Flasche »Urahn«, welche ich tags zu vor gekauft hatte, leer. Ich verspürte durch die Schläge des Gummiknüppels starke Schmerzen im Gesäß, konnte schlecht einschlafen. Schlief dann ein, und wurde gegen Abend, den 12.2. munter. Da in der Wohnung alles ruhig blieb stand ich auf und schaute nach meinen Vater, er lag im Bett auf den Rücken und schlief. Das muß gegen 20.00 Uhr gewesen sein. Danach ging ich zurück in mein Zimmer und schlief weiter. Wurde erst

Glück im Unglück für Bewohner des explodierten Hauses in Gera

Alle Verletzten am Leben – Staatsanwaltschaft Gera ermittelt zur Ursache der Explosion – Obere Hausgeschosse müssen abgetragen werden

Von OTZ-Redakteurin Angelika Munteanu

„Die Bewohner hatten Glück im Unglück", sagte gestern Wachabteilungsleiter Henry Buchholz von der Berufsfeuerwehr Gera an dem explodierten Mehrfamilienhaus im Stadtteil Zwötzen. Am späten Dienstagabend explodierte das Obergeschoss des Gebäudes. Woraufhin die oberen Etagen zusammenbrachen. Die Bewohner des Hauses und die aus den oberen Etagen des Nachbargebäudes wurden von den Rettungskräften evakuiert. 13 Personen wurden verletzt, sieben von ihnen ins Krankenhaus eingeliefert.

„Ein Verletzter wurde noch in der selben Nacht mit schweren Verbrennungen per Rettungshubschrauber in eine Spezialklinik in Halle geflogen", hieß es gestern aus dem SRH-Waldklinikum Gera. Der 66-Jährige schwebe aber nicht in Lebensgefahr. Die Schürfwunden eines 17-jähriges Mädchen werden noch in der Kinderklinik des Geraer Krankenhauses behandelt. Alle anderen konnten das Klinikum gestern Vormittag wieder verlassen.

„Es hätte viele Möglichkeiten gegeben, bei solch einer Explosion ums Leben zu kommen", weiß der Feuerwehrbeamte Buchholz. Gegenüber dem explodierten Wohnhaus hat eine Spezialfirma für Schweißtechnik, technische Gase und Flüssigkeiten ihr Lager. Als der Notruf die Rettungsleitstelle erreichte, war vorsorglich ein Großaufgebot an Feuerwehren, Katastrophenschutz, Sanitätern, Technischem Hilfswerk und Polizei alarmiert worden.

Die Staatsanwaltschaft Gera sei nun dabei, die Ursache der Explosion in dem Wohnhaus zu ermitteln, sagte gestern der Leiter der Staatsanwaltschaft Gera. Ergebnisse gebe es noch keine. Es sei aber mit hoher Wahrscheinlichkeit davon auszugehen, dass es sich um eine Gasexplosion gehandelt habe. Das sei aber noch genauer zu untersuchen.

Mieter berichten, dass es bereits am Nachmittag vor dem Unglück im Treppenhaus nach Gas gerochen habe. An der Gashauptleitung und der Zuleitung bis zum Ende des Hausanschlusses habe es nicht gelegen, versichern die Energieversorgung und die Eigentümerin GeraNetz GmbH für ihren Zuständigkeitsbereich. Die Energieversorgung war nach der Explosion an den Unglücksort gerufen worden.

Bewohnbar ist das Gebäude nach der Explosion nicht mehr. Das Technische Hilfswerks hat das überhängende, absturzgefährdete Hausdach bereits abgetragen. Nach bisheriger Erkenntnis des Geraer Bauordnungsamtes müssen die oberen Etagen abgerissen und die Sanierung von einem Statiker überwacht werden. Heute soll es dazu noch einen Ortstermin mit den Behörden und der privaten Hausverwaltung geben.

Ehe das Gebäude verschlossen wurde, räumten gestern Vormittag Feuerwehrleute, Bewohner und deren Angehörige noch das Lebensnotwendigste aus den Wohnungen – soweit sie noch zugängig waren. Das Treppenhaus zum Dachgeschoss, aus dem in der Nacht ein knapp zweijähriger Junge wohlbehalten von der Feuerwehr gerettet wurde, ist völlig eingestürzt. Vorerst werden die Hausbewohner bei Verwandten und Freunden leben. Wie es dann für sie weitergeht, ist noch offen. Hilfe ist bereits angeboten. Der im Stadtteil aktive Angerverein Zwötzen e.V. hat die Bevölkerung und Gewerbetreibende zu Spenden von Möbel und Hausrat aufgerufen.

Das durch die Explosion bedrohlich herabhängende Dach ist inzwischen abgetragen. (Foto: dpa)

Information an die Bevölkerung in der OTZ Gera.

Donnerstag, den 13.2. gegen Mittag es muß 11.00 Uhr gewesen, munter. Stand auf, wusch mich, zog mich an und machte in der Küche Feuer. Anschließend sah ich nach meinen Vater. Er kniete vor seinem Bett, er fühlte sich kalt an, da merkte ich, er war gestorben. Ich packte ihn an und legte ihn zurück ins Bett. Ich bekam einen Schreck, wußte nicht was ich machen sollte, geriet völlig durcheinander. So gegen 13.00 erschien H. D. meine Tante, die Schwester meines Vaters, bei uns. Ich sagte zu ihr: Mit meinen Vater ist etwas schlimmes passiert. [...] Wäre besser gewesen, sie hätte sich mehr um ihren Bruder gekümmert. Anschließend hat sie den Arzt u. die Volkspolizei verständigt.

Ergänzen möchte ich noch folgendes: Als ich meinen Vater auf den Steinstufen liegend vorfand, lagen seine Pantoffel neben ihn. Nachdem ich meinen Vater zurück in die Wohnung geschleppt hatte, ging ich noch einmal nach unten um seine Pantoffeln zu holen. Dabei sah ich auf den Steinplatten im Vorbau den Treppenstufen und in der Küche Blutspuren. Während der Prügelei zwischen mir und meinen Vater hätte ich folgendes geäußert, so behaupten es die Hausbewohner »Ich mache Dich zur Mietz« Diese Worte gebrauchte ich. Sie bezogen sich auf das Räumungsurteil, welches nicht auffindbar war, und ist nur als Redewendung zu verstehen. Weiter hatte ich geäußert »Das ist der letzte Kampf«. Es kann sein, dies gesagt zuhaben, jedoch genau daran erinnere ich mich nicht mehr. Weiter soll ich geäußert haben, so jedenfalls behauptet Herr. N.: »Du Drecksau verrecke«. Dies habe ich nicht gesagt, dies ist eine glatte Lüge. Behauptet wurde das um mir eins auszuwischen. Schließlich war es mein Vater und nicht der letzte Dreck.

Außer dem gehören diese Worte nicht zu meinem Sprachschatz. [...] Natürlich habe ich meinen Vater nicht gehaßt. Ich bereue von ganzen Herzen, das mein Vater durch meine unbeherrschte Handlungsweise, an den Folgen der Prügelei, verstarb.«

Die Hausbewohner fühlten sich durch die fast ständigen lautstarken verbalen und tätlichen Auseinandersetzungen zwischen Sohn und Vater im häuslichen Zusammenleben erheblich gestört. Dazu kam noch, daß diese lautstarken Streitigkeiten meist in den späten Abendstunden oder zur nächtlichen Zeit stattfanden. Die Familie R. A. – gleichzeitig Hausbesitzer und Vermieter – mußten mehrmals die Funkstreife der Volkspolizei anfordern, damit im Haus Ruhe einkehrte. Einige Auszüge aus der Zeugenvernehmung von R. A. untermauern die Situation:

»Spürbar verschlechtert hat sich die Situation seit dem 10. Dezember 1980; an diesem Tag fand vor der Zivilkammer des Kreisgerichtes Gera-Stadt eine erneute Verhandlung in gleicher Sache statt. Auch hier ging es darum, daß der Sohn die Wohnung verlassen sollte. Der alte Herr bezog, wie vor schon mehrfach, keine eindeutige Position und antwortete auf die Frage des Vorsitzenden, ob er denn den Sohn in der Wohnung noch brauchen würde, ausweichend. Sch. blieb weiter bei seinem Vater, schlug ihn aber jetzt häufiger. Für uns war das desöfteren zu hören. [...] Der Rentner, meiner Auffassung nach Ende vergangenen Jahres noch ein rüstiger Mann, verfiel unter den Gewalttätigkeiten seines Sohnes zusehends. [...]

Die Vorkommnisse in der Wohnung Sch. waren für mich in der Vergangenheit auch mehrfach Veranlassung, die Funkstreife herbeizurufen. Außerdem habe ich diesbezüglich mehrere Eingaben gemacht, die bisher nicht zur Abänderung des Zustandes führten.

Letztmalig forderte ich die Volkspolizei am Donnerstag, dem 12.02.1981 gegen 04.00 h früh zur Unterstützung an.

Folgendes war dem vorausgegangen: Ich hörte aus der Wohnung kurz vor 03.00 h Lärm. Über den Zeitpunkt bin ich mir insofern sicher, als wir uns angewöhnt haben, auf die Uhr zu sehen, wenn sich oben etwas tut. [...]

Schätzungsweise 20 Minuten war in der Wohnung Sch. ein großer Lärm. Die Geräusche ließen keinen Zweifel daran, daß der Sohn den

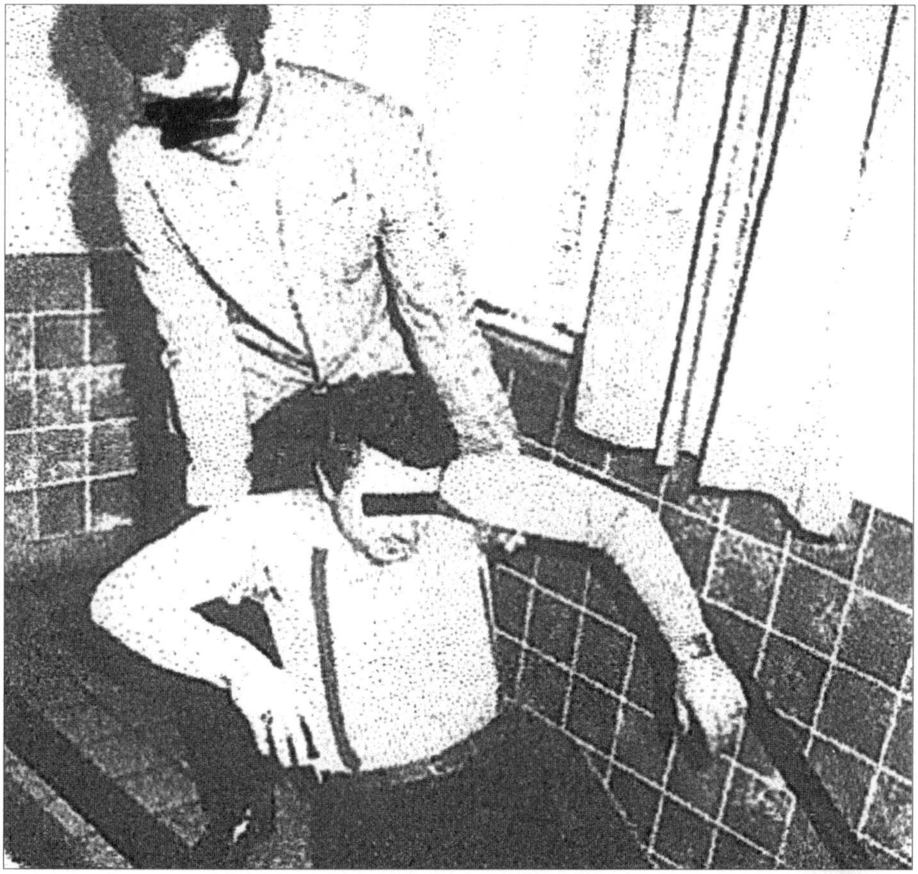

Kriminalisten im Einsatz.

Alten wieder schlug. Man hörte dumpfe Schläge und den Alten röcheln. Seitens des Sohnes fielen gegenüber dem Alten viele Schimpfworte. Folgende kann ich wiedergegeben: »Du kannst verrecken, du Drecksau«, »du kommst in das Altersheim« [...].

Seitens des Alten war außer dem Röcheln der Satz: »Laß mich in Ruhe« zu hören. Es trat dann eine Abschwächung des Lärms ein. Schließlich setzte sich das Poltern auf der Treppe fort; es ließ darauf schließen, daß der Sohn den Alten auf der Treppe schlug. Ich nehme an, daß der Alte versuchte, das Haus zu verlassen, denn der Sohn sagte: »Du kommst hier nicht raus!« Den Geräuschen nach zu urteilen trat Sch. auf den Liegenden ein. Dann ging er zurück in die Wohnung. Vielleicht fünf Minuten blieb der Alte an der Innenseite der Tür liegen. Dann kam der

Sohn erneut, zog den Alten hoch und setzte seine Tätlichkeiten gegen diesen erneut fort, wobei der ihn wieder die Treppe hinaufprügelte.

Als sie die Wohnung erreicht hatten, ging ich aus dem Haus zu der naheliegenden Telefonzelle und rief die VP an. Der Funkstreifenwagen kam auch sehr schnell und die VP-Angehörigen begaben sich in die Wohnung Sch. Sie verließen sie bald wieder. Es war zunächst absolut nichts mehr zu hören. Zirka 30 Minuten danach war aus der Wohnung Sch. ein dumpfer Schlag zu hören. Ich bin der Meinung, daß jemand umfiel oder aus dem Bett fiel. Danach war weiter nichts zu hören. Meine Frau verließ gegen 06.30 h die Wohnung. Ich ging gegen 07.00 h bzw. kurz danach. Gemeinsam betraten wir die Wohnung wieder um 16.00 h. Meine Frau frug sofort die Mieterin M., ob sie aus der Wohnung Sch. etwas vernommen habe. Das verneinte diese. Meine Frau wusch dann im Treppenhaus das Blut von den Wänden und der Treppe ab. Teilweise sind die Spuren jetzt noch zu sehen. Gegen Abend hörten wir oben Schritte. Weder den Alten noch den Sohn sahen meine Frau bzw. ich.«

21

EIN SCHWERER VERKEHRSUNFALL MIT VERHEERENDEN FOLGEN

(Porstendorf bei Jena, 1981)

Es war am 15. Dezember 1981, gegen 07.40 Uhr, als ein gut besetzter Linienbus von Camburg in Richtung Jena fuhr. Der Berufskraftfahrer W. H. vom Kraftverkehr Jena hatte am selben Morgen, gegen 06.00 Uhr, seinen »LKW KAMAS« mit Hänger fahrbereit gemacht. Er ahnte zu dieser frühen Stunde noch nicht, daß ihm diese Fahrt unvergessen bleiben und dieser Tag schlagartig sein Leben verändern würde. Er kontrollierte sein Fahrzeug, ob alles soweit in Ordnung war. Anschließend koppelte er den mitgeführten Hänger an die Anhängekupplung. Er versäumte jedoch, mit Fahrtbeginn eine Bremsprobe zu machen, um einschätzen zu können, ob der Hänger auch spurtreu nachlaufen würde. Gegen 07.00 Uhr verließ er den Kraftverkehr Jena und fuhr in Richtung Camburg.

Die Witterungsverhältnisse waren an jenem Morgen unbeständig, aus Regen wurde plötzlich Schneeregen. Als er sich auf der F88 bei Porstendorf befand, kam ihm der Linienbus entgegen. Angesichts des schmalen, kurvenreichen Straßenverlaufs bemerkte W. H. schlagartig, daß er seine Geschwindigkeit nicht den Witterungs- und Straßenverhältnissen angepaßt hatte. Er war deutlich zu schnell in diesem Bereich.

Als ihm jetzt der stark rechts fahrende Linienbus entgegenkam, mußte er plötzlich bremsen. In diesem Moment, als beide etwa auf gleicher Höhe waren, scherte der Hänger nach links aus und riß den Bus von der Fahrerseite bis nach hinten wie eine Zigarrenkiste auf. Ein Schreckensszenario! Durch diesen schweren Verkehrsunfall wurden von einem Augenblick auf den nächsten sechs Personen tödlich verletzt, weitere sechs erlitten teilweise schwerste Verletzungen. Alle Insassen, die auf der linken Seite des Busses gesessen hatten, wurden getötet. Die Insassen auf der rechten Seite waren alle leicht bis schwer verletzt. Sie

Die Unfallfahrzeuge »Kamas-Lastzug«
und »Ikarus-Bus« bei der Rekonstruktion.

wurden umgehend in die Friedrich-Schiller-Universität Jena zur weiteren ärztlichen Behandlung eingeliefert.

Für den Berufskraftfahrer W. H. ein folgenreicher, dramatischer Tag; für die Familien der Betroffenen so kurz vor den Festtagen eine furchtbare Tragödie! Doch damit nicht genug: Zu den Opfern zählte auch eine junge schwangere Frau, die Tochter eines mir bekannten Ex-Kriminalisten.

Beide Fahrzeuge wurden einer technischen Kontrolle unterzogen. Beim Bus gab es keinerlei Beanstandungen. Regelmäßige Inspektionen waren durchgeführt, der technische Zustand war einwandfrei.

Der Lastzug war ebenfalls in Ordnung, nur hätte W. H. den Hänger nicht anhängen dürfen. Dieser sollte wegen einer defekten Bremsspur repariert werden. Ein fataler Fehler von dem berufserfahrenen und bis dato unfallfreien Kraftfahrer.

Bei der durchgeführten Rekonstruktion des Unfalls (am gleichen Unfallort und bei fast gleichen Straßen- und Witterungsbedingungen) mit dem Unfallfahrzeug und mit dem Unfallhänger scherte der Hänger genauso aus wie am einstigen Unfalltag. Dabei stellte sich die linke vordere Hängerspitze abermals etwa 10 cm in Richtung linker Fahrbahn direkt zum Bus.

Obwohl wir die reale Unfallsituation nachstellen konnten, blieb es ein riskantes Unterfangen. Das vom Verkehrssachverständigen und Hauptmann der Verkehrspolizei W. Klein gefertigte Gutachten untermauerte die Ursache des Unfalls und zeichnete sich durch hohe Beweiskraft aus.

Der Berufskraftfahrer W. H. wurde wegen Herbeiführung eines schweren Verkehrsunfalles mit einer Vielzahl von Toten und mehreren Schwerverletzen zu einer mehrjährigen Freiheitsstrafe verurteilt. Er hatte sich vorher nie etwas zuschulden kommen lassen, war dienstbeflissen und ging regelmäßig seiner Arbeit nach. Auf Grund seiner guten Führung wurde später das Urteil auf Bewährung ausgesetzt.

22

TÖTE MUTTER! TÖTE BRUDER! – MORD UND MORDVERSUCH IM SCHIZOPHRENEN SCHUB

(Moßbach bei Schleiz, 1981)

In der Weihnachtszeit spürt man allerorten eine Hochstimmung, die manches Mal zu übersteigerten Erwartungen im familiären Bereich führen kann. Scheidungsanwälte haben im Januar Konjunktur. Ob solch eine Hochstimmung Weihnachten 1981 auch bei Familie B. in Moßbach bei Schleiz herrschte, bleibt uns verborgen. Feststeht, daß Gerald B. von einer inneren Stimme getrieben wurde, die ihn Weihnachten wieder heimsuchte.

Am 27. Dezember 1981 schien sie ihm zuzuflüstern, ein Küchenmesser zu nehmen und seine Mutter sowie seinen Bruder damit abzustechen. Was er bei beiden vor Augen sah, verschließt sich uns. Es gibt schizophrene Täter, die sehen statt der Verwandten Monster, statt eines Babys eine Schlange. Gerald B. folgte seiner inneren Stimme und richtete ein Blutbad an.

Gegen Mittag des 27. Dezember informierte mich der K-Leiter des VPKA Schleiz, daß sich in Moßbach bei Schleiz eine Familientragödie abgespielt hatte. Eine Frau sei getötet und ein Mann schwerverletzt ins Krankenhaus Schleiz eingeliefert worden. Der Verdächtige, Gerald B., sei in Gewahrsam und bereits dem VPKA Schleiz zugeführt. Er war als Tatverdächtiger nicht auszuschließen.

Ich rückte zusammen mit unserem Kriminaltechniker aus. Wir fuhren nach Schleiz ins VPKA, wo uns der K-Leiter in die Lage einwies. Um uns erst einmal einen Überblick zu verschaffen, fuhren wir direkt zum Tatort nach Moßbach.

Im Haus lag noch die tote Frau, die durch eine Vielzahl von Messerstichen getötet worden war. Die Kriminalisten sicherten den Tatort, den sie bis zu unserem Eintreffen unverändert belassen hatten. Der lebensgefährlich verletzte junge Mann, Geralds Bruder, wurde bereits im Kreiskrankenhaus Schleiz medizinisch versorgt. Das rettete ihm das Leben. Wir erkannten auf den ersten Blick, daß der Täter wie im Blutrausch auf seine Opfer eingestochen haben mußte. Aber was könnte der Auslöser dafür gewesen sein?

Unser KT-Sachbearbeiter der MUK, Rolf R., begann jetzt mit einer intensiven Spurensuche und -sicherung. Alles am Tatort wurde exakt fotografisch aufgenommen, Spuren gesichert und dokumentiert. Darunter befand sich auch das blutverschmierte Tatmesser, ein scharfer Hirschfänger.

Ich fuhr jetzt mit dem K-Leiter zurück ins VPKA, um die erste Vernehmung des Verdächtigen vorzunehmen. Vorher ließ ich ihn noch ärztlich auf Verletzungen untersuchen. Seine Bekleidung mußte er ausziehen. Sie wurde einzeln zur Beweissicherung verpackt. Von uns erhielt er neue Sachen.

Bei der Obduktion der Mutter wurde festgestellt, daß sie durch 23 Messerstiche getötet worden war.

Überall im Haus fanden sich Blutspuren. Diese Spurenlage ließ die Vermutung zu, daß der Täter seine Opfer regelrecht durchs Haus gejagt und wie wild auf sie eingestochen haben mußte. Für die Ermittler eine grausame Erkenntnis. Und das in der Weihnachtszeit!

Geralds Bruder war nach Aussagen des Kreiskrankenhauses Schleiz mit 14 Messerstichen teilweise lebensgefährlich verletzt worden. Dennoch war er kurzzeitig vernehmungsfähig. Von ihm erfuhren wir die ersten grausamen Details dieser unverständlichen Tat.

Ich leitete unverzüglich ein Ermittlungsverfahren gegen Gerald B. wegen »vollendeten Mordes« an seiner Mutter und wegen »Mordversuches« an seinem Bruder ein. Bei meinen Ermittlungen stieß ich auf Krankenhausprotokolle und Belege für mehrfache nervenfachärztliche Behandlungen. Gerald B. litt an schizophrenen Schüben. Er war geistig krank. Könnte solch ein schizophrener Schub das Blutbad erklären?

In der Vernehmung fanden wir recht früh ein »vertrauliches Verhältnis« zueinander und es gelang mir, mich ohne besonderes Zutun an seine Persönlichkeit heranzutasten. Gerald B. war schnell bereit, zu seiner Tat auszusagen. Er gab ohne Wenn und Aber das Verbrechen zu, dabei aber immer wieder betonend, daß seine innere Stimme ihn zum Töten aufgefordert hätte. »Töte Mutter! Töte Bruder!«, sagte sie ihm immer wieder. Diese Andeutungen zeigten mir: mit dem Beschuldigten stimmt etwas nicht!

Nachdem die Beschuldigtenvernehmung beendet war und ich soweit alle Tateinzelheiten protokolliert hatte, wurde Gerald B. in die Untersuchungshaftanstalt nach Gera überführt. Sein Zustand war zu diesem Zeitpunkt nicht bedenklich.

Unmittelbar danach nahm ich mit dem Nervenfachkrankenhaus Stadtroda, Oberarzt Dr. med. Pannenborg, Kontakt auf und schilderte ihm den Sachverhalt. Er schloß nicht aus, daß der Täter in einem hochgradigen schizophrenen Schub die Tathandlung begangen haben könnte. Ich ließ über den Bezirksstaatsanwalt Gera den Beschuldigten ins Nervenfachkrankenhaus nach Stadtroda verlegen, damit sich die Ärzte um dessen Krankheitsbild kümmern und ein nervenfachärztliches Gutachten erstellen konnten.

Ich vernahm Gerald B. noch zweimal in Stadtroda. Chefarzt Dr. med. Panneborg signalisierte bereits jetzt, daß der Beschuldigte mit hoher Wahrscheinlichkeit im Wahn, also im schizophrenen Schub, diese Straftat begangen hatte. Nach der eingehenden nervenfachärztlichen Begutachtung des Beschuldigten kamen die Gutachter zu dem Ergebnis, daß Gerald B. nach § 15 StGB unzurechnungsfähig war, als er die Bluttat verübte. Der Bezirksstaatsanwalt stellte gemäß dieses Paragraphen das Ermittlungsverfahren gegen den Beschuldigten ein und veranlaßte seine Einweisung in die geschlossene Station des Nervenfachkrankenhauses Stadtroda.

Zu Weihnachten 1982 erhielt ich eine unverhoffte Weihnachtskarte. Gerald B., der sich irgendwie meine Adresse besorgt hatte, war der Absender. Mit herzlichen Worten wünschte er mir aus dem Nervenfachkrankenhaus Stadtroda schöne Weihnachten. Offensichtlich hatte ich bei ihm als Polizist einen guten Eindruck hinterlassen.

Meiner Frau schlug die Karte etwas auf den Magen, aber ich beruhigte sie. »Regina«, sagte ich, »erstens sitzt der Gerald in einer geschlossenen Station und zweitens waren seine Worte doch recht freundlich …«

Auszüge aus dem gerichtsmedizinischen Protokoll

FRIEDRICH-SCHILLER-UNIVERSITÄT JENA, Institut für gerichtliche Medizin

»A. Äussere Besichtigung

1) Bekleidete weibliche Leiche von 168 cm Körperlänge und kräftigem Körperbau bei sehr stark ausgebildetem Unterhautfettgewebe. Bekleidung blutig verunreingt. Sie weist im oberen Rumpfbereich (Vorder- und Rückseite) zahlreiche, teilweise 2–3 cm lange, schlitzförmige Durchtrennungen auf.
2) Totenstarre ausgebildet.
3) Gering ausgeprägte, nicht mehr wegdrückbare Totenflecke an der Körperrückseite.
4) Kopfschwarte äusserlich unverletzt.
5) Gesichtsknochen intakt. Augenbindehäute blass.
6) In der Mundhöhle kein Fremdinhalt.
7) Hals nicht abnorm beweglich und äusserlich unverletzt. Am vorderen Halsansatz eine ältere bogenförmige Narbe (Zustand nach Schilddrüsenoperation).
8) An der Vorderseite des Rumpfes (oberer und mittlerer Brustbereich) 6 schlitzförmige, bis ca. 20 mm lange, verschieden gerichtete Weichteilverletzungen, die teilweise bis in die Brusthöhle zu sondieren sind. Der Abstand dieser Verletzungen zur Fußsohle beträgt 119 bis 145 cm. Weiterhin finden sich in dieser Region zwei ca. hirsekorngrosse braungelbe Oberhautverletzungen. In der oberen Rückenhälfte insgesamt 8 schlitzförmige, ebenfalls bis 20 mm lange, zum Teil bis in die Brusthöhle reichende Verletzungen. Die Wunden verlaufen in verschiedenen Richtungen, der spitze Wundwinkel liegt überwiegend in den rechten Wundbegrenzungen. Der mittlere Abstand der Rückenverletzungen zur Fußsohle beträgt 135 cm.
9) Geschlechtsteil und After unauffällig.
10) An den oberen Gliedmaßen finden sich folgende Verletzungen: Vorderseite des rechten Oberarmes (Armansatz) eine schlitzförmige, 18 mm lange und 50 mm tiefe Weichteilverletzung. Innenseite des

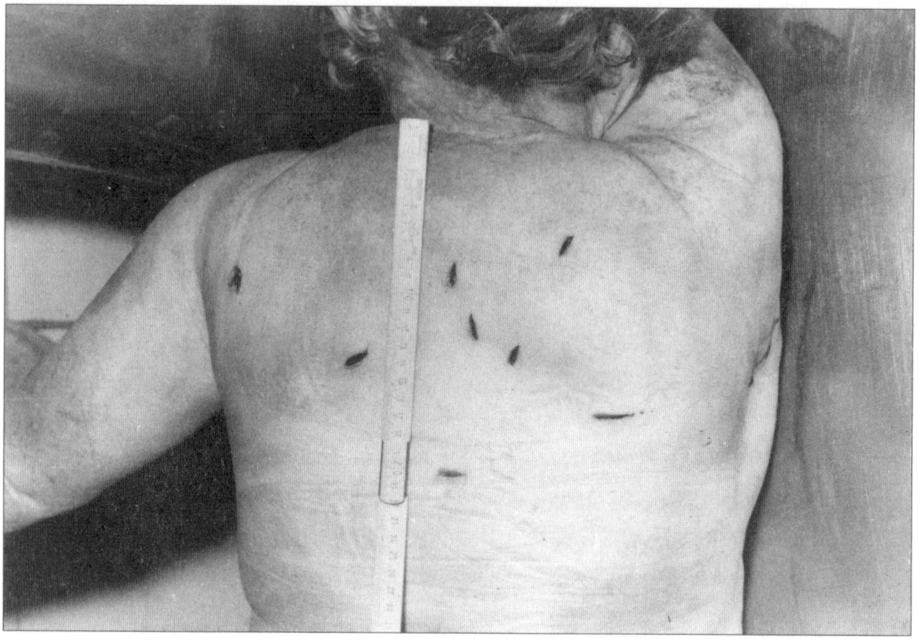

Stichverletzungen des Opfers.

rechten Oberarmes (in Höhe der Achselhöhle) eine schlitzförmige, 11 mm lange und ebenfalls ca. 50 mm tiefe Weichteilverletzung. Zwischen rechtem Zeige- und Mittelfinger eine schlitzförmige, erheblich in die Tiefe reichende Verletzung. Am rechten Handrücken (oberhalb des Daumens) eine schlitzförmige, ca. 10 mm lange und mässig tiefe Weichteilverletzung. Am linken Unterarm (unteres Drittel Daumenseite) eine senkrecht zur Armachse verlaufende, 40 mm lange und ca. 15 mm tiefe, deutlich klaffende Weichteilverletzung mit glatten Wundrändern. Im Wundgrund durchtrennte Sehnen und eine glatte Schlagaderdurchtrennung. In der linken Hand (Ringfingeransatz) eine scharfrandige Weichteil- und Gelenkdurchtrennung (Grundgelenk). Die Wunde ist in Verbindung mit einer 55 mm langen, scharfrandigen Weichteildurchtrennung am linken Handrücken. An der Streckseite des linken Ring- und Zeigefingers je eine oberflächliche glattrandige Weichteildurchtrennung.

11) Die unteren Gliedmaßen sind unverletzt.

B. Innere Besichtigung

I. Kopfhöhle

12) Die Innenseite der Kopfscharte weist über dem rechten Scheitelbein und in der linken Hinterkopfhälfte je eine ca. markstückgrosse, mässig starke Unterblutung auf.
13) Schädelknochen intakt.
14) Hirnhäute nicht verletzt. Keine Schädelinnenraumblutung. Keine Hirnverletzung. Gehirn auf dem Anschnitt blutarm.

II. Brust- und Bauchhöhle

15) Brust- und Rückenmuskulatur korrespondierend zu den beschriebenen äusseren Rumpfverletzungen scharfrandig durchtrennt und deutlich unterblutet. Beide Brusthöhlen sind eröffnet (scharfrandige Durchtrennung der Zwischenrippenmuskulatur im 1.,

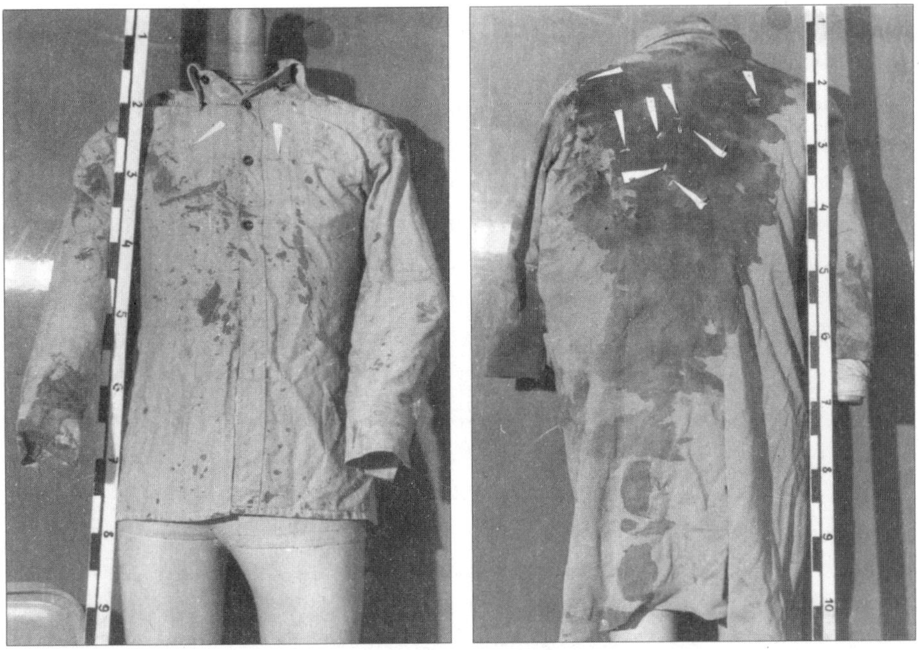

Opferbekleidung von vorn und von hinten.

2., 5. (2mal) und 7. Zwischenrippenraum rechts und im 6. Zwischenrippenraum links). Im rechten Brustfellraum 800 ml und im linken Brustfellraum 500 ml Blut. Die Lungen sind deutlich zurückgesunken.

16) Der Herzbeutel ist im oberen Bereich an zwei Stellen schlitzförmig durchtrennt. Im Herzbeutel 250 ml Blut. Der rechte Herzvorhof weist eine kleine schlitzförmige Verletzung auf. Eine weitere schlitzförmige Verletzung findet sich in der grossen Körperschlagader dicht oberhalb der Klappen. Herzhöhlen blutleer. Klappenapparat unauffällig, Herzmuskel auf dem Anschnitt blass. Herzkranzarterien mässig stark beetartig verkalkt.
17) In beiden Lungen sind folgende Verletzungen vorhanden: Linker Lungenunterlappen (schlitzförmig durch den gesamten Lappen), rechter Lungenoberlappen (drei schlitzförmige, wobei eine Verletzung den Lappen vollständig durchdringt), rechter Lungenunterlappen (eine schlitzförmige Verletzung). Das den Verletzungen anliegende Gewebe ist unterblutet. In den unteren Luftwegen etwas blutiger Inhalt.
18) In der Bauchhöhle kein Fremdinhalt.
19) Milz, Leber, Nieren, Bauchspeicheldrüse nicht verletzt. Organgewebe blutarm.
20) Die linke Niere ist deutlich tiefer als die rechte lokalisiert (sog. Senkniere).
21) Magen und Darm unauffällig.
22) Harnblase leer. Innere Geschlechtsorgane ohne Besonderheiten.
23) Beckenknochen und Wirbelsäule nicht verletzt.

C. Sektionsergebnis

In der oberen Brusthälfte 6 schlitzförmige und in der oberen Rückenhälfte 8 schlitzförmige, zum Teil bis in die Brusthöhle reichende Verletzungen. Schlitzförmige Verletzung der Brustorgane (Herzbeutel, Herz, Lungen und Brustschlagader). Massive Blutansammlung in den Brusthöhlen. Blutansammlung im Herzbeutel.

An den oberen Gliedmaßen insgesamt 9 scharfrandige, unterschiedlich lange und tiefe Verletzungen. Scharfrandige Durchtrennung der linken Speichenarterie (Pulsader).

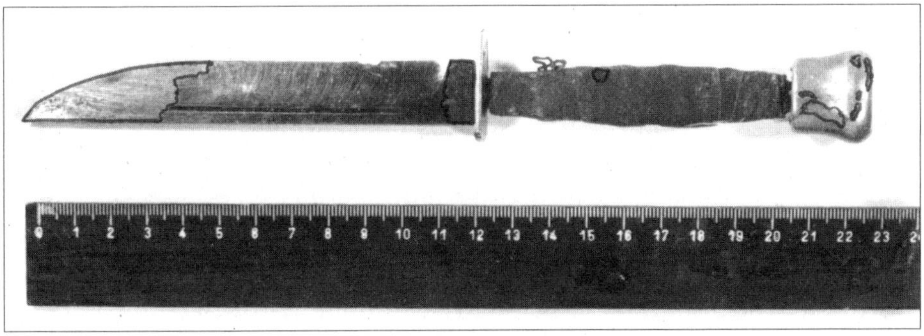

Die Tatwaffe: ein Hirschfänger mit 12 cm Klingenlänge.

Geringe Totenfleckenbildung. Blutarmut der inneren Organe. Luftarme Lungen. Mehrere markstückengrosse Kopfschwartenunterblutungen. Starke Vermehrung des Unterhautfettgewebes. Geringe bis mässig starke Arterienverkalkung. Sog. Senkniere. Zustand nach zurückliegender Schilddrüsenoperation.

D. Die Untersuchung des Schenkelvenenblutes ergab keine Alkoholeinwirkung.

E. Todesursache: Verblutung bei zahlreichen Stichverletzungen.

F. Vorgang:

Nach den Ermittlungen wurden der Betroffenen am 27.12.81 gegen 11.45 Uhr in ihrer Wohnung von ihrem geisteskranken (Schizophrenie) Sohn zahlreiche Stiche mit einem Hirschfänger beigebracht. Der Tod trat am Ereignisort ein.

G. Beurteilung:

Durch die Sektion wurden insgesamt 23 Stich- bzw. Stich-Schnittverletzungen am Rumpf und an den oberen Gliedmaßen nachgewiesen. Die Verletzungen an der linken Hand (Ringfingeransatz und Handrücken) sind durch einen Stich (Durchstich) entstanden. Die tödlichen Stiche liegen im Brust-Rückenbereich. Der Tod trat infolge massiver Blutung aus der Brustschlagader- und Herzverletzung ein.

Die Gliedmaßenverletzungen sind, soweit sie im Unterarm-Handbereich liegen, als Abwehrverletzungen zu deuten. Der den Obduzenten vorgelegte Hirschfänger (Klingenlänge 125 mm, Klingenbreite 19 mm, Rückendicke 2 mm, scharfe, zur Spitze sich verjüngende Klinge) ist als Tatwerkzeug geeignet. Die Unterblutungen der Kopfschwarte sind die Folgen einer höchstenfalls mässig starken Gewalteinwirkung. Sie können sowohl durch Anstoss, Sturz oder durch Schläge entstanden sein. Zum Zeitpunkt des Todeseintrittes lag eine Alkoholeinwirkung nicht vor.«

Bezirksfachkrankenhaus für Psychiatrie und Neurologie Stadtroda
Staatsanwaltschaft des Bezirkes Gera

Forensisch-psychiatrisches Gutachten

Im Gutachten soll zu folgenden Fragen Stellung genommen werden:

1.) Liegt bei dem Beschuldigten eine Krankheit vor, die eine strafrechtliche Verantwortlichkeit ausschließt?
2.) Ergeben sich aus seinem tatbezogenen Verhalten Anhaltspunkte, die eine verminderte Zurechnungsfähigkeit gem. § 16 Abs. 1 StGB rechtfertigen?

Das Gutachten stützt sich auf eine Untersuchung des Beschuldigten vom 20.1. bis 3.3.1982 auf der psychiatrischen Männerabteilung des Bezirkskrankenhauses für Psychiatrie und Neurologie Stadtroda. Die Krankenakte unserer Klinik Nr. P 21/81 sowie die Strafakte und die persönlichen Unterlagen des Beschuldigten standen zur Einsicht zur Verfügung.

Vorgeschichte nach den Akten:

Am 27.12.1981 wurde gegen G. Haftbefehl erlassen. Er wird beschuldigt, am 27.12.1981 einen Mord und versuchten Mord begangen zu haben. Aus Haß über seine Familienangehörigen, Mutter und Bruder, entschloß er sich, diesen mit einem Hirschfänger Stichwunden beizubringen. Gegen 11.45 Uhr am 27.12.81 begab sich der Beschuldigte mit dieser Tötungsabsicht zu seinem Bruder und seiner Mutter. Er brachte beiden mehrere Stichverletzungen bei in deren Folge die Mutter an den Verletzungen verstarb und der Bruder lebensgefährlich verletzt wurde.

In der Einschätzung seines Betriebes, des VEB Vereinigte Kartonagenwerke Glashütte vom 28.12.1981 wird ausgesagt, daß der Beschuldigte seit dem 27.2.1980 in diesem Betrieb arbeite, es sei nach kurzer Zeit nach Arbeitsaufnahme zu einer Verschlechterung der Arbeitsdisziplin und der Erfüllung seiner Arbeitsaufgaben gekommen. Er sei öfter unentschuldigt der Arbeit ferngeblieben und wegen Arbeitsbummelei wurden mehrere Aussprachen geführt.

Von der Nervenfachärztin Frau Dr. O. wird am 27.12.81 in einem Schreiben dargelegt, daß ihr G. wegen einer schizophrenen Erkrankung bekannt ist, daß sie seit Ende November 1981 einen erneuten Schub dieser Erkrankung beobachtet und erneut eine entsprechende ambulante Therapie eingeleitet habe.

Am 6.1.1982 wird G. zu seiner sozialen Entwicklung befragt. Dabei gibt er an, daß sein Vater verstorben sei, er habe noch einen Bruder und eine Schwester, der Vater sei häufig betrunken gewesen, habe zu Hause dann »recht verrückt« gespielt, habe rumgebrüllt und die Kinder geschlagen. G. gibt weiter an, daß er im Jahre 1977 eine Lehre als Kraftfahrzeugschlosser beim Tiefbau in Gera aufgenommen habe, er habe nach einem Jahr die Lehre abgebrochen, da er sich mit dem Lehrausbilder nicht vertragen habe.

Über Krankheiten befragt, gibt er an, daß er die üblichen Kinderkrankheiten hatte, er habe keine Operationen durchgemacht. Sei bis zu seiner Inhaftierung in ambulanter Behandlung bei der Nervenfachärztin Frau Dr. O. gewesen. Über seine Freizeitinteressen befragt, sagt G. aus, daß er sich mit Psychologie beschäftige. Er habe darüber selbst Aufzeichnungen gemacht und habe sich mit Dingen wie Temperament-Charakter und Gefühlen beschäftigt. Er habe sich Bücher über Psychologie gekauft, diese durchgearbeitet. Er wollte wissen, warum er mit seinen Mitmenschen nicht auskomme und wollte versuchen, durch sein Studium in diesen Dingen Klarheit zu bekommen.

Bei einer weiteren Vernehmung gibt G. an, wie es zu der Tat gekommen ist. Dabei sagt er aus, daß er auf die Mutter und den Bruder einen Haß gehabt habe. Er sagt bei der Vernehmung am 30.12., daß er mit der Mutter eine Auseinandersetzung gehabt habe. Es habe sich ein Haßgefühl gegenüber der Mutter und dem Bruder entwickelt. Die Mutter habe angeblich gesagt in der Küche, daß er nicht mehr lange zu leben habe. Dabei habe er sich entschlossen, Bruder und Mutter zu töten, sie sollten auch nicht leben, wenn er sterben sollte. »Ich habe deshalb zuerst auf meinen Bruder eingestochen, weil er oben war in seinem Zimmer, hätte ich zuerst auf die Mutter eingestochen, wäre er heruntergekommen und es wäre ihm gelungen, das Haus zu verlassen. Das wollte ich nicht. Eigentlich hatte ich vor, mich nach der begangenen Tat an meiner Mutter und meinem Bruder selbst mit Schlaftabletten umzubringen. Dies ist aber nicht möglich gewesen, weil sofort Personen da waren [...]«

Gleiche Angaben zur Motivation macht er in seiner schriftlichen Stellungnahme am 30.12.1981. Er sagt dabei wörtlich: »Zwischen mir und meiner Mutter gab es seit meiner Lehre immer wieder Auseinandersetzungen. Dies beruhte in der Hauptsache auf Ordnung und Erziehung von meinem Bruder R. Ich habe mir zwar zum Vorsatz gesetzt, auszuziehen, aber das wurde durch meine kriminelle Gefährdung verhindert. Ich habe auch einige Fehler gemacht. Dies beruht auf meiner Erziehung. Ich hatte ein strenges Vatergefühl mit denen man sich auch mit Problemen ordentlich unterhalten konnte. Das war aber mit meiner Mutter nicht möglich. Meinen Bruder R. haßte ich weil er trank, ich habe immer versucht, dies meiner Mutter zu erklären, sie sagte, er hätte sowieso nichts von seinem Leben. Dies machte mich ärgerlich und es entstand ein regelrechtes Haßgefühl zwischen meiner Mutter und meinem Bruder und je mehr ich mir Gedanken machte, umsomehr geriet ich in Wut [...].«

Der Bruder R. wird zum Sachverhalt am 28.12.81 befragt, wobei er angibt, daß der Bruder G. oftmals gegen ihn gewalttätig geworden sei. Der Bruder habe vor einigen Tagen behauptet, daß er 20 Schlaftabletten zu sich genommen habe, um sich umzubringen, da er nicht mehr lange zu leben habe.

Ein Herr T. wird am 28.12.1981 als Zeuge vernommen. Er sagt bei der Vernehmung auf Bl. 4: »Er warf sich im Wohnzimmer auf das Sofa. Ich hatte vorerst den Eindruck, daß er heulte. Davon erholte er sich aber sichtlich recht schnell. Er blieb zwar noch liegen, war aber schon nach wenigen Augenblicken recht ruhig. Da die Gemeindeschwester mir gesagt hatte, ich möge mich um den G. kümmern und bei ihm bleiben, versuchte ich im Wohnzimmer mich etwas mit ihm zu unterhalten. Dabei versuchte ich aber ganz bewußt, das Gespräch nicht auf die Geschehnisse zu lenken, da er öfters wiederholt hatte, daß er fertig gemacht worden wäre, sagte ich zu ihm, was sagst du schon fertig gemacht, du hast dich doch auch selbst mit fertig gemacht. Als ich diese Behauptung aufstellte, beruht dies darauf, daß ja bei uns im Ort allgemein bekannt ist, daß der G. alle möglichen Bücher über Verhaltensforschung liest. Es ging in der Vergangenheit z.T soweit, daß er Kollegen oder Bekannten versuchte, in bestimmten Verhaltenssituationen Vorschriften zu machen. Da er auch schon uns gesagt hatte, daß er auch Werke von Klassikern studiert, hatte ich persönlich schon seit einiger Zeit den Eindruck, daß seine nervlichen Beschwerden in engem Zusammenhang damit zu sehen sind.«

Die Schwester des Beschuldigten erklärt bei ihrer Befragung am 28.12.81, daß sie das Verhalten ihres Bruders nicht exakt einschätzen könne, sie habe ihn das letzte Mal einen Tag vor der Tat gesehen. Sie habe den Eindruck gehabt, daß er pessimistisch war und niedergeschlagen. Er habe geäußert, daß er nicht mehr zurück in die Klinik wolle, er wolle seine Medikamente lieber zu Hause einnehmen, er habe weiter erklärt, daß er in Büchern nachgelesen habe und über seine Krankheit informiert sei, er wisse, daß er nicht mehr lange zu leben habe. Er habe geäußert, daß er sich lieber das Leben nehmen würde als noch einmal in die Klinik zu gehen.

Aus insgesamt 3 selbstgeschriebenen Mappen des Beschuldigten geht hervor, daß er sich seit Jahren mit Entwicklungspsychologie, pädagogischer Psychologie und mit seiner eigenen psychologischen Tätigkeit beschäftigt hat. Es sind Aufzeichnungen enthalten, die sich mit Fragen des Denkens, des sozialen Wesens des Denkens, über intellektuelle Stufen des Lernens etc. beschäftigen. Dazu kommen Aufzeichnungen über Emotionen bei Tieren und bei Menschen. In schriftlicher Form hat der Beschuldigte Merksätze formuliert, scheibt z. B. »Wahrnehmungen sind Grundlagen des Gedächtnisses, der Vorstellung des Denkens der Fertigkeiten, Gewohnheiten und Einstellungen sowie Verhaltensstereotypien, d.h. alles dessen, was die vernünftige Tätigkeit des Menschen ausmacht.« Es sind ebenfalls einige Tagebuchaufzeichnungen nachweisbar. Unter dem 11.11.81 ist beispielsweise aufgeführt: »3.45 Uhr aufstehen, 4.15 Arbeit, 14.15 Konsum, 17.30 allgemeine Psychologie, 20.00 Schlafen.«

Aus den Krankenblatt-Unterlagen unserer Klinik geht hervor, daß G. vom 8.1. bis 17.3.1981 stationär behandelt wurde. G. war uns am 8.1. durch das Bezirkskrankenhaus für Psychiatrie Leipzig überwiesen worden. Dort ist G. am 29.12.80 stationär aufgenommen worden. Im Arztbrief vom 2.1.1981 wird folgendes formuliert: »Es fiel auf: nicht folgerichtiger Gedankengang, Gedankenabriß, anklingende Größenwahnideen wie – dolle Patente über Psychologie – möchte er herausgeben, unmotiviertes Lachen und Schreien, Forderungen an uns, er möchte hypnotisiert werden und zum Sanguiniker werden, symbolhaftes Denken in Schlüsselworten, Bedeutungserleben, Beziehungsideen, geordnete Exploration und Kontaktaufnahme äußerst schwer herzustellen. Dies akut schizophrene Zustandsbild ist weiterhin stationär behandlungsbedürftig.«

In unserem Artzbrief vom 18.3.1981 haben wir an die weiterbehandelnde Ärztin, Frau Dr. O., folgendes formuliert: »Anamnestisch erfuhren wir, daß die Ehe der Eltern durch die Trunksucht des 57-jährig verstorbenen Vaters schwer belastet gewesen sein soll. Eine ältere Schwester sei Facharbeiterin, ein jüngerer Bruder habe lediglich die 7. Klasse geschafft und leide unter Krämpfen. Geisteskrankheiten seien in der Familie nicht bekannt. – In der sozialen Entwicklung des Patienten, der in der 9. Klasse sitzenblieb und die 10. Klasse mit »3« abschloß, ist bemerkenswert, daß er eine Autoschlosserlehre nach ca. einem Jahr abbrach, es auch als Hilfsarbeiter in der »BLEWA« nicht viel länger aushielt. Es habe Ärger mit den Meistern gegeben, er habe deswegen auch ans Fernsehen geschrieben. – Psychisch war der Patient bei der Aufnahme bewußtseinsklar, orientiert, kontaktfähig und schwer fixierbar.

Gesteigerter Rededrang und inkohärentes Denken traten auf. Er äußerte völlig abwegige psychologische Spekulationen und begleitete seine Reden mit einem heiter-überlegenen Lächeln. In der Stimmungslage war er gehoben, der Antrieb war gesteigert. Der Patient verlangte Bücher, um sein offenbar schlecht verarbeitetes psychologisches Selbststudium fortzusetzen. Des öfteren äußerte er hypochondrische Befürchtungen. – Intern und neurologisch fanden sich keine pathologischen Befunde, die Laborwerte waren regelrecht. [...]

Eigene Angaben:

Bei der jetzt erfolgten stationären Aufnahme am 20.1.1982 ist eine Kontaktaufnahme mit dem Beschuldigten erschwert. Er zeigt zuerst einen gesteigerten Rededrang, um dann wieder für mehrere Minuten nicht zu sprechen. Er gibt dann erst allmählich an, daß er sich körperlich schlapp fühle, er könne nicht richtig schlafen, äußert dann weiter, daß er vom 1.11. bis 25.11.1981 im Braunkohlenrevier in Espenhain gearbeitet habe, dort sei er krank geworden, habe Angst gehabt und einen Selbstmordversuch mit Schlaftabletten durchgeführt. Er sei in Borna im Krankenhaus gewesen, sei dort am 30.11. auf eigenen Wunsch entlassen worden, sei dann zu Hause weiter von der Frau Dr. O. krank geschrieben worden, habe Tabletten bekommen, habe auch jetzt noch Zustände von Angst, er hat die Befürchtungen, daß sein Gedächtnis nicht stimme, er habe immer das Gefühl, daß irgendetwas auf ihn zukomme, was er sich nicht erklären könne.

»Ich bezeichne das so als eine Art Denkfaulheit. Es gibt Zeiten, da habe ich Schwierigkeiten, mich zu konzentrieren und immer die Angst, daß sich meine Stimmungen ändern, ich bin irgendwie mit den Nerven fix und fertig.« Erst nach einigen Tagen, nachdem der Beschuldigte entsprechende Medikamente erhält, bessert sich das Schlafverhalten, sieht dann auch körperlich besser aus. Es werden in den ersten Tagen zum Tatgeschehen keine Gespräche geführt.

Der Beschuldigte macht bei den mehrfachen Explorationen Angaben zu seinen Denkprozessen, seinen Denkinhalten, wobei nach wie vor im formalen Denkablauf eine Sprunghaftigkeit und teilweise Inkohärenz besteht. G. redet zeitweise ununterbrochen, dann vorbei, lächelt häufig, beschäftigt sich mit psychologischen Problemen, nennt Begriffe, die er selbst nicht richtig verarbeitet hat, und behauptet, daß es möglich sei, durch Selbsthypnose geheilt zu werden, er müsse wie schon erwähnt, zum Sanguiniker werden.

Am 28.1. wird erstmals mit dem Beschuldigten das Tatgeschehen durchgesprochen. Dabei macht er bei uns die gleichen Angaben wie aus den Ermittlungsunterlagen ersichtlich, gibt dabei zur Motivation an, daß es mit der Mutter und dem Bruder Streiterein gegeben habe, er sei durch die eingenommenen Medikamente auch irgendwie verändert gewesen, es habe sich ein Haßgefühl entwickelt, er habe nicht mehr ein noch aus gewußt und da er glaubte, nicht mehr lange leben zu können, sollten auch die Mutter und der Bruder nicht mehr leben und er habe dann mit dem Messer die Verletzungen dem Bruder und der Mutter beigefügt.

Befunde:

Die bei uns durchgeführten Untersuchungen an den internen Organen ergaben keine groben Auffälligkeiten. Die neurologische Untersuchung ergab an den Hirnnerven Normalbefunde, Motilität intakt, Eigenreflexe gut und seitengleich auslösbar, keine spastischen Zeichen, keine Pyramidenzeichen, Koordination und Sensibilität ungestört. Ebenfalls ergaben die durchgeführten laborklinischen Untersuchungen wie Blutbild, Urin, Leberwerte keine Auffälligkeiten. Die Untersuchungen auf luesspezifische Reaktionen verliefen ebenfalls negativ.

Die psychische Untersuchung ergab erschwerte Auffassung und gestörtes Konzentrationsvermögen, die Orientierung war intakt. Erst nach der Gabe von entsprechenden Psychopharmaca konnten ordnungsgemäße Befragungen bei dem Beschuldigten durchgeführt werden. Dabei fanden sich im formalen Denkablauf Auffälligkeiten im Sinne des sprunghaften und inkohärenten Denkens, es waren inhaltliche Denkstörungen in Form von Beziehungsideen nachweisbar. Er gab immer wieder an, sich mit psychologischen Fragen und Testen zu beschäftigen, glaubte durch Selbsthypnose geheilt zu werden, er müsse erst zum Sanguiniker werden, das könne man aus Büchern lesen, zeigt ebenfalls noch zum Zeitpunkt der Untersuchung Störungen im Bereich des affektiven Verhaltens, er war emotional wenig schwingungsfähig und bot insgesamt das Bild einer bestehenden subakuten Psychose aus dem schizophrenen Formenkreis.

Zusammengefaßt muß festgestellt werden, daß G. erstmals im Dezember 1980 psychotisch wurde. Er wurde im Bezirkskrankenhaus für Psychiatrie Leipzig-Dösen vom 29.12.1980 bis 8.1.81 betreut. Damals fielen Gedankenabriß, anklingende Größen- und Wahnideen, unmotiviertes Lachen und Schreien auf mit den Angaben hypnotisiert zu werden und Sanguiniker zu sein, dabei symbolhaftes Denken in Schlüsselworten, Bedeutungserleben, Beziehungsideen. Zuständigkeitshalber wurde uns G. am 8.1.1981 unter der gleichen Symptomatik zur Weiterbetreuung überwiesen. G. war in unserer Klinik bis zum 17.3.1981. Wie in unserem Arztbrief vom 18.3. formuliert, ist G. auf eigenen Wunsch gegen Revers nach Hause entlassen worden. Es wird eine weitere fachärztliche Betreuung als dringend angezeigt empfohlen. Diese Behandlung wurde von der Nervenfachärztin Frau Dr. O. in Schleiz weitergeführt. Wie aus den Ermittlungsunterlagen ersichtlich, gibt sie auch an, daß ein erneuter akuter schizophrener Schub Ende November 1981 aufgetreten ist und auch jetzt 10 Wochen nach dem Tathergang noch psychotische Symptome vorliegen. Es finden sich Störungen im Bereich des Denkens, des Konzentrationsverhaltens, des Antriebes und des Affektes. Mit an Sicherheit grenzender Wahrscheinlichkeit hat die psychotische Symptomatik zum Tatzeitpunkt vorgelegen. In der Längsschnittbetrachtung muß man davon ausgehen, daß bei G. eine Psychose aus dem schizophrenen Formenkreis vorliegt. Diese psychotische Störung entspricht einer Störung der Geistestätigkeit und in Beantwortung der Fragen des Staatsanwaltes kommen wir zu der Auffassung, daß bei dem Beschuldigten eine echte Geisteskrankheit vorliegt, die eine strafrechtliche Verantwortlichkeit ausschließt.

Wir empfehlen tat- und tatzeitbezogen die Anwendung des § 15 Abs. 1 StGB. Weiterhin empfehlen wir die unbefristete Einweisung des Beschuldigten gem. § 11 des Gesetzes zur Einweisung für psychisch Kranke vom 11.6.1968 in eine Klinik für Psychiatrie und Neurologie.«

23

DER MÖRDERISCHE DUMMEJUNGENSTREICH – TOD EINES FAHRERS DES VEB HANDELSTRANSPORT GERA

(Gera, 1982)

Am 8. September 1982, gegen 03.30 Uhr, meldete ein Kraftfahrer des VEB Handelstransport Gera, Gessentalstraße 1, dem Kriminaldienst des VPKA Gera, beim Betreten seiner Arbeitsstelle einen Kollegen tot aufgefunden zu haben. Unterwegs zum VEB Handelstransport Gera, informierte der Kriminaldienst gleich den Bereitschaftsdienst vom Sachgebiet »Leben und Gesundheit«, der gegen 04.00 Uhr vor Ort eintraf.

Der Tote lag auf dem Boden. Er hatte stark geblutet und war bereits teilweise erkaltet. Nach einem ersten Überblick über die Tatortsituation schätzte der Mitarbeiter ein, daß es sich um ein Tötungsverbrechen handelte. Die Dringliche Medizinische Hilfe (DMH) war ebenfalls vor Ort und bestätigte anhand der Messerstiche in den Oberkörper, daß der Mann Opfer eines Gewaltverbrechens geworden war. Im Sektionsprotokoll wurde vermerkt, daß das Opfer durch fünf kräftige Messerstiche schwerste Verletzungen erlitten habe, ein Stich direkt ins Herz jedoch die Todesursache gewesen sei.

Wenig später stieß die MUK Gera zu den Untersuchungen. Da der Sachverhalt eindeutig war, übernahm ich als Leiter der MUK die weiteren Ermittlungen. Zugeordnete Kriminalisten des VPKA Gera unterstützten uns.

Anhaltspunkte für einen Täter bestanden zu diesem Zeitpunkt nicht. Noch am gleichen Tag leitete ich ein Ermittlungsverfahren wegen Verdachts des Mordes gegen »Unbekannt« ein.

Der Kriminaltechniker der MUK sowie die Kollegen des KT-Stützpunktes Gera führten eine ausgiebige und intensive Ereignisortarbeit durch, sicherten und dokumentierten Spuren, die uns später tatsächlich Hinweise auf einen Tatverdächtigen liefern sollten. Die akribische Spuren-Liste übergaben sie anschließend zusammen mit all den fotografischen

Aufnahmen dem Dezernat Kriminaltechnik der BDVP Gera zur Auswertung. Weitere Kriminalisten befragten am frühen Morgen alle Kraftfahrer sowie das angestellte Personal, ob unbekannte Personen gesehen worden waren oder sich Kollegen auffällig verhalten hatten.

Dank einer Zeugin suchten wir nach kurzer Zeit gezielt einen jungen Mann, der sich in der Nacht in der Nähe des Handelstransports herumgetrieben haben soll. Wir ließen ein subjektives Porträt erstellen und veröffentlichten es in der Geraer Tagespresse. Daraufhin ging eine Vielzahl von Hinweisen ein, darunter der entscheidende auf den Täter.

Das schreckliche Verbrechen erhitzte natürlich die Gemüter der angestellten Kraftfahrer. Den Bereitschaftsfahrern wurden von diesem Zeitpunkt an verstärkte Sicherheitsmaßnahmen zugesichert.

Am Tatort bemerkten wir, daß der Täter zuerst die Glasscheibe des Schlüsselschrankes eingeschlagen hatte, um danach einen Großteil der Ersatzschlüssel daraus zu entwenden. Die Glasscherben lagen im Bereitschaftsfahrerraum auf dem Fußboden. Die Fächer der Fahrtenbücher waren durchwühlt.

Unter den abgestellten LKW war lediglich an einem W 50 mit dem polizeilichen Kennzeichen NA 96-23 das Zündschloß beschädigt bzw. herausgerissen worden. Der Täter hatte versucht, das Fahrzeug kurzzuschließen. Da er technisch wohl nicht sonderlich begabt war, konnte er den LKW nicht starten. Das Fahrzeug blieb stehen.

Am erweiterten Tatort, außerhalb des Geländes des Handelstransports in Richtung Kalkberg, wurden einige Zweitschlüssel für die LKW gefunden. Anscheinend hatte der Täter sie auf der Flucht weggeworfen.

Die Ermittlungen liefen in alle Richtungen. Als sicher galt, daß der Täter in einer gewissen Beziehung zu diesem Betrieb stehen mußte. Der Handelstransport Gera fuhr für verschiedene Unternehmen im Umkreis, so z. B. auch für den Obst- und Gemüsehandel Gera. Dieser Betrieb stellte dem Handelstransportunternehmen zum Be- und Entladen seiner Ware eigene Beifahrer zur Verfügung. Wir fragten uns, ob einer dieser Beifahrer etwas mit dem Mord zu tun haben könnte. Es war zumindest eine von vielen Fragen, die noch offen war.

Gab es vielleicht eine Verbindung zwischen dem Gemüsehandel und dem Fahrer des LKW W 50, der zum Diebstahl ausgesucht worden war? Der Stammfahrer dieses Lasters wurde ausführlich befragt. Er fuhr regelmäßig für den Gemüsebetrieb und konnte mühelos alle

Beifahrer aus fremden Betrieben benennen, die auf seinen Fahrten eingesetzt wurden.

In diesem Zusammenhang stießen wir auf einen jungen 17jährigen Beifahrer aus dem genannten Betrieb, der gravierende Ähnlichkeit mit dem subjektiven Porträt besaß. Er geriet bei seiner Befragung automatisch in den engeren Kreis potentieller Täter. Weiterführende Ermittlungen zu ihm ergaben, daß er in der Tatnacht in Gera unterwegs gewesen war. Seine Mutter bestätigte uns, daß er gegen Mitternacht nach Hause gekommen, kurz darauf aber wieder gegangen sei.

Der Verdächtige Harald D. wohnte in Gera, Straße der Pariser Kommune. Er benötigte für einen strammen Fußmarsch bis zum Handelstransportunternehmen in der Salzstraße maximal 15 Minuten. Zudem kannte er diesen Betrieb und die wichtigsten Handlungsabläufe darin.

Nachdem Harald D. zum Hauptverdächtigen geworden war, übten wir so lange Druck auf ihn aus, bis er am 14. September 1982 nach einigem Hin und Her ein umfangreiches Geständnis ablegte. Ich leitete gegen ihn ein Ermittlungsverfahren wegen »Verdachts des vorsätzlichen Mordes« ein.

In der Beschuldigtenvernehmung schilderte er uns dann seine Version zu diesem Tötungsverbrechen: Harald D. hatte am 8. September auf Grund seines kürzlich begangenen Geburtstages nach der Arbeit im Betrieb einen ausgegeben. So etwas war üblich. Bei solchen Feierlichkeiten wurde auch ordentlich Alkohol konsumiert. Nach dieser Feier begab er sich in Gera in weitere Gaststätten.

Vom Fahren eines LKW fasziniert, faßte er an jenem Abend den Entschluß, in den Handelstransport einzudringen, einen LKW zu entwenden und einmal selbst zu fahren! Als er gegen Mitternacht zu Hause eintraf, signalisierte er seiner Mutter, daß er nochmals weggehen würde. Dann nahm er ein etwa 25 cm langes Küchenmesser und ging. Er wußte genau, daß der Handelstransport über Nacht immer einen Bereitschaftsfahrer im Betrieb stationiert hatte. Harald D. machte sich zielgerichtet auf den Weg.

Angekommen, überstieg er das umzäunte Betriebsgelände und schlich ins Hauptgebäude, um sich den Zweitschlüssel für den LKW W 50 zu holen. Es war der LKW, in dem er sonst nur als Beifahrer mitfuhr. In der Sicherheit, den richtigen Schlüssel gefunden zu haben, begab er sich zu dem schweren Gefährt, setzte sich hinein und wollte starten. Der LKW sprang aber nicht an. Harald D. fiel ein, daß die Fahrer beim Abstellen ihrer LKW immer den Hauptschalter zum Sperren des Fahrzeuges betätigten.

Subjektives Täterporträt.

Mit triumphaler Mimik griff er zur Beifahrerseite und stellte den Hauptschalter des Fahrzeugs auf »Ein«. Das Fahrzeug sprang trotzdem nicht an. Offenbar hatte er doch den verkehrten Zündschlüssel entnommen. Harald D. war verärgert und kehrte ins Hauptgebäude zurück, um weitere Schlüssel zu holen.

Da er sich auf dem Weg dahin nicht besonders vorsah, weckte er den Bereitschaftsfahrer Erwin K. Der sah nach, wer sich im Betriebsgelände befand. Im Hauptgebäude trafen dann beide aufeinander. Harald D. zückte sofort sein Messer und stach mehrmals direkt auf den Oberkörper des wehrlosen Mannes ein. Erwin K. hatte keinerlei Chance und wurde so schwer verletzt, daß er zusammenbrach und verstarb.

Harald D. war nach wie vor voller Übermut und gewillt zu fahren. Ohne sich um den Verletzten zu kümmern, zerschlug er die Scheibe des Schlüsselschrankes, entnahm mehrere Zweitschlüssel und zog selbst aus den Fahrtenbüchern noch weitere Schlüssel. Auf dem Weg zum W 50 war er sich sicher, daß seine nächtliche Fahrt endlich beginnen könne.

Aber keiner der Schlüssel, die er gestohlen hatte, paßte. Wütend riß er kurzerhand den Anlasser heraus, um den LKW kurzschließen, doch selbst dieses Unterfangen schlug fehl. Nachdem er begriff, daß sein Vorhaben mißglückt war, verließ er den Handelstransport über das Haupttor und ging über den Kalkberg in seine elterliche Wohnung. Auf dem Weg dorthin warf er die LKW-Schlüssel weg.

Zu Hause angekommen, bemerkte er, daß seine Hände ebenso wie das Messer blutverschmiert waren. Mit Wasser säuberte er erst sich und dann das Messer, bevor er es wieder in den Messerkasten in der Küche legte. Als alle Spuren beseitigt waren, legte er sich schlafen und erschien am nächsten Morgen pünktlich 06.15 Uhr in seinem Betrieb. Harald D. ging wie gewohnt seiner Arbeit nach und ließ sich nicht anmerken, daß er in der Nacht blindwütig einen Menschen getötet hatte. Nur weil er LKW fahren wollte, tötete er den Bereitschaftsfahrer.

Nach dieser Aussage stand fest, daß er das Messer vorsätzlich zum Ausschalten oder gar Töten des Bereitschaftsfahrers mitgenommen hatte. Seine zum Tatzeitpunkt getragene Bekleidung wurde beschlagnahmt und nach Spuren untersucht. Wie zu erwarten, wurden die Gutachter der Kriminaltechnik fündig.

Der kriminaltechnische Bericht über die operative Spurenauswertung vom 15. September 1982 gibt an: »Am Tatmesser wurden menschliche

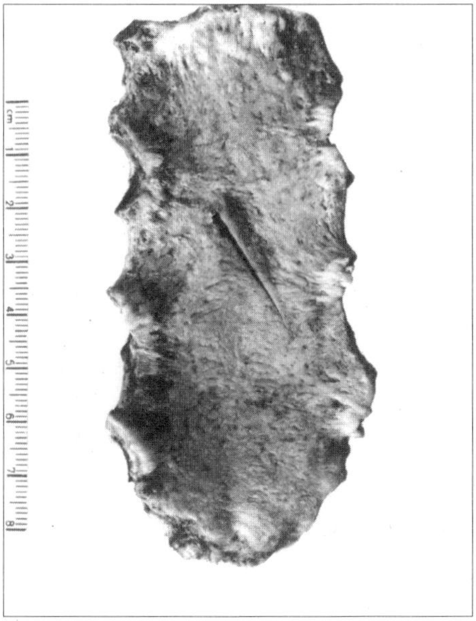

Vorderansicht des Brustbeinkörpers mit der Stichverletzung.

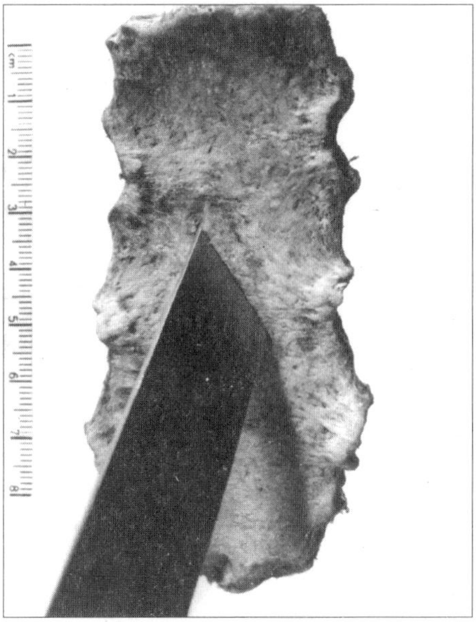

Brustbeinkörper mit Einpassung des in Frage kommenden Tatwerkzeugs.

Blutspuren festgestellt, die vom Opfer stammten. Im Spitzenbereich des rechten Schuh wurde im Spalt zu der Brandsohle und Oberleder bestehender Schmutz isoliert, in welcher sich ein Glassplitter von ca. 05x03 mm befindet. Der Glassplitter weist das gleiche Dispersionsverhalten auf wie das Glas von der zerbrochenen Scheibe des Schlüsselschrankes und kann demnach von diesem stammen.«

Harald D. war umfassend geständig. Die am 24. September 1982 durchgeführte Rekonstruktion des Mordes deckte sich in allen Belangen mit den Aussagen und den Ergebnissen der Spurenbetrachtung. Das nervenfachärztliche Gutachten ergab die volle Zurechnungsfähigkeit.

Keiner seiner Angehörigen und Arbeitskollegen konnte diese stafbare Handlung nachvollziehen. Wegen so eines »Dummejungenstreiches« mußte ein Unschuldiger sterben.

Harald D. wurde wegen »Mordes in Tateinheit mit versuchter unbefugter Benutzung von Kraftfahrzeugen« zu einer Strafe von 15 Jahren verurteilt. Unter Anwendung des Jugendstrafrechts schöpften die Richter das Strafmaß voll aus. Im Jahre 1991 wurde seine Reststrafe auf Beschluß des Bezirksgerichts Brandenburg auf Bewährung ausgesetzt.

24

HOCHGRADIGER ALKOHOLGENUSS UND STREIT MACHTEN IHN ZUM MÖRDER

(Jena, 1983)

Eigentlich waren sie Kumpels, die sich gut kannten und gern Ja zum Alkohol sagten. Torsten S. und Frank C. trafen sich am 11. März 1983, gegen 22.00 Uhr, in der Gaststätte »Siedlerheim Schlegelsberg« in Jena. Sie saßen zusammen am Tisch und redeten über alles mögliche. Dabei spielte die Wertigkeit von Sportarten bei ihren Gesprächen immer eine besondere Rolle. In dieser Gaststätte tranken beide acht Gläser Bier und waren dadurch merklich fröhlich unterwegs. Das animierte sie, in der Wohnung des Torsten S. in Jena in der Netzstraße auf ein weiteres Tröpfchen einzukehren. Frank C. stammte ebenfalls aus Jena. Er kaufte beim Wirt noch eine 0,7-l-Flasche Schnaps der Marke »Klarer Juwel« und dann machten sich beide auf den Weg.

Beide tranken die Flasche Schnaps, gemischt mit Juice, aus. Dabei unterhielten sie sich über Fußball und Judo und welcher Sport welches Ansehen genieße oder erlangen sollte. Der Schnaps wirkte derweilen, so daß Meinungen inbrünstiger vertreten wurden als sonst. Alkohol kann streitsüchtig machen und setzt die Hemmschwelle stark herab. Torsten S. zog seinen Gegenüber damit auf, daß er Messerstiche von ihm abwehren könnte, weil er ausgebildeter Judoka sei. Und weil er genau das könne, wäre Judo eine weitaus hochwertigere Sportart als Fußball. Frank C. winkte ab.

Ein Beweis mußte her. Torsten S. forderte Frank C. auf, mit dem Hirschfänger auf ihn einzustechen. Der alkoholisierte Frank C. versuchte nun, mit dem Messer seinen Freund zu treffen, doch dank seiner antrainierten Reaktionsfähigkeit wich dieser gekonnt aus oder wehrte ab.

Nach diesem sportlichen Wettspiel forderte Torsten S. nun seinen Freund zum Gegenbeweis auf. Wenn er mit dem Messer auf Frank C. losginge, würde der Fußballfreund eingestehen müssen, daß seine

Sportart weniger tauge. Es kam, wie es kommen mußte. Da Frank C. weder judoerfahren noch reaktionsschnell war, hatte er keine Chance. Torsten S. stach wie wild auf seinen Freund ein und versetzte ihm 23 Messerstiche in den Oberkörperbereich. Jeder Stich ein Treffer. Frank C. ging zu Boden.

Nachdem das Opfer zusammengesackt war und keinerlei Reaktionen mehr zeigte, wurde Torsten S. klar, was er mit diesem Wettstreit angerichtet hatte. Er war als Sieger hervorgegangen, doch sein übersteigerter Ehrgeiz kostete seinem Freund das Leben.

Es war gegen 01.35 Uhr. Torsten S. war hellwach, denn er hatte die Tragweite seines Handelns erkannt. Er deckte seinen toten Kumpel mit seiner Judowettkampfjacke zu und verließ sein Zimmer in der Absicht, seinem eigenen Leben ein Ende zu setzen. Während er durch Jena lief, wurde er von unkonkreten Vorstellungen gepeinigt, wie er den Selbstmord bewerkstelligen sollte. Schließlich wollte er am Hermsdorfer Kreuz von der Brücke springen.

Der Kriminalpolizei Jena wurde der Sachverhalt durch den Vater des Täters bekannt. Dieser hatte am 12. März 1983, gegen 13.50 Uhr, einen ihm unbekannten leblosen Mann im Zimmer seines Sohnes auf dem Boden liegend aufgefunden. Gegen 03.15 Uhr hatte er seinen Sohn am Morgen letztmalig gesehen, zu dem Zeitpunkt, als Torsten S. die elterliche Wohnung verlassen hatte.

Er hatte nicht gesagt, warum er so spät nochmals weggehe. Der Vater konnte ja nicht ahnen, daß sein Sohn in der Nacht einen Menschen umgebracht hatte – und das im eigenen Haus.

Die MUK Gera wurde informiert, begab sich umgehend zum Tatort und übernahm die weiteren Untersuchungen zusammen mit den Kollegen der Kriminalpolizei Jena.

Im Tatortbefundsbericht vom 12. März 1983 wird die Lage der Leiche wie folgt beschrieben: »Die männliche Leiche eines ca. 20 Jahre alten Mannes liegt in linker Seitenlage auf dem Fußboden, auf dem Teppich. Der Kopf liegt unmittelbar vor dem Schränkchen, auf welchem das Radio steht. Die Füße zeigen in Richtung Sessel, der sich neben dem Ofen befindet. Der Unterkörper der Leiche liegt auf der linken Seite. Die Beine sind leicht angewinkelt und übereinandergeschlagen, wobei das linke Bein stärker angewinkelt ist als das rechte. Die Hüfte ist nach vorn gebeugt und der Oberkörper liegt auf der Brust auf. Der rechte Arm ist seitlich abgewinkelt und die Hand liegt in Höhe des Bauchnabels am Körper an. Der linke Arm ist stark angewinkelt und die Hand befindet sich in Höhe der linken Brust. Der Kopf ist seitlich nach rechts gedreht und nach vorn geneigt. Er liegt mit der linken Seite auf dem Teppich auf. Die Augen und der Mund der Leiche sind geschlossen.«

Jetzt wurden umfangreiche Fahndungsmaßnahmen in Jena und Umgebung nach dem flüchtigen Torsten S. eingeleitet. Die Nachbarkreise waren ebenfalls mit eingebunden. Die Gerichtsmedizin Jena führte die Obduktion des Opfers durch. Am Tod durch die massiven Stichverletzungen gab es keinen Zweifel: »Herzstichverletzung mit hochgradigem Blutverlust und Herzbeuteltamponage«.

Der Täter wurde durch die gezielten Fahndungsmaßnahmen am 13. März 1983, gegen 01.35 Uhr, im Bereich des Hermsdorfer Kreuzes von der Autobahnpolizei festgenommen und dem VPKA Jena zugeführt. Er legte sofort ein umfangreiches Geständnis ab. An seiner Täterschaft bestanden keine Zweifel. Der 23jährige wurde zu einer hohen Haftstrafe verurteilt. Ein lapidarer Streit mit tödlichem Ausgang!

25

EIN ERWEITERTER SUIZID MIT TRAGISCHEN FOLGEN – ZWEI KINDER STERBEN
(Ronneburg, 1983)

Familie Z. aus Ronneburg in der Berggasse hatte sich auf die neue größere Wohnung gefreut. Hier gab es mehr Platz für die zwei Kinder. Die Tochter war drei Jahre alt und die Kleinste erst vor drei Monaten geboren. Das Familienglück schien geebnet, doch auf einmal war der Mutter alles zu viel. Mit zwei Kindern und der größeren Wohnung fühlte sie sich überfordert. Ihre Aufgaben, die Kinder zu versorgen und obendrein die große Wohnung in Ordnung zu halten, schürten bei ihr unvorstellbare Ängste.

Ob die 23jährige wirklich überfordert war, Zukunftsängste hegte oder eine krankhafte Störung entwickelte, ist nicht geklärt. Ihrem Mann vertraute sie sich nicht an, suchte ohne ihn eine Lösung, und fand sie schließlich: sie beschloß, sich und die Kinder zu töten. Diese Handlungsweise nennt man einen »erweiterten Suizid«.

Mütter wollen in diesen speziellen Situationen eigentlich immer zusammen mit ihren Kindern sterben.* Anderen Menschen, dem eigenen Ehepartner, Verwandten oder Bekannten möchten sie die eigenen Kinder nicht überlassen. Diese Täterinnen befürchten dann immer, daß es den Kindern danach nicht gut gehen könnte, daß sie nicht richtig versorgt würden oder schlimmstenfalls in ein Heim kämen. Sie möchten ihre lieben Kinder nicht – allein und auf sich gestellt – zurücklassen. Aus diesem psychologischen Kreisel kommen diese Straftäterinnen dann nicht mehr heraus. Sie vertrauen sich niemandem an. Selbst der geliebte Ehepartner ahnt nichts von dieser Entschlußfassung. Die Liebe zum Partner wird ausgeblendet, die Täterinnen wollen nur noch gemeinsam mit den Kindern sterben.

---

* Dieses sozio-psychologische Phänomen ist vor allem bei Männern ausgeprägt. Sie werden nach Begehung eines erweiterten Suizids seit geraumer Zeit »Familienauslöscher« genannt. Die Chronik dieser Familientragödien ist sehr lang.

So auch Frau Z. aus Ronneburg. Sie war an jenem Tag im März mit den Kindern allein zu Hause. Ihr Ehemann arbeitete bei der SDAG Wismut im Transportunternehmen im Schichtensystem und kam deshalb wöchentlich zu unterschiedlichen Zeiten nach Hause. Er hatte aber an diesem Tag von 14.00 Uhr bis 22.00 Uhr Mittelschicht.

Die junge Frau setzte an diesem Tag ihren Plan in die Tat um in der Sicherheit, daß der »erweiterte Suizid« nicht schiefgehen könne und ihr Ehemann nach der Arbeit drei tote geliebte Menschen auffinde. Eine bizarre Vorstellung!

Sie verriegelte in den Nachmittagsstunden, nachdem ihr Ehemann die Wohnung gegen 14 Uhr verlassen hatte, Haus- und Wohnungstür und ging mit den zwei Kindern in die Küche. Da sie zu diesem Zeitpunkt allein in dem Haus wohnten, waren sie ungestört. Jetzt nahm die Mutter eine Decke, breitete sie auf dem Fußboden aus und öffnete anschließend die fünf Brennerhähne des Gasherdes, so daß unverbranntes Leuchtgas ausströmen konnte.

Zusammen mit den Töchtern erwartete sie den Tod, beschwichtigte ihre Älteste aber, nur gemeinsam zu schlafen. Da das Kind nicht einschätzen konnte, was die Mutter vorhatte, waren die zwei Kinder dem selbstmörderischen Tun der Mutter ausgesetzt.

Es wird gegen 18.30 Uhr gewesen sein, als der Ehemann der jungen Familie – eher als geplant – von der Mittelschicht nach Hause kam. Er war schon verwundert, daß Haus- und Wohnungstür abgeschlossen waren. Das war für diese Uhrzeit nicht üblich. Als er die Wohnung betrat, stellte er starken Gasgeruch fest. Die Türen zu den anderen Zimmern waren alle zugeklinkt, die zur Küche ebenfalls. Auch alle Fenster in der Wohnung waren geschlossen.

Zu diesem Zeitpunkt wurde ihm klar, daß etwas nicht stimmte. Er begab sich umgehend in die Küche und sah die Tragödie vor sich. Seine Frau hatte mit den zwei Kindern Selbstmord mittels Gas begangen. Er schloß umgehend die fünf Brennerhähne und öffnete das Fenster der Küche, um das Gas entweichen zu lassen. Jetzt sah er auf der Straße eine Frau. Er rief ihr zu, daß sie einen Arzt verständigen solle. Da kein Telefon in der Nähe war und kein Arzt kam, nahm er die beiden Kinder und brachte sie sofort ins Krankenhaus nach Ronneburg. Die DMH des Krankenhauses Ronneburg fuhr jetzt sofort in die Wohnung und holte die verletzte Mutter. Für das Kleinkind kam jede Hilfe zu spät. Es war an dem Stadtgas verstorben. Die Kindesmutter und die dreijährige Tochter hatten vorerst überlebt, wurden jedoch mit hochgradiger Gasvergiftung ins Bezirkskrankenhaus Gera eingeliefert.

Die Kindesmutter überlebte den Suizid, ihre Tochter starb am 19. August 1983 im BKH Gera an den Folgen der Kohlenmonoxid-Intoxikation. Ihr Suizidversuch hatte das frühzeitige Ende zweier unschuldiger Leben gefordert.

Nachdem die Beschuldigte vernehmungsfähig war und sich ihr Gesundheitszustand stabilisiert hatte, wurde sie in die Untersuchungshaftanstalt Gera eingewiesen. Eine nervenfachärztliche Begutachtung ergab, daß sie zum Zeitpunkt ihrer strafbaren Handlung vermindert zurechnungsfähig war. Aus diesem Grund wurde sie nur zu einer zehnjährigen Haftstrafe verurteilt. Ihr Vorhaben war nicht aufgegangen, sie hatte überlebt und mußte jetzt vor allem mit ihrer strafrechtlichen und moralischen Schuld leben. Da sie sich im Strafvollzug positiv entwickelte, wurde sie nach sieben Jahren Haftverbüßung am 20. August 1990 entlassen.

26

DREI KINDER ENTKAMEN EINER TÖDLICHEN TRAGÖDIE

(Gera, 1983)

Wie im vorgenannten Fall, plante auch Jutta K. aus Gera, Juri-Gagarin-Straße, einen erweiterten Selbstmord. Schon seit längerem war die Beziehung zu ihrem Lebensgefährten von Problemen begleitet. Als geschiedene Frau und Mutter von drei Kindern hatte sie es auch nicht immer einfach, weshalb sie auf keinen Fall ihren Partner verlieren wollte, der ihr als Stütze galt und Geborgenheit verlieh. Doch Peter L. wurde die Beziehung zu anstrengend, weshalb er Jutta K. verlassen wollte.

Im Verlauf des 31. Mai 1983 führten beide ein letztes Gespräch, an dessen Ende Peter L. bei seiner Meinung blieb und Jutta K. unmißverständlich zu verstehen gab, daß er die Beziehung zu ihr nicht mehr aufrechterhalten wolle.

Jutta K. war daraufhin verzweifelt und sah für ihr weiteres Leben keinen Sinn mehr. Handlungsunfähig angesichts ihrer Probleme, kamen ihr Selbstmordgedanken. Auf keinen Fall aber wollte sie ihre drei Kinder sich selbst überlassen. Wenn sie schon den Entschluß faßte, sich das Leben zu nehmen, dann sollten ihre drei Kinder mit ihr zusammen sterben.

Die drei, acht und neun Jahre alten Kinder ahnten nicht, was der Mutter am Abend des 31. Mai 1983 durch den Kopf ging. Die verzweifelte Frau schrieb Abschiedsbriefe an verschiedene ihr nahestehende Personen.

Gegen 21.00 Uhr wollte sie ihren Plan in die Tat umsetzen. Da sie sich entschieden hatte, ihre drei Kinder mit in den Tod zu nehmen, bereitete sie vier Tassen vor. Darin löste sie für jeden »Benedorm«-Schlaftabletten in Wasser auf. Dem dreijährigen Sohn gab sie 20 Tabletten, sich und den zwei Töchtern jeweils 50.

Nachdem alle drei brav ausgetrunken hatten, brachte sie die Kinder ins Bett. Unmittelbar danach nahm sie die für sie vorgesehene Dosis zu sich und legte sich ebenfalls schlafen.

Am nächsten Tag, dem 1. Juni 1983, wurde jedoch die neunjährige Tochter gegen 13.00 Uhr wach. Sie versuchte, ihre zwei Geschwister und die Mutter zu wecken. Diese waren in Tiefschlaf verfallen, hätten aber auch schon tot sein können.

Die Neunjährige rannte in ihrer Verzweiflung zur Nachbarin und erzählte die Merkwürdigkeit. Die Nachbarin überzeugte sich von der Situation und leitete sofort die ersten Hilfsmaßnahmen ein. Die DMH lieferte die Mutter samt Kindern unverzüglich ins Bezirkskrankenhaus Gera zur weiteren medizinischen Betreuung ein. Die Ärzte fanden die Kindesmutter in einem bewußtlosen Zustand vor. Die anderen zwei Kinder waren zwar ansprechbar, aber weiterhin stark benommen. Alle überlebten, weil die Menge an Schlafmittel schlichtweg nicht ausgereicht hatte. Jutta K. mußte sich in der Folge für ihre strafbare Handlung an den drei Kindern vor Gericht verantworten. Nach ihrer Genesung wurde sie inhaftiert, wegen dreifachen versuchten Mordes angeklagt und zu einer mehrjährigen Haftstrafe verurteilt.

Stellungsnahme

In einer »Stellungsnahme« vom 24. August 1983 gab sie folgendes an: »Ich wollte am 31.5.83 mit meinen Kindern aus dem Leben gehen. Mir war an diesem Tag alles gleich. Ich wollte nur noch sterben. Den Bruch mit meinem Freund konnte ich nicht verkraften. Meine Kinder liebten diesen Mann genauso wie ich und er war für sie der Vater. Auch für meine Kinder wäre dieser Bruch sehr schwer gewesen. Leider habe ich an diesem Tag nicht überlegt und mich niemand anvertraut und auch niemand um Hilfe gebeten. Es hätte, das weiß ich nun, auch einen anderen Weg gegeben. Ich wollte meine Kinder auch nicht allein zurück lassen. Sie hätten doch dann, wo sie doch keinen Vater haben, auch keine Mutter mehr gehabt. Kein Heim und auch keine Pflegeeltern hätten ein zu Hause ersetzen können. Ich liebe meine Kinder über alles und nur aus diesen Gründen wollte ich meine Kinder mitnehmen. Ich wollte ihnen nur das Leid ersparen, welches ich selbst am eigenen Leib erlebt habe. Ich habe sehr viel durchgemacht und wollte nicht noch mehr durchmachen. Ich bereue meine Tat sehr und versuche nun, soweit es möglich ist meinen Fehler wieder gutzumachen, um meinen

Kindern später wieder eine gute Mutter zu sein. Ich hoffe auch, das mir die Möglichkeit gegeben wird, es zu beweisen.«

Ergänzung zur Stellungsname zu meiner Tat

Am 1. September 1983 gab sie noch eine Ergänzung ab: »Am 30. Mai 83 erfuhr ich von einer Bekannten, das mich mein Freund nur belüge und ausnutze. Mir gelang es an diesem Tag nicht mehr ihn zu erreichen. Am 31. Mai 83 stand ich früh wie immer 5 Uhr auf und machte meine Kinder fertig für die Schule bzw. für den Kindergarten. Wir gingen gemeinsam gegen 5.45 Uhr aus dem Haus. Meine beiden Mädchen begaben sich in den Schulhort und ich schaffte meinen Jungen in den Kindergarten. Gegen 6.15 Uhr war ich auf meiner Arbeitsstelle, wo ich sofort den Peter L. anrief. Ich bat ihn um eine Unterredung im Laufe des Tages. Er sagte mir das es besser ginge wenn ich Urlaub hätte oder wenn ich zu Hause wäre da er nicht wüßte wenn er die Zeit dazu hätte. Daraufhin bat ich meine Chefin um einen Tag Urlaub. Diesen genehmigte sie mir und ich begab mich wieder nach Hause. Unterwegs rief ich den Peter L. ein zweites Mal an und sagte ihm das ich mir Urlaub genommen habe. Wir verabredeten uns für 10 Uhr an der Eisdiele in der Kurt Keicher Straße. [...]

Gegen 10 Uhr begab ich mich an den Treffpunkt. Peter L. kam etwas nach 10 Uhr mit dem Auto. Wir unterhielten uns nur kurz. Er sagte mir, ihm wachsen die Probleme und der Ärger über den Kopf und er wollte somit zwischen uns Schluß machen. Das traf mich wie ein Schlag und ich antwortete er solle ihr einen Kranz kaufen und lief schnell nach Hause zurück. Von diesem Zeitpunkt an konnte ich keinen klaren Gedanken mehr fassen und dachte nur noch daran sterben zu wollen. In meinem Leben hatte ich nur Pech und dies war der größte Schlag.

In der Hoffnung, er würde doch noch zu mir zurück kommen wartete ich den ganzen Tag. Nachmittag holte ich meinen Jungen aus dem Kindergarten ab und begab mich gleich wieder nach Hause. Bald darauf kam meine Freundin zu mir. Sie unterhielt sich mit mir und wir tranken eine Flasche Pilsner zusammen. Ich hatte vorher schon eine Flasche getrunken. Von dem Gespräch mit meiner Freundin weiß ich nichts mehr, ich hatte mich total damit abgefunden abends sterben zu wollen. Es war auch schon der Zeitpunkt überschritten bis zu dem Peter L. noch hätte kommen können. Es war ca. 16.30 Uhr. Bald danach verließ mich auch meine Freundin. Meine Mädchen waren da auch zu Hause und sie spielten gemeinsam mit meinem Sohn auf dem Spielplatz hinter dem Haus.

Ich fing dann an Abschiedsbriefe an meine Freundin C. S. und an Peter L. zu schreiben. Danach gab ich meinen Kindern Abendbrot und badete sie. Nach dem Sandmann 18 Uhr legte ich meinen Jungen ins Bett und räumte noch etwas die Wohnung auf. Danach, meinen Mädchen erlaubte ich Fern zu sehen fuhr ich mit der Straßenbahn nach Lusan zu meiner Freundin C. S. Ihr übergab ich die zwei Briefe, die sich in einem Umschlag adressiert an Peter L. befanden. Bei C. S. hielt ich mich nicht lange auf (ca. ½ Std). Bei ihr versuchte ich auch so natürlich wie möglich zu wirken. Ich glaube auch das es mir gelang aber es hat mir viel Kraft gekostet. Nach meinem Besuch bei C. S. fuhr ich gleich mit der Straßenbahn wieder nach Hause. Meine Kinder die dann alle drei noch munter waren und im Wohnzimmer saßen erzählten mir noch ihre Probleme des Tages. Ich ging dann ins Schlafzimmer mit der Absicht die Schlaftabletten zu kontrollieren und zu zählen. Ich stellte fest das es mehr waren als ich brauchte um zu sterben und da kam mir der Gedanke meine Kinder mitzunehmen.

Ich ging in die Küche zurück, die Tabletten ließ ich im Schlafzimmer, und schrieb noch zwei Abschiedsbriefe an K. K. und Familie J. Diese brachte ich gleich zum Briefkasten. Als ich wieder zu Hause war schrieb ich noch zwei Briefe die ich ins Schlafzimmer auf den Nachtschrank neben mein Bett legte. Es war mein Testament und ein Brief an die Polizei.

Ich begab mich mit den Tabletten in die Küche. Dort nahm ich 4 Tassen aus dem Schrank und fing an die Tabletten aufzuteilen. In meine Tasse kamen 50 Stück. Den Rest von 60 oder 70 Tabletten verteilte ich auf die 3 Tassen die für meine Kinder bestimmt waren. Zwischendurch rief ich meinen Kindern zu sie sollen das Fernsehgerät ausschalten und ins Bett gehen. Meine Kinder legten sich daraufhin auch ins Bett. In die 3 Tassen für meine Kinder gab ich dann Wasser zu, das diese knapp halb voll waren. Dann nahm ich eine Tasse und begab mich ins Kinderzimmer. Ich begründete meinen Kindern das Getränk damit, das sie damit schneller einschlafen würden um am nächsten Morgen ausgeschlafen zu sein. Die erste Tasse bekam meine Tochter Y. Ich ging in die Küche zurück und holte die zweite Tasse die meine Tochter M. bekam. Die letzte Tasse bekam mein Sohn R., die ich auch einzeln aus der Küche holte. Die Tassen spülte ich dann nur mit Wasser ab und ließ sie in der Spüle liegen. Als ich dann meinen Kindern, meinen Mädchen Gute Nacht wünschte fing mein Junge an zu brechen. Ich ging sofort zu ihm um ihn hochzunehmen und zu beruhigen. Ich legte ihn dann neben sein Bett auf sein Kopfkissen und überzog sein Bett frisch. Ich zog ihn auch ein neuen Schlafanzug an. Meine Kinder schliefen alle in dieser Zeit ein. Meinen Sohn legte ich dann zurück in sein Bett und brachte die schmutzigen Sachen ins Bad. Ich steckte sie in den Kohleneimer. Nun bemerkte ich das ich auch voll Erbrochenem war und ging mich umziehen im Schlafzimmer. Mein Nachthemd steckte ich auch in den Kohleneimer. Dann ging ich noch einmal ins Kinderzimmer um mich von meinen Kindern zu verabschieden.

Von dort aus nahm ich aus der Küche meine Tasse mit den Tabletten ließ etwas Wasser zu und begab mich in mein Schlafzimmer. Dort setzte ich mich noch auf den Bettrand und sah auf meine Armbanduhr. Es war 21.55 Uhr. Daraufhin trank ich meine Tasse aus und legte mich hin. Ich schlief sofort ein. Ich möchte hier noch einmal anmerken das ich meine Tat heute nach reiflicher Überlegung sehr bereue. Ich bin bereit meinen Fehler wieder gut zu machen. Ich liebe meine Kinder sehr und möchte sie auch wieder haben. Eine solche oder ähnliche Tat werde ich nie wieder begehen.«

Im nervenfachärztlichen Gutachten wurde der Beschuldigten eine verminderte Zurechnungsfähigkeit zuerkannt und nach ihrer Haftentlassung psychologische Betreuung vorgeschlagen.

27

DAS VERMISSTE KIND MICHAELA WAGNER AUS GERA (1983)

Der 5. November 1983 war ein wunderschöner Tag. Es war Wochenende und ich arbeitete im Garten an meiner neuen Betontreppe. Inmitten meines Schaffens hörte ich plötzlich einen Wartburg hupen. Ich dachte noch, »das wird doch nicht der Einsatzfahrer sein«, als dieser auch schon in meinem Garten stand und mir mitteilte, daß ich umgehend ins VPKA Gera kommen müßte, ein Kind würde vermißt. Ich beendete sofort meine Arbeit, begab mich umgehend nach Hause, duschte schnell, zog meine Dienstkleidung – Anzug mit Krawatte – an und fuhr zum Leitungsdienst Kriminalpolizei. Der Oberleutnant der K Hans-Jürgen Schaap, Arbeitsgruppenleiter »Leben und Gesundheit«, wies mich in die aktuelle Lage ein. Die Eltern des vermißten Kindes Michaela Wagner waren besorgt ins VPKA Gera gekommen, weil ihre Tochter angeblich, als sie vor dem Haus spielte, mit einem unbekannten Mann mitgegangen sei.*

Beide hätten schon nach ihr gesucht, doch leider erfolglos. Das Mädchen hatte an diesem Nachmittag mit einem anderen Mädchen vor dem Wohnhaus der Familie gespielt. Die Spielgefährtin sagte aus, daß ein Mann kam und Michaela angesprochen habe, sie solle mit ihm mitgehen. Das tat sie auch. Der Kriminalpolizei sagte sie außerdem: »Der Onkel sah wie eine Eule aus.« Andere Zeugen sahen das Kind zur gleichen Zeit ebenfalls mit einem Mann durch die Lindenstraße weggehen.

Von diesem Zeitpunkt an wurde Michaela Wagner nie wieder gesehen. Nachdem der Unbekannte mit dem Kind die Lindenstraße verlassen hatte, verlor sich die Spur. Natürlich konnten und wollten wir nicht aufgeben. Wir mußten alle nötigen, ja alle nur möglichen polizeilichen

* Hierbei handelt es sich um einen Klarnamen. Er wurde nicht, wie die anderen Namen, verfremdet.

und kriminalpolizeilichen Maßnahmen einleiten, um Michaela zu finden. In der Folge sollte sich herausstellen, daß es sich um den größten Kräfte- und Mitteleinsatz in meiner MUK-Dienstzeit handelte. Teilweise waren bis zu 150 Mitarbeiter im Einsatz.

Wir waren in Alarmbereitschaft, zumal ein Tötungsverbrechen nicht auszuschließen war. Ich legte mit dem Leitungsdienst sofort die ersten Maßnahmen fest. Wir begannen umgehend mit den ersten Suchmaßnahmen und ließen die exakte Personen- und Bekleidungsbeschreibung des Kindes zuerst im Bereich des Ostviertels von Gera mittels Lautsprecherwagen durchsagen. Wir bereiteten noch in der Nacht den weiteren Einsatz der Kräfte und Mittel vor. Ich ließ über den Bezirks-K-Leiter die E-MUK anfordern, die auch unmittelbar am Montag zum Einsatz kam.

Bereits am Montag, dem 7. November 1983, informierte die Zeitung »Volkswacht« ihre Leser über den Vermißtenfall. An allen öffentlichen Stellen in der Stadt Gera wurden Fahndungsaushänge angebracht und verteilt. Wir forderten die gesamte Bevölkerung um Mithilfe auf. Beginnend in der Lindenstraße, wurde durch die Kriminalisten und den zugeordneten Abschnittsbevollmächtigten (ABV) Straße für Straße, Haus für Haus, Tür für Tür abermittelt, um möglichst viele Informationen zum Verbleib des Kindes zu erlangen.

Wir wußten: was wir im ersten Angriff versäumen, ist oft schwer nachzuholen. Außerdem standen wir bei der Bevölkerung in der Schuld. Ist das Kind schnell gefunden, zieht wieder Ruhe unter den Menschen ein.

Hoffnungsvoll stimmte uns, daß wir eine recht markante Personenbeschreibung von dem unbekannten Mann hatten. Michaelas Spielgefährtin beschrieb den Mann ziemlich genau. Aus ihrer kindlichen Sicht beschrieb sie das Gesicht ähnlich einer »Eule«. Außerdem fanden wir noch eine Zeugin, deren Aussagen sich annähernd mit denen des Kindes deckten. Um aber den markanten Gesichtsausdruck exakt als subjektives Porträt fertigen zu können, schlug mir der Hauptmann der K Hans-Jürgen Schaap vor, den in Gera sehr bekannten Maler und Grafiker Eberhard Dietsch dazuzugewinnen. Eberhard Dietsch sagte umgehend seine Hilfe zu und fertigte nach den Angaben der Zeugin das »subjektive Porträt.« Nun glaubten wir, den Täter dadurch recht schnell zu ermitteln, sollten aber in der Folge eines Besseren belehrt

Die Volkspolizei bittet um weitere Mitarbeit

Seit Sonnabend, dem 05.11.1983, 16.00 Uhr, wird die Michaela W A G N E R , wohnhaft Gera, Lindenstraße 19, vermißt.

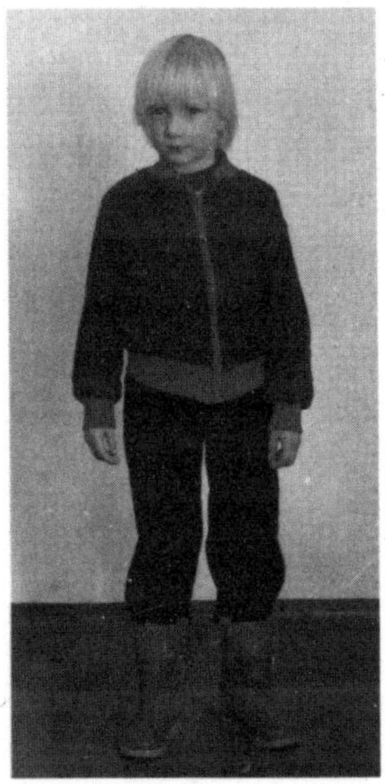

Personenbeschreibung:

Scheinbares Alter 4 - 5 Jahre
ca. 115 cm groß, schlank,
hellblondes, glattes, kurzes Haar
(Ponyschnitt)

Bekleidung:

Außer der auf dem Bild dargestellten Bekleidung trug das Kind folgende Bekleidungsstücke:

- quergestreiften Kinderpullover mit Römerkragen in den Farben rosa - weiß - rotbraun mit einfarbigen rotbraunen Ärmeln,
- blaue Kinderstrumpfhose mit eingenähtem Namensschild auf die Anfangsbuchstaben "M. W.",
- weißes Kinderunterhemd mit angesetzter Spitze,
- buntfarbener Kinderslip

Im Zusammenhang mit der Fahndung nach dem vermißten Kind lenkt die DVP die Aufmerksamkeit der Bevölkerung auf selten aufgesuchte Örtlichkeiten, wie zum Beispiel Böden, Keller, Schuppen, Gartenlauben und andere Versteckmöglichkeiten im Wohn-, Freizeit- und Arbeitsbereich.
Ergeben sich Hinweise durch eigene Feststellungen oder von anderen Personen auf das vermißte Kind bzw. die beschriebene Kinderbekleidung, ist ohne Veränderung des Fundortes unverzüglich die DVP zu verständigen.
Hinweise an VPKA Gera, Kriminalpolizei, Notruf 110 oder 22528, 613 224, 613 234.

M/500/83 V/5/2 3751 0

Fahndungsblatt in der Vermißtensache Michaela Wagner aus Gera.

Die Volkspolizei bittet um weitere Mitarbeit

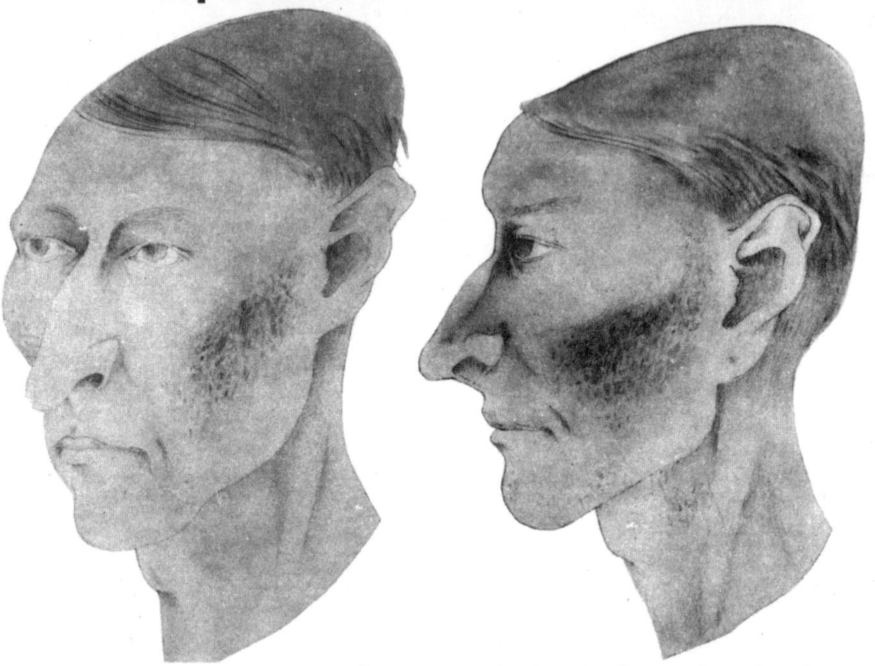

Das seit dem 05.11.1983 **vermißte** Kind Michaela WAGNER aus Gera konnte trotz aller bisherigen **intensiven Bemühungen** noch nicht aufgefunden werden.
Auch der im Zusammenhang mit dem **Verschwinden des** Mädchens gesuchte Mann (unsere Veröffentlichung in den Tageszeitungen am 12.11.) wurde bisher nicht identifiziert.

Im Ergebnis zahlreicher **weiterer** Hinweise liegt jetzt eine vervollständigte Beschreibung **des Unbekannten** vor, anhand der die Bevölkerung zu weiterer Mitarbeit und Suche **aufgerufen wird.**

Die beiden Zeichnungen geben das Gesichtsprofil **des Mannes** wieder.

<u>Er wird folgendermaßen beschrieben:</u>

scheinbares Alter: ca. 25-30 Jahre, etwa 175 cm groß, sehr schlanke Gestalt, dunkelblondes, glattes, kurzes Haar ohne Scheitel, pickliges Gesicht, große Nase mit sichtbarer Nasenscheidewand, schlanke, auffallend helle Hände, verwaschene, im Beinbereich sehr enge blaue Jeanshose mit zwei Gesäßtaschen ohne Verschluß, vermutlich beigefarbene Bundjacke und graue Tramperschuhe, die Bekleidung wirkt insgesamt abgetragen.

Wer kennt diesen Mann? Wer kann Angaben zu seinem Aufenthaltsort machen?

Hinweise nahmen das VPKA Gera, Amthorstr. 6, entweder direkt oder über die Rufnr. 22 528, 613 224 oder 613 234 bzw. jeder Volkspolizist entgegen.

V-5-2 M/502/83 3778 0

Subjektives Porträt des vermutlichen Täters im Fall Michaela Wagner (gefertigt vom Maler und Grafiker Eberhard Dietsch aus Gera).

werden. Zwar erhielten wir unzählige Hinweise aus der Bevölkerung auf das Täterporträt, die zahlreichen Gegenüberstellungen lieferten uns jedoch keinen konkreten Tatverdacht.

Am 12. November 1983 erhielten wir einen Hinweis auf einen Mann, auf den die Personenbeschreibung annähernd paßte. Der Verdächtige wurde befragt. Gegen ihn konnten wir keine weiteren Informationen erlangen, die ihn mit dem Verschwinden des Kindes in Zusammenhang gebracht hätten. Auch bei der anschließenden Gegenüberstellung wurde er nicht als Entführer des Kindes identifiziert. Seine Akte wurde zur Seite gelegt. Dazu kam, daß dieser Mann einige Monate später wegen anderer Straftaten inhaftiert wurde. Damit war er raus aus dem engeren Verdachtskreis. Diesmal sollten wir für unseren enormen Ermittlungsaufwand nicht belohnt werden.

Wir ermittelten fast sechs Monate mit sehr hohem Kräfte- und Mittelaufwand, aber wir kamen nicht weiter. Die E-MUK wurde reduziert und wir fuhren unsere Ermittlungen im kleineren Kreis weiter. Nach zirka einem Jahr beendeten wir vorerst die Ermittlungen, gingen aber trotzdem in der Folge jedem Hinweis nach.

Nach drei Jahren waren wir in der Vermißtensache Michaela Wagner erfolglos geblieben. Wir hatten das Kind nicht gefunden, ebenso wenig seinen Entführer. Noch heute nehmen die Eltern und viele Menschen Anteil am ungeklärten Schicksal des kleinen Mädchens. Wer etwas Dienliches zur Aufhellung des Falles beitragen kann, sollte sich umgehend bei der Polizei melden. Das gilt auch für den Entführer, so er denn noch lebt.

Ein dürres Blatt kann schon ein böses Gewissen erschrecken.
(Deutsches Sprichwort)

28

VON DER DIEBISCHEN ELSTER ZUR MÖRDERIN
(Eisenberg, 1983)

Monika M. ging nicht gern einer geregelten Arbeit nach. Ihr genügten regelmäßige Diebstähle, um ihren Lebensunterhalt zu bestreiten. Sie war erst 21, hatte Wirtschaftspflegerin gelernt und in verschiedenen Betrieben gearbeitet. Gefallen an der Arbeit fand sie jedoch nie. Da ihr Stehlen leichter fiel, konzentrierten sich ihre kleinkriminellen Machenschaften bald vorwiegend auf ältere, alleinstehende Personen. Als die Zigaretten mal wieder knapp wurden und ihr Vorrat an Alkohol beinahe aufgebraucht war, mußte Geld her. Mit der Absicht, etwas zu entwenden, betrat Monika M. am 3. Dezember 1983, gegen 19.00 Uhr, ein Wohnhaus in Eisenberg, Friedrich-Ebert-Straße. Daß die Haustür nicht verschlossen war, spielte ihr in die Karten.

Die Diebin hatte Glück, denn die Wohnungstür der Altersrentnerin, auf deren Geld sie es abgesehen hatte, war ebenfalls nur eingeklinkt. Ungehindert drang sie in die Wohnung von Frau W. ein, während diese in ihrem Sessel im Wohnzimmer saß. Auf dem Tisch vor ihr sah die Diebin die Geldbörse liegen. Als sie sie einsteckte und verschwinden wollte, bemerkte die Rentnerin den Eindringling und fühlte sich bedroht. Sie fing an zu schreien. Monika bekam nun Angst, weil sie glaubte, daß Nachbarn sie entdecken und die Polizei rufen würden. Sie drehte also um und wollte das Schreien von Frau W. unterbinden. Blitzschnell zog sie der alten Frau das Kissen vom Sessel weg und drückte es ihr auf das Gesicht, so daß Mund und Nase gewaltsam bedeckt wurden. Das Schreien verstummte. Als sie das Kissen wieder wegnahm, begann die panisch gewordene Frau in Todesangst wiederum laut zu schreien. Monika M. reagierte sofort. Sie sah über dem Sessel der Rentnerin ein Dederontuch hängen, nahm es und wickelte es schnell seilartig zusammen. Dann legte sie es der Rentnerin zweimal um den Hals und zog an beiden Enden so lange und kräftig, bis das Opfer endgültig Ruhe gab und regungslos im Sessel zusammensank.

Um einen natürlichen Tod vorzutäuschen, versuchte sie, das Opfer im Sessel wieder aufrecht hinzusetzen. Bei diesem Versuch kippte der Sessel um. Das Opfer kam im Wohnzimmer auf dem Teppich zum Liegen. Diese Gelegenheit war der Täterin auch ganz recht, denn jetzt legte sie dem Opfer das Kissen unter den Kopf, nahm erneut das Tuch, legte es der Toten um den Hals und band über dem Kehlkopf eine Schleife. Raffiniert! Sie dachte, damit einen natürlichen Tod vortäuschen zu können. Es sollte so aussehen, als wäre die alte Dame »eingeschlafen«.

Mit dem Originalschlüssel schloß sie die Wohnung des Opfers ab. Im Hausflur durchsuchte sie die Geldbörse, fand darin 50 Mark, steckte diese ein und entsorgte den unnützen Rest im Aschekübel des Hauses. Auf dem Weg zur Gaststätte »Goldener Löwe« in Eisenberg entledigte sie sich des Schlüsselbundes, indem sie ihn auf die Wiese des ehemaligen Verkehrsgartens warf.

Nach der Kneipe ging die Täterin an diesem späten Abend in die elterliche Wohnung – eine asoziale Umgebung, in der die junge Frau aufgewachsen und durch die sie geprägt worden war.

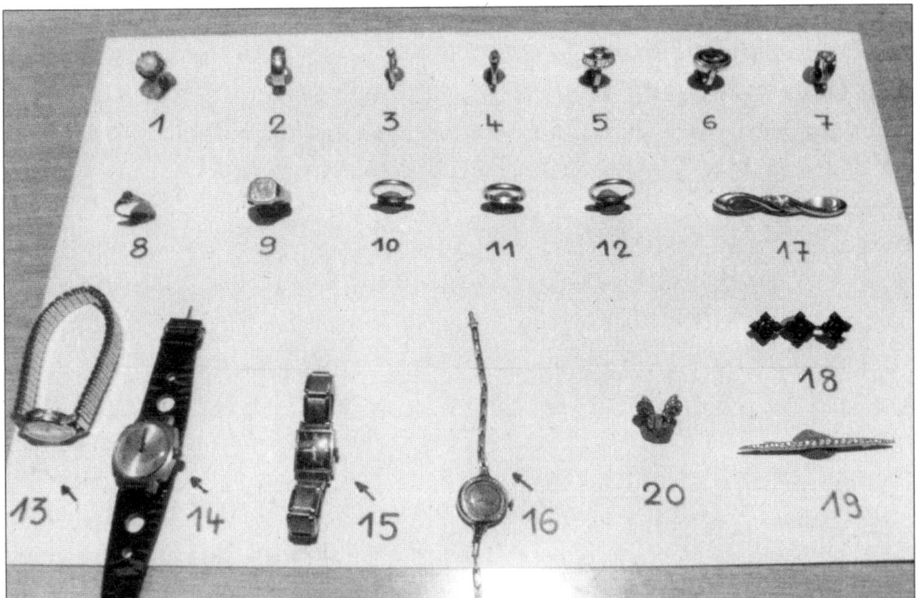

Beschlagnahmtes Diebesgut.

Frau W. wurde in ihrer Wohnung so aufgefunden, wie sie die Täterin positioniert hatte. Die Kriminalpolizei vom VPKA Eisenberg erkannte sehr schnell, daß an der ganzen Sache etwas faul war. Sie informierten uns als MUK und gemeinsam wurde das Tötungsverbrechen aufgeklärt. Die Gerichtsmedizin Jena bestätigte, daß die Rentnerin durch Erdrosseln erstickt war. Durch umfangeiche Rundumermittlungen kamen wir auf die bereits vorbestrafte spätere Beschuldigte.

Nach ihrer Festnahme legte Monika M. ein umfangreiches Geständnis ab. Als wir sie am 27. Dezember ihr Vorgehen demonstrieren ließen, gab es keinen Zweifel an ihr als Täterin. Ihr konnten außerdem noch sieben weitere Diebstahlhandlungen in Eisenberg nachgewiesen werden. Das nervenfachärztliche Gutachten stellte für die Diebstähle verminderte, für die Tötung jedoch volle Zurechnungsfähigkeit fest.

29

BEISCHLAF MIT DEM VATER UND TÖTUNG VON SECHS SÄUGLINGEN UNMITTELBAR NACH DER GEBURT

(Zeulenroda, 1975–1983)

Angelika O. wurde am 6. Dezenber 1983 ins Kreiskrankenhaus Zeulenroda eingeliefert, weil sie an Schmerzen infolge einer Hausgeburt litt. Als der K-Leiter von Ärzten darüber informiert wurde, begab er sich selbst ins Krankenhaus und nahm die Erstbefragung der Kindesmutter vor. Sie habe daheim entbunden, erzählte sie, doch da das Kind tot zur Welt kam, habe sie es im Ofen verbrannt.

Der K-Leiter wurde stutzig. Er informierte die MUK der BDVP Gera, die aber zu diesem Zeitpunkt mit einem unbekannten Tötungsverbrechen in Gera voll ausgelastet war. Der Dezernats-Leiter II entschied, daß die Kollegen der Ausländergruppe des Kommissariats II den Fall übernehmen sollten.

Es bestand vor allem Klärungsbedarf, wie und unter welchen Umständen es zu der angeblichen Totgeburt gekommen war und warum Angelika O. sofort danach ihren Säugling verbrannt hatte. Da sich aus der gegebenen Situation der Verdacht einer Straftat erklären ließ, wurde gegen Angelika O. Haftbefehl wegen Verdachts der Kindestötung unmittelbar nach Geburt erlassen. Sie wurde direkt vom Krankenhaus in Untersuchungshaft genommen. Somit blieb ihr die Gelegenheit versagt, weitere Spuren in der Wohnung zu vernichten.

Alsbald geriet natürlich der besagte Ofen in den Mittelpunkt der kriminaltechnischen Untersuchung. Direkt im Inneren fanden sich keine Verbrennungsnachweise des Säuglings, Experten aber sagten uns, daß in diesem Ofen ein Baby so verbrennen könne, daß kaum Rückstände als Nachweis erhalten blieben. Wir hatten aber Glück: im Aschekasten konnten Knochenreste sichergestellt werden, die nach Aussage der Gerichtsmedizin Jena von einem Neugeborenen stammten.

Der Kollege D. Beer, Leiter der Ausländergruppe im Dezernat II und Untersuchungsführer in dem Fall, hatte erkannt, daß es mit Angelika O. einiges zu klären und aufzuarbeiten gab.

Unklar war bis dato geblieben, wer der Kindesvater war. Führte die Frau eine feste oder lose Beziehung? Mit noch viel mehr Fragen im Kopf arbeitete sich Beer, als akribischer Kriminalist bekannt, in den Vorgang ein und konnte bei der Beschuldigtenvernehmung wichtige Erkenntnisse gewinnen.

Auf seine Frage hin, ob sie zum ersten Mal schwanger gewesen sei, gestand Angelika O. ihr ganzes verbrecherisches Tun. Sie habe nicht nur ein Kind, sondern insgesamt sechs Kinder selbst zu Hause entbunden, abgenabelt und unmittelbar danach mit einem Handtuch erstickt. Die Nachgeburt habe sie immer über die Toilette entsorgt. Als ob diese Aussagen nicht schon schockierend genug waren, fügte die Frau hinzu, daß innerhalb von neun Jahren keines der sechs Kinder tot geboren worden sei, sie aber jedes einzelne im Ofen verbrannt habe. Sie zählte sie der Reihe nach auf:

1. Juli 1975: Mädchen
3. Februar 1977: Mädchen
5. Dezember 1978: Junge
15. Juli 1980: Mädchen
12. April 1982: Junge
2. Dezember 1983: Junge

Nach der Geburt des sechsten Kindes mußte sie sich in ärztliche Behandlung begeben. Somit blieben ihre schrecklichen Kindestötungen nicht mehr unentdeckt.

Beer wollte nun wissen, mit wem sie die Kinder gezeugt hatte. Hinter dieser Antwort lauerte der nächste Schock. Ihr eigener Vater, Klaus O., hatte ab 1973 gegen ihren Willen zweimal hintereinander Geschlechtsverkehr mit ihr gehabt. In der Folge fand Angelika O. daran Gefallen und animierte ihren Vater immer wieder dazu. Der jahrelange Beischlaf erfolgte dann in gegenseitigem Einvernehmen. Da sie nicht verhüteten, war es nur eine Frage der Zeit, bis die Tochter wieder vom Vater schwanger wurde.

Der Kindesvater wußte angeblich weder von der Vielzahl der Schwangerschaften seiner Tochter noch von ihren strafbaren Handlungen. Dies klingt zwar für den Laien unglaubwürdig, aber eine Mittäterschaft konnte ihm nicht nachgewiesen werden. Die Kindesmutter versicherte immer wieder, daß ihr Vater nichts davon gewußt habe. Klaus O. mußte sich dennoch wegen Vergewaltigung im schweren Fall strafrechtlich verantworten und verbüßte eine Haftstrafe.

Eine nervenfachärztliche Begutachtung der Beschuldigten ergab volle strafrechtliche Verantwortlichkeit. Die sechsfache Kindsmörderin erhielt wegen mehrfachen Totschlags eine mehrjährige Haftstrafe.

30

EINE SILVESTERFEIER ENDETE MIT MORD

(Waldstück bei Schöngleina, 1984)

Silvester ist immer ein Grund, ausgelassen zu feiern. In den Gasthof von Schöngleina zog es – wie viele andere auch – den 22jährigen Jürgen H. und die 19jährige Ina R. aus Albersdorf. Beide kannten sich seit zirka sieben Monaten. An diesem Abend kamen sie sich näher.

Da Jürgen H. nach der Feier bei seinen Eltern in Albersdorf übernachten wollte, nahmen beide denselben Weg nach Hause. Angeheitert verließen sie am 1. Januar 1984, gegen 02.00 Uhr, gemeinsam das Lokal, um nach Albersdorf zu laufen. Es kam zu Zärtlichkeiten, wie sie beide öfter austauschten, wenn sie spazierengingen. Jürgen H. glaubte, diese bedeuteten, daß beide noch in dieser Nacht miteinander schlafen würden, zumindest war Ina R. den sachten Liebesbezeugungen nicht abgeneigt. Sexuell stark erregt, begann er, die junge Frau zu bedrängen. Es sollte unbedingt geschehen.

Jürgen H. führte seine Freundin nun von der Straße weg hinein in ein Waldgrundstück. Sie folgte ihm und schien ihm zu vertrauen. Sie kamen zum Liegen, er küßte sie, betastete ihre Brüste und ihre bedeckte Schamgegend. Die 19jährige gab ihm aber indirekt zu verstehen, daß sie es nicht wolle. Ihn trieb aber bereits ein so starkes Lustempfinden, daß er sich nicht bremsen ließ.

Als er von der Straße her Stimmen hörte, würgte er seine Freundin, damit sie nicht um Hilfe schreien konnte. Plötzlich verspürte er keine Gegenwehr mehr. Obwohl er wahrnahm, daß sie reglos dalag, blieb er sexuell erregt. Er zog die junge Frau aus und führte mit ihr den Geschlechtsverkehr durch. Dabei küßte und biß er ihre Wange, ihre Brust und Halspartie. Nachdem er sich befriedigt hatte, griff er nach einem zirka 15 cm langen Holzstock und führte ihn in ihre Scheide ein. Dabei betastete er immer wieder ihr Geschlechtsteil und ihre Brüste und steigerte mit dieser perversen Handlungsweise nochmals seine sexuelle Lust. In diesem Augenblick wurde ihm bewußt, was er getan hatte. In

Panik versuchte er, seine Tat zu vertuschen. Er wollte sich dafür nicht strafrechtlich verantworten.

Jürgen H. zog die Leiche der nackten jungen Frau tiefer in den Wald hinein, bedeckte sie mit Laub und Ästen und legte ihre Kleidung zirka einen Meter neben ihr ab. Er hoffte, sein Opfer würde nicht gefunden.

Nach dem Sexualmord lief er auf direktem Weg nach Albersdorf und schlief in der Scheune des elterlichen Grundstückes.

Als Ina R. nach der Silvesterfeier zu Hause ausblieb, kam Sorge bei ihren Eltern auf. Sie meldeten ihr Kind als vermißt. Problemlos ließ sich von Zeugen erfahren, daß Ina nach der großen Feier in Schöngleina mit dem 22jährigen Jürgen H. gegangen war. Nachdem uns Jürgen H. am 2. Januar 1984 zugeführt worden war, gestand er widerstandslos seine grausame Tat und zeigte uns den Fundort der Leiche. Gegen ihn wurde ein Ermittlungsverfahren wegen »Verdachts des Mordes und vorsätzlicher Vergewaltigung« eingeleitet.

Die gerichtsmedizinische Sektion diagnostizierte »Erwürgen« als Todesursache. Gemäß den Aussagen des Beschuldigten fanden wir die Spuren an der Toten. Die nervenfachärztliche Begutachtung bestätigte volle Zurechnungsfähigkeit für die Tat.

Jürgen H. wurde zu einer hohen Haftstrafe verurteilt. Eine Silvesterfeier mit tragischem Ende. Das neue Jahr begann für die Verwandten und Bekannten des Opfers, aber auch für die des Täters, mit viel Kummer und Leid.

31

DER TOTE SÄUGLING IM PAPPKARTON
(Auma, 1984)

Verbrechen geschehen zu allen Tageszeiten und so war es wieder einmal kurz vor Mitternacht, als mich am 4. Mai 1984 das Telefon aus dem Schlaf klingelte. Ich hatte mich aber, wie die meisten Kriminalisten dieser Welt, daran gewöhnt. Unsere Einsätze verliefen zu jeder Tages- und Nachtzeit, von Montag bis Sonntag, 24 Stunden rund um die Uhr, und ich könnte es wie mein Kollege, Kriminaloberrat a. D. Klaus Dalski, halten, der bei seinen Lesungen dazu immer zu sagen pflegt: »Auf meinem Grabstein könnte getrost stehen: Hier liegt ein ehrbarer Kriminalist und bummelt seine Überstunden ab.«

In dieser Nacht, wie oft bei solchen Delikten, teilte mir der Kriminaldienst mit, daß man eine 23jährige Frau in die Frauenklinik Zeulenroda eingewiesen habe, die an starken Blutungen im Genitalbereich litt. Der diensthabende Frauenarzt stellte zudem fest, daß die junge Frau vor einigen Stunden entbunden hatte. Zu ihrem Neugeborenen befragt, gab die Frau nur unklare Andeutungen, worauf der Frauenarzt entsprechend seiner ärztlichen Meldepflicht die Kriminalpolizei kontaktierte. Hierauf leiteten die Zeulenrodaer Kriminalisten sofort erste kriminalistische Maßnahmen ein.

Als ich als MUK-Leiter Kenntnis erhielt, fuhr ich mit unserem Kriminaltechniker ins VPKA Zeulenroda. Der dort diensthabende Kriminalist sowie der K-Leiter informierten mich über den aktuellen Ermittlungsstand. Der Kreisstaatsanwalt war ebenfalls vor Ort. Der Sachverhalt ließ ein Verbrechen erahnen, weshalb verfügt wurde, die elterliche Wohnung der Verdächtigen zu durchsuchen.

Diese lag in Auma. Ich leitete ein Ermittlungsverfahren gemäß § 113 Abs. 1 StGB wegen Verdachts der Kindestötung unmittelbar nach der Geburt ein. Der Staatsanwalt, unser Kriminaltechniker, der K-Leiter, der diensthabende Kriminalist und ich fuhren jetzt in das Wohnhaus der Familie, um den neugeborenen Säugling zu suchen. Vielleicht lebte das Kind ja noch!

Die Eltern der jungen Frau waren über den gesamten Umstand sehr betroffen. Sie erklärten in der Erstbefragung, nichts von einer Schwangerschaft ihrer Tochter bemerkt zu haben. Ziemlich naiv beseitigten sie die Spuren der Geburt durch gründliches Aufwischen. Allerdings nicht so gründlich, daß unsere Kriminaltechniker nicht doch noch Spuren finden konnten. Für uns war klar, das Yvonne L. ihr Kind auf der Toilette geboren hatte. Aber wo war der Säugling?

Wir kehrten das unterste nach oben, kein Schrank, kein Schubfach wurde von uns nicht untersucht, und schon bald fanden wir den neugeborenen Jungen. Yvonne L. hatte ihn in einem Pappkarton in ihrem Zimmer im Schrank versteckt. Darin lag er, eingewickelt in einen roten Pullover und ein weißes Unterhemd.

Die Plazenta fanden wir unter ihrem Bett in einem Keramiktopf. Wir wickelten das Kind aus den Sachen aus, aber es fehlte jedes Lebenszeichen. Der herbeigerufene Leichenschauarzt konnte ebenfalls nur noch den Tod feststellen.

Der Staatsanwalt ordnete auf Grund dieses Sachverhaltes eine gerichtsmedizinische Sektion an, die am nächsten Tag durch die Gerichtsmedizin Jena im Kreiskrankenhaus Zeulenroda erfolgte.

Die Sektion zeigte eindeutig, daß das Kind nach der Geburt gelebt hatte. Ihm war von der Mutter Toilettenpapier in den Mund gestopft worden, wohl um zu verhindern, daß sein Schreien die Eltern alarmiert. Das Kind schrie nicht, es erstickte. Dabei handelte sich um einen voll ausgetragenen, lebensfähigen Jungen ohne Mißbildungen.

Yvonne L. hatte durch ihr »aktives Tun« ihren Säugling vorsätzlich getötet. Doch welches Motiv hatte sie? Ich selbst befragte sie am nächsten Tag im Krankenhaus. Sie erzählte mir von ihrer Arbeit als Schuhfachverkäuferin in einem Schuhfachgeschäft in Zeulenroda und wie sich seit 1981 zwischen ihr und dem verheirateten Verkaufsstellenleiter ein intimes Verhältnis entwickelt habe. Da sie nicht verhüteten, kam es eines Tages, wie es kommen mußte.

Als sie bemerkte, schwanger zu sein, verheimlichte sie es vor ihrem gesamten persönlichen Umfeld. Und das ging besser als gedacht. Selbst die Eltern fielen auf ihre Ausreden wegen ihrer Gewichtszunahme herein. Von wem auch sollte sie schwanger sein?

Yvonne L. empfand Schande gegenüber ihrem unmittelbaren Verwandten- und Bekanntenkreis, Schande, von einem verheirateten Mann geschwängert worden zu sein und zu ihm seit Jahren ein sexuelles Verhältnis zu unterhalten.

Als ich den Kindesvater und Vorgesetzten von Frau L. vernahm, zeigte sich dieser ebenfalls überrascht. Er wußte von nichts. Yvonne L. hatte sich niemandem offenbart. Da sie eine gesunde junge Frau war, verlief ihre Schwangerschaft bis zur Geburt ohne Komplikationen. Eine Schwangerschaftsberatung hatte sie nicht in Anspruch genommen. Sie hätte das Kind abtreiben können, entschied sich aber dafür, es selbst zu töten.

Der Beschuldigten Yvonne L. konnte ein eindeutig schuldhaftes Verhalten nachgewiesen werden. Sie wurde zu einer mehrjährigen Haftstrafe verurteilt.

32

EINMAL STRAFTÄTER, IMMER STRAFTÄTER?
(Gera, 1984)

Der Vorbestrafte Gerd E. war bereits mehrfach mit dem Gesetz in Konflikt geraten. Er wurde vorzeitig wegen guter Führung am 30. Mai 1984 aus der Haft entlassen und bekam von der Abteilung Inneres eine sanierte Wohnung in Gera, Karl-Liebknecht-Straße, zugewiesen.

Mancher fleißige DDR-Bürger wartete eine Ewigkeit auf eine neue oder sanierte Wohnung. Nicht selten erhielten entlassene Straftäter den ordentlichen Wohnraum zuerst. Gerd E. fand eine gut ausgestattete Wohnung vor und hatte damit beste Voraussetzungen, sich in Freiheit ein neues Leben aufzubauen. Er war gerade erst 23 Jahre alt, hatte sein ganzes Leben noch vor sich, war aber schon mehrmals mit dem Strafrecht konfrontiert worden. Man war nicht sicher, ob er es diesmal schaffte, mit der geschenkten Freiheit richtig umzugehen, zumal sich seine Vorstrafen sehen lassen konnten.

Er bekam als Beifahrer beim Obst- und Gemüsehandel in Gera auch sofort eine Anstellung. Obwohl er seiner neuen Arbeit in der Regel nachging, verkehrte er immer wieder im Vorbestraften-Milieu. So richtig kam er von diesem Personenkreis nicht weg, vor allem weil starker Alkoholkonsum verbindet. Deshalb suchte er nach der Arbeit sehr oft Gaststätten in Gera auf und kam nicht selten stark angetrunken nach Hause. Viele andere Freizeitinteressen hatte er nicht.

So war es auch am 21. August 1984. Nach einer Kneipentour durch Gera traf er gegen 19.00 Uhr in einer der Gaststätten mit seiner Bekannten Nicole T., ebenfalls aus Gera, zusammen. Beide zogen noch einige Lokale weiter und landeten zuletzt in der Gaststätte »Bierbar«. Hier tranken sie mit einem anderen Ehepaar weiter, welches Gerd E. spontan zu sich nach Hause auf eine weitere Runde einlud. Daraus wurde eine Abmachung, wobei alle Beteiligten zu jenem Zeitpunkt schon ordentlich intus hatten.

Gegen 22.00 Uhr verließen die vier zusammen die »Bierbar« und gingen in Richtung Karl-Liebknecht-Straße. Die Stimmung der vier

Angetrunkenen war lange Zeit bestens, bis Gerd E. unterwegs begann, Passanten anzustänkern. Dies nahm das andere Paar zum Anlaß, doch nicht mit zu ihm in die Wohnung zu gehen. Sie wollten keine Komplikationen mit anderen Leuten und trennten sich von den beiden. Nicole T. aber ging mit in die Wohnung, wo beide nicht nur Hochprozentiges tranken, sondern auch gemeinsam im Bett landeten.

Nicole T. wollte daraufhin nochmals los, um woanders weiterzutrinken, doch Gerd E. paßte das gar nicht. Gegen Mitternacht begannen sie zu streiten. Der Alkoholspiegel befeuerte die Auseinandersetzung, wobei Gerd E. seine Bekannte am Gehen hindern und sie zum Übernachten überreden wollte. Als sie nicht einwilligte, regte sich der junge Mann so auf, daß er die Frau am Hals faßte und sie so stark würgte, bis sie regungslos zusammensackte. Jetzt konnte sie seine Wohnung wirklich nicht mehr verlassen. Sie war tot.

Er gab dem Alkohol die Schuld, sich zu solch einer Handlung hingerissen gefühlt zu haben. In diesem Moment war ihm nicht klar, daß er nach nur drei Monaten Freiheit wieder dort einzog, wo er hergekommen war. Entweder hatte er aus seinen bisherigen Straftaten doch nichts gelernt oder er wollte es gar nicht. Ja er war sogar zum Mörder geworden!

Bei der durchgeführten Rekonstruktion mußten wir feststellen, daß Gerd E. durch das hohe Maß an Alkohol Erinnerungslücken zum Tatablauf befielen. Manche Einzelheiten waren wie ausgelöscht. Er konnte sich jedoch zumindest erinnern, daß er seine Bekannte gewürgt und getötet hatte.

Die nervenfachärztliche Begutachtung ergab eine verminderte Zurechnungsfähigkeit auf Grund der alkoholischen Beeinflussung. Am Ende half es Gerd E. nur bedingt, denn er mußte eine mehrjährige Haftstrafe wegen Mordes verbüßen. Ob er in den Folgejahren aus seinen strafbaren Handlungen wirklich etwas gelernt hat, entzieht sich meiner Kenntnis.

33

DER DESERTEUR AUS DER SOWJETISCHEN KASERNE (Rudolstadt-Volkstedt, 1985)

Jena, 8. Juni 1985, kurz nach Mitternacht. Ein sowjetischer Aufklärer (Soldat einer Spezialeinheit) befand sich auf der Flucht. Als er an den Sicherungssperren der Polizei nicht vorbeikam, wollte er durchbrechen und eröffnete das Feuer auf die Polizisten. In der Straßeneinmündung Magdelstieg/Otto-Schott-Straße kam es daraufhin zwischen ihm und einem Angehörigen der Deutschen Volkspolizei zu einem heftigen Schußwechsel, bei dem der Deserteur getötet wurde. Ich kam als MUK-Leiter in dieser Nacht mit unserem Kriminaltechniker sofort zum Einsatz.

Wie hatte sich diese Situation entwickelt?

Die sowjetischen Soldaten, die in der DDR stationiert waren, hatten es in ihrem Soldatenleben nicht einfach. Die Bedingungen in den Kasernen waren für das Zusammenleben der Soldaten sehr spartanisch. Fernab von der Heimat wurde ihnen sehr viel abverlangt. Da kam es schon einmal vor, daß ein Soldat durchdrehte und zur Flucht neigte. In solchen Einzelfällen versuchten Angehörige der GSSD (Gruppe der Sowjetischen Streitkräfte in Deutschland), unter Mitnahme ihrer Waffe oder gar bewaffnet bis an die Zähne in die BRD zu gelangen. Sie gingen davon aus, daß sie nichts mehr zu verlieren hatten.

Auf Deserteure reagierte man im Allgemeinen mit Großfahndungen und Grenzalarm. Das bedeutete für die Angehörigen der Deutschen Volkspolizei (Schutzpolizei) meist erhöhte Alarmbereitschaft mit zusätzlicher Bewaffnung. Diese Fahndungen waren immer ein erhöhtes Risiko für alle Beteiligten.

So war es auch am 7. Juni 1985 – übrigens an meinem 16. Hochzeitstag –, als bekannt wurde, daß in der Nacht ein sowjetischer Aufklärer unter Mitnahme einer Maschinenpistole AK 74 und zirka 800 Schuß Munition, Kaliber 5,45 mm, die Kaserne der Sowjetischen Streitkräfte in Rudolstadt/Volkstedt unerlaubt verlassen hatte. Umgehend war die Volkspolizei informiert und die Großfahndung eingeleitet worden, die insofern Bedeutung hatte, als die Aufklärer bei den Sowjetischen Streitkräften hervorragend ausgebildet waren. Auf eine direkte Konfrontation mit dem Deserteur stellten sich alle Einsatzkräfte ein, denn so einer war zu allem fähig!

Im Verlauf des 7. Juni 1985 konnte noch keine direkte Spur zu dem Soldaten ermittelt werden. Erst am Abend des 7. Juni 1985 hielt der Aufklärer im Bereich Ortseingang Rudolstadt – aus Richtung Jena kommend – einen Wolga-Taxifahrer an. Dieser stoppte und dachte, daß der Passant seine Fahrt in Anspruch nehmen wollte.

Er hatte kaum angehalten, als ihm der Deserteur seine Maschinenpistole gegen die Fensterscheibe vors Gesicht hielt. Der Fahrer verstand auf Anhieb, stieg geduckt aus und rollte sich blitzschnell den Straßengraben hinunter, um sich in Sicherheit zu bringen. Der Soldat stieg in den Wolga und raste sofort weiter in Richtung Jena. Zum Glück kam der Taxifahrer glimpflich davon; es hätte deutlich schlimmer kommen können. Der Taxifahrer begab sich umgehend zum Pförtner des in der Nähe befindlichen VEB Kraftverkehr Rudolstadt und informierte die Volkspolizei über das Vorkommnis. Dank diesem Anhaltspunkt waren alle Einsatzkräfte in Jena und Umgebung alarmiert.

Der Flüchtige fuhr mit hoher Geschwindigkeit in Richtung Zentrum und wurde von mehreren Streifenwagen der Volkspolizei verfolgt. Er setzte seine Fahrt mit unverminderter Geschwindigkeit auf der Straße Magdelstieg weiter in Richtung Zentrum fort. Im Bereich der Straßeneinmündung Magdelstieg/Otto-Schott-Straße hatte die Volkspolizei Jena bereits eine Straßensperre eingerichtet. Der Deserteur versuchte jetzt, diese Sperre zu umfahren, fuhr sich aber fest. Er verließ das Taxi und flüchtete zu Fuß weiter. Kurz darauf wurde er in diesem Kreuzungsbereich gestellt. Als er erkannte, daß es keinen Ausweg mehr gab, eröffnete er sofort das Feuer auf die Polizisten. Zum Glück waren unsere Männer in guter Deckung. Opfer des Schußwechsels war der Deserteur. Die spektakuläre Großfahndung im Bereich Rudolstadt/Jena hatte auf der Seite der eingesetzten Polizisten keinerlei Verluste erbracht. Sie hatten taktisch-methodisch alles richtig gemacht.

Nachdem der sowjetische Deserteur tödlich verletzt worden war, kam ich als MUK-Leiter zur Untersuchung dieses Vorkommnisses sofort zum Einsatz. Ich ließ über die Einsatzleitung der Großfahndung veranlassen, daß am Ereignisort nichts verändert werden sollte, denn vom

Militärstaatsanwalt wurde in so einem Fall eine exakte und objektiv geführte Untersuchung gefordert.

Als ich zusammen mit unserem Kriminaltechniker am Ereignisort eintraf, war der Bereich ordnungsgemäß gesichert. Die Kriminaltechniker des VPKA Jena und der Ballistiker des Dezernates IV Kriminaltechnik der BDVP Gera waren mit vor Ort.

Als ich am Ereignisort eintraf und mir gerade erst einen Überblick verschaffte, mußte ich tatsächlich feststellen, daß die Waffe des Deserteurs sowie einzelne Patronenhülsen durch einen Genossen der Schutzpolizei der BDVP Gera unbefugt sichergestellt worden waren. Umgehend ließ ich diese derart wichtigen Spuren von dem Genossen der Schutzpolizei wieder exakt an den Fundstellen hinlegen. Dieser Offizier handelte zwar in guter Absicht, die Waffe des Deserteurs vor fremdem Zugriff zu sichern, in dieser Situation jedoch war das taktisch-methodisch völlig falsch.

Die Kriminaltechniker und der Ballistiker machten sich am Ort des Geschehens auf Spurensuche. Patronenhülsen und Projektile konnten am unmittelbaren und erweiterten Ereignisort sichergestellt werden. Anhand ihrer Lage sowie der Lage der Waffe machte der Ballistiker später präzise Aussagen zum Schußverlauf. Es wurde alles fotografisch festgehalten und im Ereignisortbefundsbericht, im Protokoll über kriminaltechnische Tatortarbeit und im Bildbericht dokumentiert. Nachdem vom Opfer Übersichts- und Detailaufnahmen gefertigt worden waren, ließ ich das Opfer in die Gerichtsmedizin Jena zur Sektion überführen.

Frau Direktorin Prof. Dr. Kerde (I. Obduzent) und Oberarzt Dr. med. K. Michaelis (II. Obduzent) nahmen die gerichtsmedizinische Sektion des sowjetischen Deserteurs vor. Wir hatten bei der Überführung darauf geachtet, daß an seiner Bekleidung nichts verändert wurde, um die genauen Ein- und Ausschußstellen durch Uniform und Körper exakt dokumentieren zu können.

Im Sektionsprotokoll wurden die Schußverletzungen wie folgt beschrieben:

»7. Beschreibung der Einschußöffnungen

E 1: 4–5 mm messender, zentralliegender Defekt, verklebt, umgeben von einem 2 mm breiten, dunkelbraunen Saum und einem ca. 7 mm breiten blaß rötlichen Hof

E 2: 4–5 mm messender, verklebter Defekt, der rechtsseitig von einem 1 mm breiten braunen Saum umgeben ist. Linksseitig mißt die Hautvertrocknung bis zu 9 mm (Einschuß schräg nach rechts unten zu).

E 3 (Steckschuß): Querovaler Defekt von 14 mm Länge. Am unteren Wundrand eine zipfenartige, bräunliche Vertrocknung bis zu 18 mm Breite.

E 4: Auf dem rechten Handrücken ein 5–6 mm messender, verklebter rundlicher Defekt, umgeben von einem 2 mm breiten, braunen Saum.

Schuß Nr. 5 (Streifschuß am rechten Unterarm): Dicht unterhalb des Ellenbogengelenkes, ca. 5 cm unterhalb des Ellenfortsatzes des Oberarmknochens (Epicondylus ulnaris) verläuft schräg nach unten ellenwärts oberflächliche Hauteinkerbung. Schürfrichtung ebenfalls nach unten zu.

E 6 (Steckschuß): 5–6 mm messender, verklebter Defekt, umgeben von einem 2–3 mm breiten, dunkelbraunen Vertrockungssaum.«

Die Uniformbekleidung des Opfers wurde im Sektionsprotokoll ebenfalls exakt beschrieben. Darin sind vor allem die Schußverletzungen an und in der Bekleidung bis ins Detail erläutert und dokumentiert.

»C. Sektionsergebnis:

Insgesamt sechs Schußverletzungen. Es handelt sich um:

- einen Brustkorbdurchschuß mit hochgradiger Herzzerreißung (Schuß Nr. 2),
- einen Bauchdurchschuß mit Schuß durch den S-förmigen Dickdarm und Zertrümmerung des 5. Lendenwirbelkörpers (Schuß Nr. 1),
- zwei Steckschüsse: einen im Oberbauchbereich (Nr. 3), einen im Schulter-Rückenbereich (Nr. 6),
- einen Durchschuß der rechten Hand (von außen nach innen, Nr. 4),
- einen Streifschuß am rechten Unterarm (Nr. 5).«

Als Todesursache wurde festgestellt: »Herzdurchschuß«.

»An allen Einschußöffnungen an der Uniformjacke fanden sich auch bei Betrachtung mit der binokularen Lupe keine Schmauch- oder Pulverspuren. Somit liegt die Schußentfernung im Fernschußbereich.«

Da der sowjetische Deserteur sofort den Schußwechsel gegenüber den eingesetzten Kräften der Deutschen Volkspolizei eröffnet hatte, war eine normale Festnahme nicht möglich geworden. Eine solche wäre allen natürlich lieber gewesen, doch hatten die Polizisten keine Wahl. Sie mußten zum letzten Mittel, zur Schußwaffe, greifen.

Im Rahmen der Ereignisortuntersuchung stellten die Kriminaltechniker unter anderem noch fest, daß ein Projektil vom sowjetischen Schützen im zweiten Stock einer Wohnung in der Otto-Schott-Straße durch eine Fensterscheibe durchgeschlagen und in der Decke des Wohnzimmers steckengeblieben war. Zum Glück waren die Bewohner nicht zu Schaden gekommen.

Der Vorgang wurde von uns als MUK vollständig bis zur Abgabe an den Militärstaatsanwalt bearbeitet. Wir konnten durch die gesamten Ermittlungen nachweisen, daß die Angehörigen der Deutschen Volkspolizei gemäß den Weisungen und Befehlen sowie der Schußwaffengebrauchsvorschrift rechtmäßig gehandelt hatten. Nach Eingang aller Gutachten und der Vernehmung von Zeugen übergab ich den abgeschlossenen Vorgang an den Militärstaatsanwalt der Nationalen Volksarmee (NVA) Erfurt zur weiteren Veranlassung.

34

DER RACHEMORD VON JENA-LOBEDA
(1985)

Jan B. hielt sich am 14. November 1985 bis nach Mitternacht in Jena-Lobeda in der Disco im Kulturhaus auf und hatte ziemlich viel getrunken. Auf dem Heimweg verfiel er der Idee, sich bei Angela R. zu rächen, die er für seine gescheiterte Beziehung verantwortlich machte. Er war etwa ein Jahr mit ihrer älteren Tochter zusammen gewesen, bis es plötzlich zur Trennung kam. Jan B. war davon überzeugt, daß die Mutter ihre Beziehung schlechtgeredet habe. Jetzt schien ihm der richtige Zeitpunkt gekommen, es ihr heimzuzahlen. In seinem angetrunkenen Zustand gefiel ihm dieser Gedanke immer mehr.

Jan B. begab sich an jenem frühen 15. November nach Hause, holte eine Taschenlampe, einen Sperrhaken, ein Messer und Gesundheitshandschuhe. Letztere, weil er keine Fingerabdrücke hinterlassen wollte. Es war abzusehen, daß er Schlimmes vorhatte.

Der spätere Straftäter lief jetzt zielgerichtet zur Wohnung von Angela R. in die Josef-Klose-Straße. Die Hauseingangstür fand er offen, so daß er ungehindert ins Haus gelangen konnte. Im dritten Stock angekommen, gelang es ihm, die unverschlossene Wohnung mit dem Sperrhaken zu öffnen. Es war dunkel. Behutsam tastete er sich in die Küche. Seine Taschenlampe spendete ihm genügend Licht. Er griff nach der Bohnerbürste, ging ins Schlafzimmer von Angela R. und schleuderte ihr die schwere Bohnerbürste gegen den Kopf. Zudem drückte er seine Hand auf ihren Mund und versetzte ihr sieben Messerstiche in den Oberkörper. Die schlafende Frau hatte keine Chance. Sie wurde brutal getötet.

Doch damit nicht genug. Jan B. schlich ins Nachbarzimmer zu der ihm bekannten jüngeren Tochter der R. und zog die Vorhänge zu, um von draußen nicht erkannt zu werden. Seine ehemalige Freundin war zu diesem Zeitpunkt nicht in der elterlichen Wohnung. Zu ihrer Schwester sagte er wörtlich: »Ich habe gerade deine Mutter getötet.« Dann

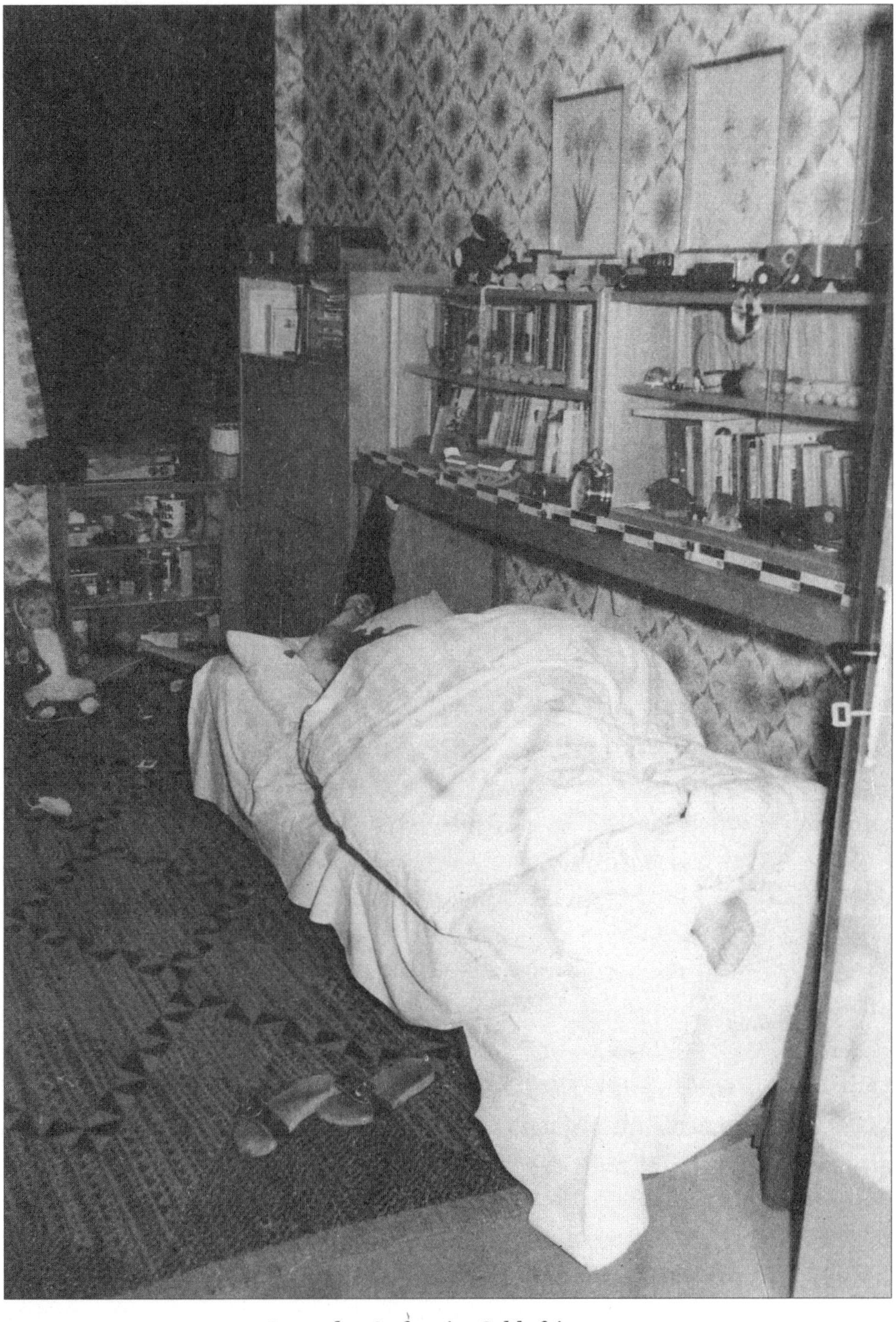

Lage des Opfers im Schlafzimmer.

forderte er Geschlechtsverkehr mit ihr. In Todesangst ließ es das Mädchen über sich ergehen. Anschließend versuchte er, seine verursachten Spuren weitgehend zu verwischen.

Diese »Abreibung« war ihm wirklich gut gelungen, so glaubte er, bevor er dem Mädchen wörtlich sagte: »Denke daran, ich habe dir dein Leben geschenkt!«

Jan B. verließ gegen 05.30 Uhr die Wohnung seiner Opfer und begab sich nach Hause. Die Tochter erstattete umgehend Anzeige bei der Kriminalpolizei. Der feige Mörder konnte durch sofortige und zielgerichtete Fahndungsmaßnahmen im Verlauf des Vormittags festgenommen werden.

Wir als MUK wurden gegen 07.00 Uhr vom Leiter Kriminalpolizei des VPKA Jena informiert und angefordert. Ich fuhr mit meinen Kollegen nach Jena und legte zusammen mit dem K-Leiter weitere kriminalistische Maßnahmen zur Bearbeitung dieses Mordes fest. Unser Kriminaltechniker begann sofort zusammen mit dem Kommissariat Kriminaltechnik des VPKA Jena eine umfangreiche Tatortarbeit. Sie sicherten alle relevanten Spuren.

Die Gerichtsmedizin Jena verschaffte sich am Tatort einen Überblick über die Auffindungssituation sowie den Zustand des Opfers und führte danach umgehend die gerichtsmedizinische Sektion durch.

Sie stellten fest, daß das Opfer durch die Messerstiche getötet wurde. Die massiven Verletzungen am Kopf der Geschädigten waren durch stumpfe Gewalteinwirkung zu erklären. Die Bohnerbürste war als Tatwerkzeug geeignet.

Durch die Aussagen der Tochter des Opfers war der Verdächtige schnell bekanntgemacht und dem VPKA Jena zugeführt worden. Er war schon mehrmals durch Kleindelikte polizeilich in Jena auffällig geworden. Er wurde von zwei Untersuchungsführern der MUK zu dem Mord und der Vergewaltigung vernommen und legte sofort ein umfassendes Geständnis ab. Seine Aussagen stimmten mit den Spuren in der Wohnung und an den Opfern überein. Die Tochter des Opfers wurde frauenfachärztlich untersucht, Sperma vom Täter konnte gesichert werden. Die Rekonstruktion in der Wohnung war ebenfalls aussagekräftig.

Das nervenfachärztliche Gutachten diagnostizierte volle strafrechtliche Verantwortlichkeit des Beschuldigten. Der 21jährige wurde zu einer mehrjährigen Haftstrafe verurteilt.

35

DAS TOTE NEUGEBORENE IN DER HOLZTRUHE
(Rudolstadt, 1986)

Unser Kollege Oberleutnant der K Dietmar Schröter, der Leichensachbearbeiter des VPKA Rudolstadt, informierte mich, daß der Verdacht einer Kindestötung nach der Geburt durch Ärzte des Kreiskrankenhauses Rudolstadt angezeigt wurde. Die Geburt sollte sich am 3. Dezember 1986, gegen 05.40 Uhr, im Wohnhaus der Familie S. in der Brückengasse zugetragen haben. Der Frauenarzt des Kreiskrankenhauses Rudolstadt bestätigte, daß Frau S. eine Schwangerschaft durchlebt hätte und Anzeichen einer Geburt erkennbar wären.

Bei der Erstbefragung im Krankenhaus wollte uns Frau S. vorerst eine Fehlgeburt glaubhaft machen. Wo sich der Säugling zu der Zeit befand, war uns unbekannt. Sie gab an, plötzlich Wehen bekommen und sich auf die Toilette begeben zu haben. Bei den ersten Preßwehen sei – für sie überraschend – das Neugeborene abgegangen und durch das Fallrohr in die Jauchegrube gefallen.

Da sie bei diesem Geburtsvorgang angeblich stark traumatisiert gewesen wäre, kümmerte sie sich nicht weiter um ihren Säugling. Sie nahm an, daß das Neugeborene ertrunken sei. Ihre Schwangerschaft hatte sie verheimlicht und keinerlei Schwangerschaftsberatungen aufgesucht. Sie erklärte, bereits vier Kinder zu haben und sich für die erneute Schwangerschaft geschämt zu haben.

Sie wollte das fünfte Kind nicht, sie war ihm völlig abgeneigt. Da sie sich niemandem anvertraut hatte und eine Abtreibung zum damaligen Zeitpunkt nicht mehr möglich gewesen war, sollte es einfach in die Jauchegrube fallen. Doch als wir diese abpumpen ließen, fanden wir keinen Säugling!

Wo hielt sie ihn versteckt?

Es begann eine systematische Suche im gesamten Wohnhaus, bei der wir das Kind in einer Holztruhe in einem Wischeimer, abgedeckt mit einem Scheuerlappen, fanden. Die Geburtsflüssigkeit befand

Das tote Neugeborene im Wassereimer, versteckt in der Holztruhe.

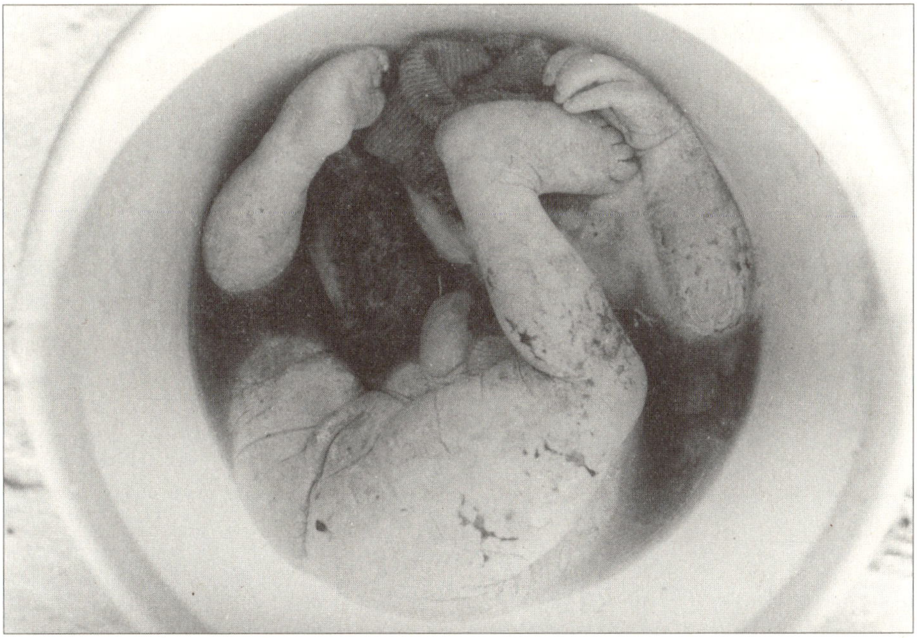

Nahaufnahme des toten Säuglings.

sich ebenfalls darin. Der Leichenschauarzt konnte nur noch den Tod des Säuglings feststellen. Die sofort durchgeführte Obduktion ergab, daß es sich um ein voll ausgetragenes, lebensfähiges Mädchen ohne sichtbare Mißbildungen handelte. Die Schwimmproben der Lungen ergaben eindeutig, daß es nach der Geburt gelebt hatte. Erst im Eimer war es durch Einatmen der Geburtsflüssigkeit erstickt. Damit war die Aussage der Täterin von einer Fehlgeburt eine klassische Schutzbehauptung.

Ich leitete ein Ermittlungsverfahren wegen »Verdachts der Kindestötung unmittelbar nach der Geburt« ein und stellte den Antrag auf Haftbefehl. Das Kreisgericht Rudolstadt folgte meinem Antrag. Nachdem die Beschuldigte transportfähig war, wurde sie in die UHA Gera überführt.

Bei den weiteren Ermittlungen wurden nun alle objektiven und vor allem auch die subjektiven Umstände der Straftat tiefgründig ermittelt und geprüft. Nach Einschätzung aller Umstände kam ich zusammen mit dem Bezirksstaatsanwalt zu der Ansicht, daß das Ermittlungsverfahren von § 113 StGB »Totschlag« auf § 114 StGB »Fahrlässige Tötung« umklassifiziert werden sollte.

Das Ermittlungsverfahren wurde zur Anklage an den Bezirksstaatsanwalt abgegeben. In der Folge kam es dann noch zwischen dem Kreisgericht Rudolstadt und der Bezirksstaatsanwaltschaft Gera zu unterschiedlichen Rechtsauffassungen. Die Beschuldigte hatte Glück im Unglück. Es deutete sich im Herbst 1987 eine Amnestie in der DDR an, die im November 1987 in Kraft trat. Die fahrlässige Tötung fiel bei der Amnestie mit unter die Einstellungskriterien. Das Ermittlungsverfahren wurde entsprechend eingestellt und Frau S. am 2. November 1987 aus der Untersuchungshaft entlassen. Sie war wieder eine unbescholtene Bürgerin. In der Folge wurde sie nie wieder straffällig. So kann man auch aus einer Strafsache herauskommen!

36

DER KINDESMÖRDER VON TRIPTIS
(1986)

Kurt M. und Katrin L. arbeiteten zusammen im Triptiser Porzellanwerk. Beide wohnten in Triptis, Friedhofsberg. Wie sich später herausstellte, hatte sich Katrin L. wahrscheinlich den falschen Lebensgefährten gewählt. Sie verließ am 19. März 1986 zusammen mit ihrem Freund, gegen 20.00 Uhr, die Wohnung, um gemeinsam zur Nachtschicht zu gehen. Die beiden Kinder, sechs und zwei Jahre alt, wurden von der Mutter bereits früh am Abend in die Bettchen schlafen gelegt. Da sie an unterschiedlichen Arbeitsstellen innerhalb des Prozellanwerkes tätig waren, konnte die Mutter der zwei Kinder nicht wissen, daß ihr Lebensgefährte an diesem Abend keine Lust zum Arbeiten hatte und deshalb den Betrieb wieder verließ. Er ging zurück in ihre Wohnung.

Kurt M. hatte vor Arbeitsbeginn schon Alkohol getrunken, was seine schlechte Arbeitsmoral erklärte. Zu Hause angekommen, setzte er sich in die Küche und gönnte sich noch einen ordentlichen Schluck mehr. Im nervenfachärztlichen Gutachten gab der Beschuldigte an: »Eine Flasche habe ich mir aufgehoben für frühmorgens, weil ich wußte, heute hast du den ganzen Tag gesoffen, da brauchst du morgen wieder was.«

Nachdem er eine gewisse Bettschwere erreicht hatte, wollte er einfach nur schlafen. Er torkelte ins Schlafzimmer und legte sich neben das sechsjährige Mädchen. Als er jedoch nicht gleich einschlafen konnte und sich das Mädchen an ihn kuschelte, geriet er plötzlich in sexuelle Erregung. Er zog der Kleinen die Schlafanzughose aus und führte danach seinen linken Zeigefinger in ihre kindliche Scheide ein. Durch diese brutale Handlung wurde das Kind wach und fing laut an zu schreien. Was mochte nur in ihm vorgegangen sein?

Kurt M. würgte sie jetzt, bis sie ruhig war. Dadurch wurde der zweijährige Bruder wach, schrie und weinte nun ebenfalls. Kurt M. begab sich an das Bett des Kleinen und würgte ihn ebenfalls, damit er Ruhe gäbe. Dabei drückte er ihn in die Matratze hinein. Sollte ihn der Alkohol so enthemmt, so gefühlskalt gemacht haben?

Seine Straftat beschreibt der Täter folgendermaßen: »Ich bin mit der Hand in die Hose rein und habe ihr die Hose ausgezogen. Beim Versuch, ihr den Finger reinzustecken, habe sie gesagt, nicht, das tut weh, ist weggerutscht. Ich war wie verrückt und wollte wieder den Finger reinstecken, sie hat angefangen zu brüllen, da habe ich sie am Hals gedrückt, sie zur Ruhe aufgefordert und sie aufs Bett geschmissen. Dann habe ich weiter gemacht, habe weiter in ihrer Scheide rumgemärt. Sie fing wieder an zu brüllen, da habe ich ihr ein paar geklebt, ich hatte immer noch den Finger dran, auf einmal war der Finger drin (er zeigt dabei seinen linken Zeigefinger). Auf einmal war auch das Licht an und M. guckte zu. Da habe ich erst gesehen, was ich gemacht habe. Ich hatte Blut am Finger, habe den M. angefaßt und gedrückt oder was, habe ihn auch gleich am Hals erwischt und hingeschmissen ins Bett. Dann habe ich das Licht ausgemacht, zugeschlossen und bin nach unten in die Küche. Dort habe ich erst einmal eine Zigarette geraucht und hastig ein paar Züge gemacht. Ich habe mir ein Bier aufgemacht und dieses sofort ausgetrunken. Dann habe ich mir ein Messer genommen, das Weißkraut aus dem Schrank geholt und eine Scheibe abgeschnitten und davon geknappert. Auf einmal hörte ich wie S. brüllte. Ich bin hochgestürzt, weil ich nicht wollte, daß die Frau die oben wohnt, das hört. Ich habe der S. gesagt, sie solle ruhig sein, sie war aber nicht ruhig, da habe ich ihr ein paar geklatscht und noch ein paar, auf einmal war das Messer [ein 15 cm langes Küchenmesser] schon drin, das habe ich gar nicht bemerkt, erst als ich das Messer rauszog, habe ichs gemerkt. Beim Fortgehen wollte M. Theater machen, ich habe ihn reingelegt, da war das Messer auch schon im Körper. Ich sah bei S. das viele Blut und dachte, sie ist tot, und M. ist auch tot. Ich habe zugeschlossen, bin runter gerannt und habe mich angezogen und das Geld genommen. Ich dachte dabei nur fort. Ich wußte aber nicht, was ich machen sollte und bin deshalb zur Mutter gerannt. Sie schlief in der Stube und wurde kurz munter.»

Kurt M. schien aus seiner Vaterrolle völlig herausgefallen. Nach diesem Kindesmord stahl der Mörder aus der Küche seiner Lebensgefährtin noch 300 Mark und verließ die Wohnung, um zu seiner Mutter zu gehen. Auf leisen Sohlen, ganz in der Art der Diebe, schlich er in die

Wohnung der Mutter und ließ noch einmal 150 Mark mitgehen. Sie hatte sein Kommen und Gehen kaum mitbekommen.

Der feige Mörder verließ Triptis mit dem Zug und hielt sich u. a. in Jena, Bad Blankenburg und Saalfeld auf. Ziellos fuhr er umher. Vielleicht plagte ihn doch sein schlechtes Gewissen?

Er gab weiter an: »Ich bin dann mit dem Zug um 5.20 Uhr nach Saalfeld gefahren und wollte von dort nach Jena. Ich habe gezittert und geschwitzt und bin in Jena rumgelaufen und habe mir dann eine kleine Flasche Korn und Pilsner gekauft. Gegen Mittag habe ich dann die Absicht gehabt, mit dem Zug nach Erfurt zu fahren und habe mir deshalb auch eine Fahrkarte gekauft. [...] Ich wollte mit dem Zug erst einmal weg, kaufte mir noch etwas zu trinken in der Mitropa. In Erfurt bin ich dann kurz vor dem Zug über die Gleise gemacht mit der Absicht, daß er mich erwischt, er hat mich aber nicht erwischt.« Im Zug habe er dann eine Flasche Sekt aufgemacht und getrunken. Er habe auch sofort bemerkt, daß er im falschen Zug saß. Die Festnahme erfolgte gegen 16.00 Uhr.

Zum Alkoholverbrauch am Tattag findet sich in der Kriminalakte folgender Hinweis: »Wie aus den Ermittlungsunterlagen ersichtlich ist ergaben zahlreiche Befragungen sowie auch eine eigene schriftliche Stellungnahme des Beschuldigten eine Alkoholtrinkmenge in der Zeit vom 19.3.1986 4.40 Uhr bis zum Tatzeitpunkt von rund 13 Liter Pilsner Bier und 2 bis 4 doppelte weiße Schnäpse. Ein Blutalkoholgehalt unmittelbar zum Tatzeitpunkt konnte nicht bestimmt werden.«

Was nach seiner Tat mit den Kindern passiert war, schien ihm egal zu sein. Um medizinische Hilfe hatte er sich nicht gekümmert, statt dessen beide ihrem Schicksal überlassen. Kein Reuegefühl – wie tief war er gesunken!

Als die Kindesmutter am 20. März 1986, nach 05.00 Uhr, von der Nachtschicht nach Hause kam, machte sie den grausamen Fund. Sie fand ihre sechsjährige Tochter blutüberströmt im Bett tot auf. Der zweijährige Junge gab jedoch noch Lebenszeichen von sich, obwohl er schwerverletzt war. Sie leitete sofort die ersten medizinischen Maßnahmen ein.

Der kleine Junge wurde schnellstens mit der DMH ins Krankenhaus überführt und einer Operation unterzogen. Er überlebte diesen brutalen Anschlag. Nun wurde umgehend die Kriminalpolizei informiert und wir als MUK Gera kamen sofort zum Einsatz.

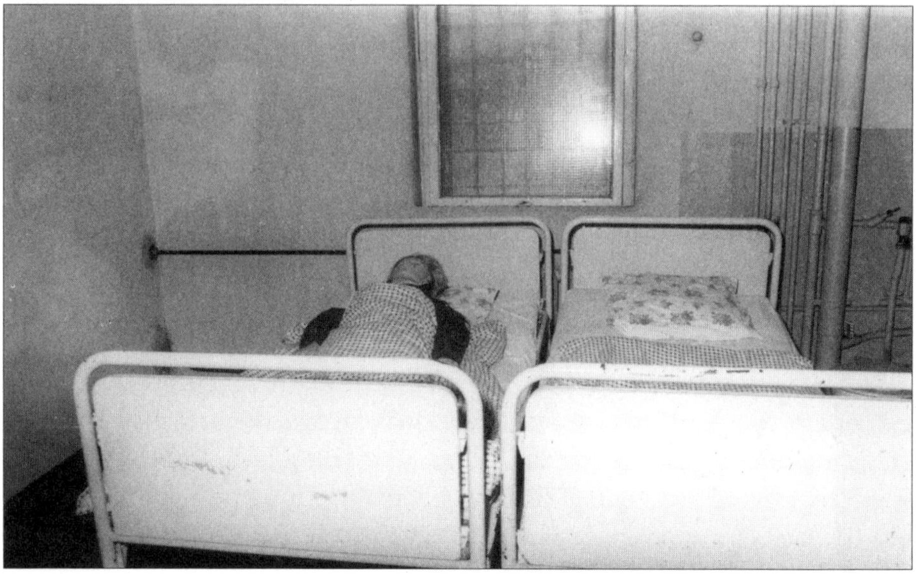

»Bevor ich meine Handlungen an S. und M. zeigen sollte, wußte ich noch nicht, daß dazu eine aufblasbare Puppe verwendet werden würde. Eine solche Puppe fand ich im Bett vor. Sie war durch sie hineingelegt worden. Die Puppe befand sich aber nicht in der Lage im Bett, in welcher ich die S. beim Betreten des Schlafzimmers am 20.03.1982 vorfand.«

Der Lebensgefährte war nicht in der Wohnung. An der Wohnungseingangstür wurden keine Gewalteinwirkungen festgestellt, so daß wir auf Grund der gesamten Umstände davon ausgehen mußten, daß er mit der brutalen Straftat im Zusammenhang stand. Ich ließ sofort eine Großfahndung nach dem vermutlichen Täter einleiten. Alle volkspolizeilichen Kräfte wurden in die Fahndung eingewiesen. Gleich am nächsten Tag wurde der Beschuldigte in Saalfeld von der Transportpolizei festgenommen.

Kurt M. wurde dem VPKA Pößneck zugeführt und von den MUK-Ermittlern vernommen. Er hatte keine Chance und war zu der von ihm begangenen Straftat geständig.

Er verfaßte am Tag seiner Festnahme in Pößneck ein kurzes handschriftliches Geständnis:

> Geständnis
> »Ich Kurt M. habe auf M. und S. mit einem Meßer eingestochen und fühle mich Schuldig Kurt M.»

Ich leitete jetzt das Ermittlungsverfahren gegen ihn wegen »Verdachts des Mordes/Versuchten Mordes/Sexuellen Mißbrauchs und Diebstahls von persönlichem Eigentum« ein. Er wurde in die Untersuchungshaftanstalt Gera überführt.

Nachdem alle objektiven und subjektiven Tatumstände ermittelt waren, wurde das Ermittlungsverfahren an den Bezirksstaatsanwalt zur Anklage übergeben. Das Bezirksgericht Gera sprach ihn schuldig im Sinne der Anklage. Er wurde zu einer lebenslänglichen Freiheitsstrafe verurteilt.

Kurt M. erhielt seine gerechte Strafe, wenn Gefängnishaft denn überhaupt eine gerechte Strafe für diesen brutalen Kindesmord sein kann. Immer wieder kommt es zu ähnlichen Straftaten, bei denen sich männliche Lebensgefährten an Kindern sexuell vergreifen oder sie gar töten.

37

DER AUFSCHLITZER VON ELSTERBERG
(1986)

Der 25jährige Marko F. stammte aus Arnsgrün (Kreis Greiz) und arbeitete als Bauarbeiter. In seiner Freizeit trieb er sich gern in Gaststätten herum und frönte dem Alkohol. Stammgast war er im »Espresso« in Greiz. In dieser Gaststätte traf er sehr oft Gleichgesinnte.

Am 9. November 1986 zog es ihn wieder dorthin. Anne L. aus Elsterberg, eine gleichaltrige Bekannte, war ebenfalls zufällig anwesend. Auch sie konnte sich diesem Milieu nicht entziehen. Beide waren an diesem Abend in bester Stimmung, zechten und amüsierten sich in geselliger Runde. Anne lud Marko ein, mit welcher Absicht auch immer, in ihrer Wohnung in Elsterberg zu übernachten. Marko war einverstanden. Beide verließen das »Espresso«. Vor der Tür versuchte Marko ein Taxi zu bekommen. Für den Fall, daß ihnen der Spaß ausgehen sollte, nahmen sie sicherheitshalber noch eine Flasche billigen Wein mit.

Sie hatten Glück. Ein Wolga-Taxi fuhr sie gegen 23.00 Uhr in die Mühlstraße nach Elsterberg. Durch den Taxifahrer, der später als Zeuge vernommen wurde, erfuhren wir, daß beide unter erheblicher Alkoholeinwirkung standen. Taxifahrer gehen bei jedem angetrunkenen Gast ein hohes Risiko ein. Die Fahrt bis Elsterberg verlief jedoch ohne Vorkommnisse. Beide stiegen aus und gingen in Annes Wohnung. Dort leerten beide noch die Flasche Wein, bevor sie die Müdigkeit überkam und sie sich schlafen legten. Zum Geschlechtsverkehr kam es nicht.

Plötzlich wurde Marko wach und war sich sicher, daß in seiner Geldbörse 400 Mark fehlten, die er vorher noch gehabt haben wollte. Sofort verdächtigte er Anne, woraufhin beide anfingen zu streiten. Obwohl die junge Frau immer wieder ihre Unschuld beteuerte, konnte sich Marko nicht beruhigen. Vor Wut fiel er über sie her und würgte sie so stark, daß sie starb.

Nach dem Würgen überzeugte er sich, ob sie auch wirklich tot war. Er legte sein rechtes Ohr an die Nase des Opfers und konnte keine Atmung mehr feststellen. Um ganz sicher zu sein, holte er aus der Küche ein zirka 40 cm langes Küchenmesser und schnitt ihr vom Geschlechtsteil bis zum Bauchnabel den Unterbauch auf. Anschließend trennte er ihr teilweise die linke Brust ab. Nach diesen schrecklich kriminellen, perversen und sadistischen Handlungen legte er das Tatmesser wieder auf den Tisch.

Marko F. entwendete aus der Wohnung eine Gitarre, bevor er nach Greiz zurückfuhr und sein Diebesgut in ein Paketschließfach auf dem Greizer Bahnhof einschloß. Seinen Aussagen zufolge sollte die Gitarre die Gegenleistung für die angeblich gestohlenen 400 Mark sein. Sie wurde später an besagtem Ort durch die Kriminalpolizei sichergestellt.

Ein Bekannter von Anne L. fand ihre Leiche am 10. November 1986, gegen 12.30 Uhr, in ihrer Wohnung. Es wurde sofort die Kriminalpolizei in Kenntnis gesetzt und wir als MUK informiert. Die Kollegen der Kriminalpolizei Greiz leiteten sofort die entsprechenden Fahndungsmaßnahmen nach dem Täter ein und informierten alle Streifenpolizisten, Verkehrspolizisten, Abschnittsbevollmächtigten (ABV), Freiwilligen Helfer der Volkspolizei, Gaststättenbesitzer usw.

Am 10. November 1986, gegen 20.30 Uhr, konnten wir den Gesuchten im Stadtgebiet von Greiz festnehmen und dem VPKA Greiz zuführen. Sein Geständnis ließ nicht lange auf sich warten. Das einheitliche Zusammenwirken aller Kräfte der Volkspolizei war entscheidend gewesen, dieses schwere, grausame und perverse Verbrechen innerhalb von 24 Stunden aufklären zu können.

Bei einer Vorlage von sechs Messern unterschiedlicher Beschaffenheit bestimmte Marko F. das Tatmesser problemlos. Bei der später durchgeführten Rekonstruktion stimmten die Aussagen des Täters mit den objektiv festgestellten Spuren und den Verletzungen am Opfer überein.

Die gerichtsmedizinische Sektion bestätigte den Tod des Opfers durch Erwürgen. Das Tatmesser war geeignet, dem Opfer die festgestellten massiven Schnittverletzungen beizubringen.

Der Täter kam hinter Schloß und Riegel und wurde später zu einer hohen Haftstrafe verurteilt.

FRIEDRICH-SCHILLER-UNIVERSITÄT JENA – Institut für gerichtliche Medizin

»D. Sektionsergebnis

Zeichen des Würgens: 7 x 5 cm messende, bläulich-rötliche Hautverfärbung in der Mitte der Halsvorderseite in Kehlkopfhöhe. Drei bogenförmige Hautabschürfungen in diesem Bereich rechts neben der Mittellinie, eine kleinere, rundliche Hautabschürfung links neben der Mitte. Kleinfleckige und feinstreifige Unterblutungen links neben dem Kehlkopf, unter der Kapsel und im Gewebe des linken Schilddrüsenlappens sowie an der Vorderwand der Speiseröhre in Kehlkopfhöhe. Unterbluteter Bruch des rechten Schildknorpelfortsatzes und des linken großen Zungenbeinfortsatzes. Mäßig viele feinste, punktförmige Blutungen in der sehr blassen Bindehaut der Augenlider.

Zeichen scharfer Gewalteinwirkung: Stark unterblutete Stichverletzung im Genitalbereich mit Abtrennung der Harnröhre von der Harnblase, Stich durch die Vorderwand der Scheide in deren Mitte und kleinem Einstich an der gegenüberliegenden Scheidenrückwand.

Tiefe, breit klaffende, ca. 24 cm lange, senkrecht angeordnete Schnittverletzung am Unterbauch von unterhalb des Nabels (dreizackiger Wundwinkel) bis in den vorderen Scheideneingang reichend mit scharfrandiger und vollständiger Durchtrennung der knorpligen Symphyse, jedoch ohne Eröffnung der Bauchhöhle. Kratzerartige, oberflächliche, nicht unterblutete Hautschnittverletzung von 39 cm Länge senkrecht in Brustmitte bis oberhalb des Nabels. Im unteren Abschnitt vier schräg überkreuzende, nahezu parallel angeordnete, kratzerartige Oberhautverletzungen.

Zwei oberflächliche, senkrecht angeordnete 2,5 und 3,5 cm messende Schnittverletzungen im Bereich der linken Hüfte, nicht unterblutet. Scharfrandige Abtrennung der linken Brust mit mehreren Zackenbildungen im Bereich des Fettkörpers, queroval angeordnet, nicht unterblutet. Abgesetztes Teil vorhanden, Haut stark geschrumpft. Nicht unterblutete, 7 cm lange, schräg stehende Schnittverletzung dicht unterhalb der linken Ellenbeuge. Zwei unter Ziffer 13 näher beschriebene, musterähnliche Abdrücke an der Vorder- und Innenseite beider Oberschenkel oben. Zwei Unterblutungen der Kopfschwarte am Hinterkopf, ca. 2,5 und 1 cm messend.

Zeichen erheblichen Blutverlustes: Schwach ausgeprägte Totenflecke, Blutarmut der Leber, entspeicherte Milz, feinstreifige Unterblutungen der Herzinnenhaut der linken Herzkammer.«

Kreiskrankenhaus Greiz
Chirurgische Abteilung, 17.1.86

»Betr.: Leichenschau bei der Bürgerin N. N.

Am 10.11.86 erfolgte ein Einsatz der SMH nach Elsterberg, Mühlenstraße. Es war eine Messerstichverletzung gemeldet worden. Gegen 12.50 Uhr traf ich am Einsatzort ein, wo ich von einem Genossen der VP empfangen wurde. Dieser teilte mir mit, daß er eine Leiche vorgefunden habe und seiner Meinung nach ein Tötungsverbrechen vorliegt.

Daraufhin führte er mich in die Wohnung zu der dort befindlichen Toten und bat mich, möglichst nichts zu berühren und keine Veränderungen an der Leiche vorzunehmen. Vorzufinden waren zunächst ein sehr verwahrlostes Zimmer und eine auf einer Liege sich befindende weibliche Leiche. Diese war entkleidet und mit einer Federdecke bis zum Hals zugedeckt. Die Augen waren lichtstarr und hatten eine Blickwendung nach rechts oben. Die Leiche lag auf dem Rücken. Beim Tasten nach dem peripheren Puls an dem über die Liegenkante hängenden linken Arm konnte ich diesen nicht feststellen, bemerkte aber die bereits eingetretene Leichenstarre. Daraufhin führte ich noch, nachdem ich die Bettdecke etwas angehoben hatte, die Auskultation des Herzens durch, konnte jedoch keine Herzaktion mehr feststellen. Der Exitus letalis war eindeutig eingetreten.

Nun inspizierte ich, soweit dies ohne Veränderungen an der Leiche möglich war, den Leichnam. Am Hals waren dicht oberhalb des Kehlkopfes eindeutige Würgemale sichtbar, welche ich jedoch nicht berührte. Darüber hinaus war festzustellen, daß die linke Brust abgeschnitten war. In der Medianlinie bestand eine nur die Haut durchtrennende oberflächliche ca. 30 cm lange Schnittwunde. Die Scheide war längs wetzsteinförmig angeschnitten. Des weiteren fand sich noch eine sichtbare relativ tiefe Wunde an der Darsalseite des linken Unterarms. Bei allen Wunden war auffällig, daß sie kaum geblutet zu haben schienen.

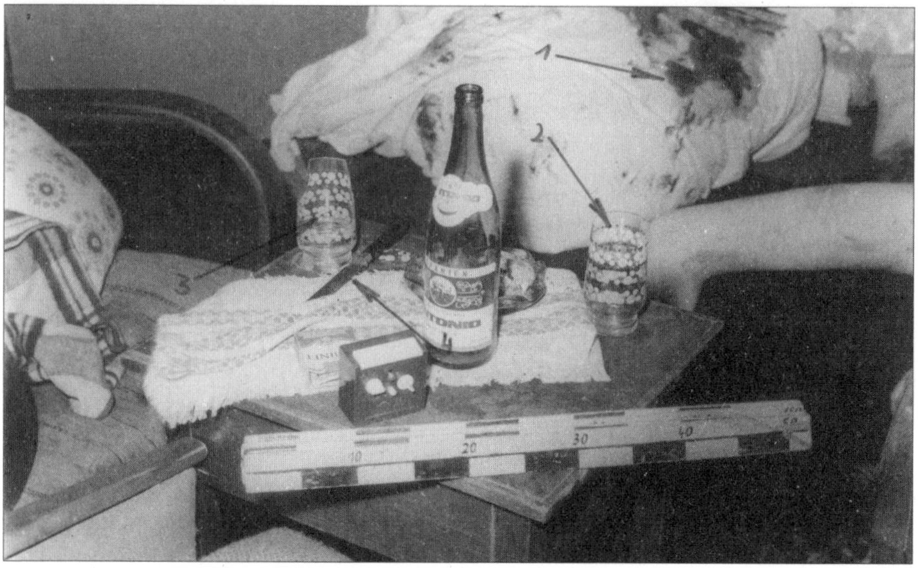

Unmittelbarer Tatort in Elsterberg.

Lediglich zwischen den Beinen war eine kleine Blutlache feststellbar, die jedoch zu keiner Relation zu den Verletzungen steht. Dadurch besteht der dringende Verdacht, daß diese o. g. Wunden postmortal dem Leichnam beigebracht worden sind.

Daraufhin wurde der Leichnam von mir wieder abgedeckt. Auf dem Fußboden, etwa unter der hängenden linken Hand war ein Stück Fettgewebe zu sehen, welches wohl die abgeschnittene Brust war. Ich belies es an dieser Stelle und verscheuchte eine Katze, die sich daran zu schaffen machte.

Auf dem Tisch vor dem Bett fand sich ein an der Messerklinge blutverschmiertes Küchenmesser. Darüber hinaus noch eine fast leere Weinflasche und zwei Gläser, die mit Wein gefüllt waren. Eines der Gläser war zerbrochen. Nun verließ ich gemeinsam mit dem Genossen der VP das Zimmer und erwartete die bereits alarmierende Kriminalpolizei.

Mit dem zuständigen Genossen betrat ich dann nochmals das Zimmer. Nach einer kurzen Information, das es sich meiner Meinung nach um ein Tötungsverbrechen vermutlich durch Erdrosselung und postmortaler Leichenschändung handelte, verließen wir wieder das Zimmer. Eine eingehende Leichenschau wurde von mir auf geheiß der Kriminalpolizei nicht durchgeführt.«

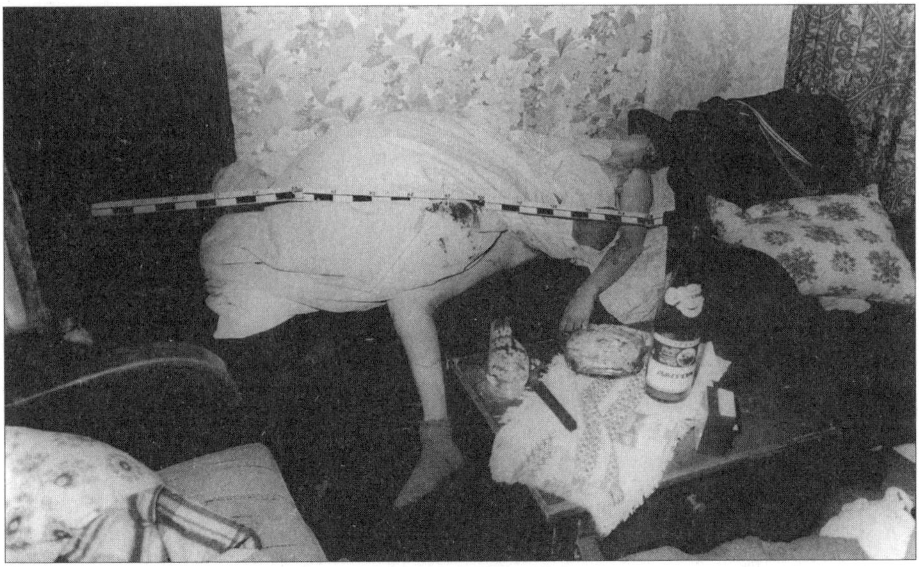

Lages des Opfers nach der Tötung.

Staatsanwaltschaftliche Beschuldigtenvernehmung

»Beginn: 9.25 Uhr, Ende: 10.40 Uhr
Beschuldigtenvernehmung des Beschuldigten

Über die Rechte belehrt und zur Wahrheit ermahnt kann ich zum Tathergang vom 10.1.1986 folgendes angeben:

Zunächst möchte ich feststellen, daß ich in den letzten Vernehmungen wahrheitsgemäß das Geschehen schilderte. Zur Vorgeschichte will ich nochmals bemerken, daß ich zunächst austreten ging, und die Geschädigte bekleidet auf der Couch saß, als ich den Raum wieder betrat. Wir unterhielten uns weiter. Dann ging sie raus, kam wenig später mit meiner Geldbörse in der Hand zurück, zeigte sie mir geöffnet und bemerkte, daß ich ja überhaupt kein Geld habe. Da ich genau wußte, daß ich in der Geldbörse einen größeren Geldbetrag hatte, richtete ich an sie die Forderung, das Geld wieder herauszugeben. Nur sie konnte es haben, da ich beim Bezahlen des Taxis vor ihrem Haus die größere Bargeldsumme noch festgestellt hatte. In der Folgezeit waren nur wir beide zusammen. Sie stritt den Diebstahl ab, woraus sich ein Streit entwickelte. Nach meiner Schätzung ging es etwa eine halbe Stunde hin und her. Dann äußerte sie, daß ich »spinnen« würde, was mich erregte. Ich habe dann sofort, ohne nach anderen Lösungen zu suchen – z. B. sie zu schlagen –, mit Würgen begonnen. In diesem Moment bestand mein Ziel darin, sie zu töten. Richtig ist bereits festgestellt in Vorvernehmungen, daß der Würgevorgang ca. 3 – 5 Minuten dauerte und von mir beendet wurde, nachdem ich bei ihr Kotabgang feststellte. Ich betrachtete sie nach dem Lösen meiner Hände von ihrem Hals einen Moment und stellte fest, daß sie nicht mehr atmete. Insofern korrigiere ich meine Aussagen, z. B. Blatt 102 Bd. II der Akte, da ich mein Opfer nicht in Nähe von Mund und Nase brachte. Ein Lauschen in dem Sinne war es nicht, ich stellte jedoch fehlende Atmung auf die größere Distanz fest.

Aus diesen Anzeichen und Umständen war ich mir nahezu sicher, daß die Geschädigte tot ist, zumal mir bekannt ist, welche lebenswichtigen Funktionen sich im Halsbereich befinden bzw. durch Würgen unterbrochen werden können. Ich wollte mich danach in der Küche waschen und sah dort zufällig das Messer liegen. Ich habe nicht nach einem solchen gesucht. Ohne mich zu waschen entstand bei dessen Anblick die Vorstellung, sie wegen der Diebstahlshandlung noch zusätzlich strafen zu wollen. Ich habe mir dabei keine Gedanken gemacht, ob ich die Schnitte einem Lebenden oder einer Leiche beibringe. Meine vorherigen Feststellungen (Kotabgang, fehlende Atmung) spielten in diesem Moment keine Rolle. Ich habe nichts weiter hinzuzufügen. Beweisanträge stelle ich keine.«

38

SCHIESSEREI IN DER INTERHOTELBAR
(Gera, 1987)

Es war am 13. Januar 1987, kurz nach Mitternacht, als ich vom K-Dienst der BDVP Gera in Kenntnis gesetzt wurde, daß es in der Interhotel-Bar in Gera, am Platz der Republik, zu einer Schießerei gekommen war. Diese Nacht war eine der kältesten Nächte im Januar 1987 (zirka 20 Grad minus). Zum Glück kein Einsatz im Freien! Ich begab mich umgehend zum Ereignisort. Unseren Kriminaltechniker hatte ich ebenfalls mit angefordert. Die Kriminalisten des VPKA Gera, Kommissariat »Leben und Gesundheit«, waren bereits vor Ort und nahmen die entsprechende Ereignisortsicherung vor. Die Bar war an diesem Abend mit etwa 120 Personen sehr gut besucht.

Folgendes war geschehen:

Manfred F., Unteroffizier auf Zeit bei der Wach- und Sicherungseinheit der Bezirksverwaltung des MfS in Gera, sollte an diesem Abend des 12. Januar 1987 für sich eine folgenschwere Entscheidung treffen. Der junge Mann suchte an jenem Montag spätabends die Discoveranstaltung in der Interhotelbar in Gera auf. Er traf mit seiner Exfreundin zusammen, die mit ihrem neuen Freund ebenfalls zum Tanzen war. Es kamen bei ihm alte Erinnerungen auf und er versuchte, seine Freundin wieder für sich zu gewinnen. Sie lehnte jedoch ab, so daß ihm klar wurde, daß sie sich endgültig für den neuen Freund entschieden hatte. Das wollte er nicht einfach auf sich sitzen lassen und schmiedete einen verbrecherischen Plan.

Er verließ die Bar und begab sich, gegen 23.30 Uhr, unter einem Vorwand in die Wachräume des MfS-Objektes in der Ernst-Toller-Straße. Da er dort auch seinen Dienst absolvierte, war er den Genossen bekannt. Er hatte an diesem Tag dienstfrei und Ausgang. Der Wachhabende gewährte ihm ohne Zögern Zugang. Der von Eifersucht zerfressene Unteroffizier verwickelte den Posten und den Wachhabenden in belanglose Gespräche. Bei einer Unaufmerksamkeit des Wachhabenden gelang es dem Unteroffizier, sich aus dem offenstehenden Waffen-

Sitzplatzübersicht von der Interhotelbar in Gera.

schrank unrechtmäßig in Besitz einer Pistole »Makarow« mit Munition zu bringen. Umgehend verließ er jetzt das Wachobjekt. Der Wachhabende registrierte den Verlust der Waffe und leitete sofort die Verfolgung ein, die aber erfolglos blieb.

Gegenüber seiner Mutter hatte der Unteroffizier vorher die Absicht geäußert, den Nebenbuhler töten zu wollen. Da sie diese Absicht ihres Sohnes nicht für Ernst nahm, informierte sie auch nicht die Dienststelle in Gera.

Von der Dienststelle aus war man in zirka 8 bis 10 Minuten im Interhotel Gera. Nachdem Manfred F. die Bar betreten hatte, zog er die Pistole und feuerte zwei Schüsse auf seinen Nebenbuhler ab. Das Opfer wurde lebensgefährlich verletzt, weil der Täter ihn aus nächster Nähe direkt im Gesichts- und Halsbereich getroffen hatte. Unmittelbar nach seiner verbrecherischen Handlung versetzte er sich selbst einen Kopfschuß. Beide wurden umgehend zur medizinischen Betreuung ins Bezirkskrankenhaus Gera eingeliefert. Manfred F. überlebte den Kopfschuß nicht. Diese strafbare Handlung war natürlich für die Discobesucher ein Schock! Entsetzen und Totenstille waren die Folge. Sofort setzte jetzt der Meldeweg an alle Dienststellen ein. Die Kriminalpolizei des VPKA Gera kam als erstes zum Einsatz. Sie schätzte die Lage folgerichtig ein: dies war ein Vorkommnis für die MUK und andere Dienststellen von der Bezirksverwaltung des MfS.

Wir führten zusammen mit den Kriminalisten des VPKA Gera die gesamte Arbeit am teilweise blutverschmierten Ereignisort durch (Ereignsortbefundsbericht, Bildbericht, Dienstwaffe, kriminalistisches/ballistisches Gutachten). Zeugen wurden befragt, um sich ein objektives Bild von dem Vorkommnis zu verschaffen. Nach Abschluß der gesamten Ereignisortarbeit wurden die Unterlagen an die Sonderkommission der Bezirksverwaltung des MfS Gera zur weiteren Bearbeitung übergeben. Die Nachlässigkeit des Wachhabenden hatte natürlich ein Nachspiel. Es sollte weitere umfangreiche interne Untersuchungen in der Dienstselle des MfS Gera geben.

Dieses Vorkommnis war natürlich am nächsten Tag in der Stadt Gera rum. Durch die Bezirksverwaltung Gera wurde der Minister Mielke sofort über einen Sachstandsbericht in Kenntnis gesetzt. Er schrieb Erich Honecker noch am 13. Januar 1987 und holte sich das Einverständnis ein, die Bevölkerung umgehend in der Tagespresse »Volkswacht« über die Schießerei informieren zu dürfen. So geschah es dann auch.

Interhotel Gera am Platz der Republik.

MINISTERRAT
DER DEUTSCHEN DEMOKRATISCHEN REPUBLIK
MINISTERIUM FÜR STAATSSICHERHEIT
Der Minister

Berlin, den 13. 1. 1987
Tgb.-Nr. VMA/ 18/87

BSTU
0069

Generalsekretär des ZK der SED
und Vorsitzender des Staatsrates
der DDR
Genossen Erich Honecker

Genosse Generalsekretär!

Ich melde:

Am 12. Januar 1987, um 23.40 Uhr hat der Angehörige der Wach- und Sicherungseinheit der Bezirksverwaltung Gera des MfS,

Unteroffizier auf Zeit
F█████, █████ (20)
wohnhaft in Gera
seit 1. Oktober 1985 Wach- und Sicherungsposten,

nachdem er sich unter Mißbrauch seiner dienstlichen Befugnisse in den Besitz einer Dienstpistole gesetzt hatte, in der Nachtbar des Interhotels Gera den Bürger der DDR,

R████, ████ (19)
wohnhaft in Gera
Schlosser im Bahnbetriebswerk Leipzig,

durch zwei Pistolenschüsse im Gesicht verletzt (er ist außer Lebensgefahr) und sich danach selbst einen Kopfschuß zugefügt (lebensgefährliche Verletzung).

Nach bisherigen Erkenntnissen hat F█████ diese Handlung aus Eifersucht begangen. Seine bisherige Freundin hatte das Liebesverhältnis beendet und zwischenzeitlich Beziehungen zu R████ aufgenommen.

F█████ hatte der Mutter gegenüber die Absicht geäußert, deshalb den R████ töten zu wollen. Dieser Erklärung hat sie jedoch nicht die Bedeutung beigemessen und es deshalb unterlassen, darüber die Dienststelle zu informieren.

Sachstandsbericht von Armeegeneral Erich Milke an Erich Honecker.

BSTU 2
0070

Zum Zeitpunkt des Vorkommnisses befanden sich ca. 120 Bürger in der Nachtbar des Interhotels.

Der 1. Sekretär der Bezirksleitung der SED Gera, Genosse Ziegenhahn, wurde durch die Bezirksverwaltung Gera über dieses Vorkommnis informiert.

In Abstimmung mit Genossen Ziegenhahn wird vorgeschlagen, im Bezirksorgan der SED Gera "VOLKSWACHT" eine kurze Meldung dazu zu veröffentlichen.

Beiliegend wird der Entwurf einer solchen Meldung mit der Bitte um Entscheidung übersandt.

Die Untersuchungen werden in enger Zusammenarbeit mit dem Militärstaatsanwalt weitergeführt.

Mit sozialistischem Gruß

Mielke

Armeegeneral

Anlage
1 Blatt

39

TOD EINER SCHÜLERIN
(Gera, 1987)

Wenn in der Pubertät die Hormone verrückt spielen, kann das mitunter tragisch enden. So im Fall von Kerstin W., die nicht ahnte, daß ihr 16jähriger Mitschüler Ralph Z. aus Gera, wohnhaft in der Berthold-Brecht-Straße, verliebt in sie war und intensive sexuelle Phantasien in seinem Kopf herumspukten. Da Ralph Z. ihr so etwas nie gesagt hätte, er aber diesen Trieb immer stärker in sich aufsteigen fühlte, wurde ihm klar, daß sich dieser unter Umständen nur mit Gewalt befriedigen ließ.

Das Unglück geschah! Die Kriminalpolizei Gera informierte uns am 5. März 1987, gegen 17.00 Uhr, daß Frau W. ihre Tochter Kerstin im Kinderzimmer tot aufgefunden hat. Nach erster Inaugenscheinnahme des gemeldeten Sachverhaltes war den Polizisten klar, daß es sich hier um ein Gewaltverbrechen mit sexuellem Hintergrund handelte. Wir als MUK kamen sofort zum Einsatz und führten nun gemeinsam mit der Kriminalpolizei Gera die weiteren Ermittlungen.

Zum Täter gab es zu diesem Zeitpunkt noch keine konkreten Hinweise. Welch ein schockierender Anblick muß das aber für die Mutter gewesen sein, die eigene Tochter so grausam zugerichtet zu finden! Von ihr erfuhren wir, daß der Mitschüler Ralph Z. mit ihrer Tochter hin und wieder früh gemeinsam zur Schule ging. Weitere Befragungen und Ermittlungen in der Schule ergaben, daß beide Schüler an dem Tattag nicht zum Unterricht erschienen waren. Das war für beide nicht typisch. Von Ralph Z. fehlte darüber hinaus jede Spur. Seinen Ranzen konnten die Ermittler im Hausflur des Opfers sicherstellen.

Wir schlußfolgerten, daß Ralph Z. mit dem Tod seiner Mitschülerin etwas zu tun haben müsse. Da er nicht zu Hause erschienen war, wußte keiner, wo er sich aufhielt. Die bisherige Fahndung nach ihm im Stadtgebiet von Gera war erfolglos geblieben.

Durch die Eltern des Beschuldigten brachten wir in Erfahrung, daß sie im Besitz eines Gartengrundstückes mit Datsche waren. Ich ließ sofort eine Streife hinfahren, um die Datsche zu durchsuchen. Wir fanden Ralph Z. bewußtlos und in lebensgefährlichem Zustand, weshalb er schnellstens ins Bezirkskrankenhaus Gera zur weiteren medizinischen Versorgung eingeliefert wurde. In der Datsche, in der er sich ungestört fühlte, hatte er in Selbstmordabsicht eine erhebliche Menge Reinigungsmittel getrunken. Die Hilfemaßnahmen kamen gerade noch zur rechten Zeit. Ralph Z. mußte sich in der Folge für sein Verbrechen an seiner Mitschülerin verantworten.

Doch was war nun genau passiert?

Da der Schüler so unsagbar vernarrt in Kerstin W. war, plante er, am 5. März 1987 Geschlechtsverkehr mit ihr zu haben, ob sie wollte oder nicht. Er wußte, daß ihre Mutter die Wohnung noch vor Schulbeginn verließ, um auf Arbeit zu gehen. Diesen Vorteil wollte er nutzen, schließlich waren beide dann ungestört. Als er sich auf den Weg zur Wohnung in die Dornaer Straße machte, war er sexuell bereits sehr erregt.

Er hatte eine Zange, eine Schere und eine Plastikwäscheleine dabei, um sein Vorhaben notfalls mit Gewalt umzusetzen. Angekommen, klingelte er bei der Familie W. und gab vor, mit Kerstin reden zu müssen.

Nichtsahnend ließ ihn das Mädchen in die Wohnung. Sie waren schon öfter zusammen in die Schule gegangen und kannten sich gut. Der Täter legte seinen Schulranzen vorher im Hausflur ab – er hätte sonst nur gestört – und betrat die Wohnung. Kerstin war inzwischen wieder in ihr Zimmer zurückgekehrt.

Ralph Z. ging sofort auf seine Mitschülerin los und stieß sie auf ihre Liege. Er würgte sie jetzt bis zur Bewußtlosigkeit, knebelte sie mit einem Taschentuch und zog seine Plastikleine über ihren Mund. Im Bereich des Nackens zog er die Wäscheleine straff und eng zusammen und verknotete sie so, daß seine Mitschülerin bewegungsunfähig wurde. Jetzt, da er sie sich gefügig gemacht hatte, wollte er sie vergewaltigen. Er war nach wie vor stark erregt, zerschnitt sogleich mit seiner Schere die Kleidung des Mädchens und zog sie aus. Wie sie da vor ihm auf dem Rücken lag, nackt, gefesselt und geknebelt, steigerte sich seine Erregung noch einmal. Er spreizte ihre Beine und konnte es kaum erwarten, in sie einzudringen. Plötzlich bemerkte er, daß sie sich nicht mehr bewegte.

Ihm wurde schlagartig klar, daß er seine Mitschülerin getötet hatte. Trotz dieses Gedankens, konnte Ralph Z. sich nicht zurückhalten und onanierte bis zum Samenerguß.

Nachdem seine sexuelle Anspannung abgeklungen war, wurde ihm erst richtig bewußt, was er angerichtet hatte. Aus egoistischen und niedrigen sexuellen Motiven hatte er seine 16jährige Mitschülerin ums Leben gebracht. Gewissensbisse bereiteten ihm offensichtlich Seelenqualen. Er beschloß, sich selbst zu töten. Sein Leben wurde gerettet, während er ein anderes genommen hatte.

Ralph Z. wurde nach seiner Genesung in die UHA Gera überführt. Er war der Polizei früher schon einmal durch Eigentumsdelikte bekannt geworden. Nun handelte es sich um Mord. Er zeigte sich umfassend geständig. Die durchgeführte Rekonstruktion bestätigte alle objektiven und subjektiven Untersuchungshandlungen. Ralph Z. wurde wegen Mordes und versuchter Vergewaltigung zu einer mehrjährigen Jugendhaftstrafe verurteilt. Wie er nach seiner Haftentlassung mit seinen Schuldgefühlen umgegangen ist und ob er ins wahre Leben zurückgefunden hat, ist mir nicht bekannt.

Auszüge aus dem nervenfachärztlichen Gutachten Psychologischer Untersuchungsbefund

Zum Entwicklungszustand der Persönlichkeit

»Der Jugendliche erreichte im durchgeführten Intelligenztest einen Intelligenzquotienten von 130. Er verfügt damit über eine sehr gute intellektuelle Ausstattung. Es bestehen keinerlei intellektuelle Entwicklungsrückstände, im Gegenteil, die intellektuelle Entwicklung ist überdurchschnittlich gut vorangekommen. Er ist vortrefflich und überdurchschnittlich gut in der Lage, anschaulich oder abstrakt in sprachlichen und raumzeitlichen Beziehungen zu denken. Der Wissensumfang ist überdurchschnittlich, die Abstraktionsfähigkeit ist noch besser entwickelt, und als über den Durchschnitt liegend kann man auch die Auffassungsfähigkeit, die Urteils- und Kritikfähigkeit, die Differenzierungs- und Kombinationsfähigkeit sowie das logische und schlußfolgernde Denken beurteilen. Diese gute intellektuelle Ausstattung befähigt den Jugendlichen zur Erkenntnis der wesentlichen Seiten einer theoretischen, praktischen oder sozialen Situation; sie versetzt ihn auch in die Lage, komplexe, geistige Anforderungen stellende Situationen erfolgreich zu bewältigen dadurch, daß ihm die Erfassung, Anwendung und Herstellung von Beziehungen und Sinnzusammenhängen gelingt. Wie bei der Intelligenz, so ist auch bei den anderen kognitiven Funktionen, die unter den Begriff »Vorbedingungen der Intelligenz« gefaßt werden, von einem überdurchschnittlichen Entwicklungsstand auszugehen. Unsere Untersuchungen belegen, daß die Merkfähigkeit, die Aufmerksamkeit und Konzentrationsfähigkeit sowie die Lernfähigkeit gut entwickelt sind.«

Im Schlußbericht wurde unter anderem festgestellt: »Der Beschuldigte ist als sexuell triebhaft zu bezeichnen. Mit dem 11. Lebensjahr begann er mit gelegentlicher und später bis zum jetzigen Zeitpunkt mit fast täglicher Onanie. War es anfangs so, daß er diese ohne Hilfsmittel betrieb, nahm er etwa ab dem 14. Lebensjahr Damenober- und Unterbekleidung sowie Aktfotos zur Hilfe. Die Bekleidungsgegenstände verschaffte er sich durch die ihm zur Last gelegten Diebstahlshandlungen. Etwa ab dem siebenten oder achten Schuljahr wurde seine Mitschülerin K. für ihn immer mehr zum Idealbild einer Frau und er bezog sie gedanklich mit in seine sexuellen Handlungen ein. Es wuchs bei ihm zunehmend das Verlangen nach sexuellem Kontakt mit ihr.

Als er am 05.03.1987 aufstand, verspürte er ein starkes sexuelles Verlangen, nach dessen Befriedigung es ihn drängte. Die Familiensituation ließ die sonst in solchen Fällen vorgenommene Onanie nicht zu, so daß er den Entschluß faßte, mit der K. den Geschlechtsverkehr durchzuführen. Ihm war bewußt, daß sie sich dazu freiwillig nicht bereiterklären wird, so daß er sein Ziel nur unter Gewaltanwendung erreichen kann. Er zog in Erwägung, sie zu würgen, um sie sich dadurch gefügig und willenlos zu machen. Ihm war bekannt, daß man durch Würgen einen Menschen ohnmächtig und wehrlos machen, aber auch töten kann. In Erreichung seines Zieles fand er sich bewußt damit ab und ging dieses Risiko ein. Zur Verschleierung und Nichtentdeckung seiner Straftat hatte er die Möglichkeit des Knebelns in Betracht gezogen, wovon ihm bekannt war, daß man damit einen Menschen am Schreien hindern, aber nicht töten kann. [...]

Laut Sektionsprotokoll und dem ergänzenden Schreiben der Gerichtsmedizin vom 15.07.1987 hat bei der Geschädigten als Todesursache Ersticken durch Würgen unter Mitbeteiligung von Knebeln vorgelegen.

Dabei wird das Vorgehen des Beschuldigten als brutal und intensiv bezeichnet. [...]

Zur Feststellung seiner Schuldfähigkeit und strafrechtlichen Verantwortlichkeit wurde der Beschuldigte psychiatrisch psychologisch begutachtet. Im Ergebnis dessen ist er für die ihm zur Last gelegten Straftaten voll verantwortlich.«

40

MORD AN DER VERMISSTEN PETRA SCH.
(Gera, 1987)

Wen würde es nicht wundern, wenn jemand einen teilweise verwesten menschlichen Fuß auf seinem Fahrradgepäckträger spazierenfährt? So skurril die Vorstellung auch ist, am 16. Juni 1987, gegen Mitternacht, wurde ich über genau solch einen Fall vom Kriminaldienst Reiner Kunze informiert. Ich konnte es nicht glauben und fuhr umgehend ins VPKA Gera. Dort traf ich auf Werner K., kein unbeschriebenes Blatt bei der Polizei, der mir von dem Fund berichtete, den er und seine Freundin auf einer illegalen Mülldeponie gemacht hatten.

Noch in dieser Nacht ließ ich mir den Fundort von ihm zeigen und veranlaßte sofort die Sicherung dieses Bereiches. Später informierte ich zudem die Gerichtsmedizin Jena über den Fall, woraufhin sich Frau Prof. Kerde am nächsten Tag mit ihrem Team an der Freilegung des Fundortes beteiligte. Die Mülldeponie lag an der Ernst-Thälmann-Straße 89, im Bereich der Tanzgaststätte »Wintergarten«. Die eingesetzten Kriminaltechniker legten nun schichtenweise den Fundort frei. Wir fanden eine in eine Decke eingewickelte, bekleidete, teilweise skelettierte weibliche Leiche, von der auch der verweste Fuß stammte. Bemerkenswert war, daß sie mit einer typischen grünen DDR-Plastewäscheleine auf spezielle Weise gefesselt worden war, genauer, mit einer Doppelschlinge um den Hals und an den Unterarmen, die miteinander verbunden waren. An den Enden der Wäscheleine wurden klassische Schnittstellen festgestellt. Als Todesursache wurde »Erdrosseln« diagnostiziert. Zwei Tage später wußten wir dann, daß es sich um die seit dem 9. Februar 1987 vermißte Petra Sch. aus Gera handelte.

Da die Tote dem Werner K. bekannt war und wie er in kriminellen Kreisen verkehrte, brüstete er sich damit, als er Petra Sch. erkannte. Er geriet relativ schnell in Verdacht, etwas mit den mysteriösen Umständen zu tun zu haben. Umgehend wurde die Persönlichkeit von Werner K. analysiert. Dann wußten wir, mit wem wir es zu tun hatten.

Seine Vorstrafen, aber vor allem seine perversen und sadistischen Vorlieben, ließen einen Zusammenhang zum Opfer ableiten. Freude über zugefügte Schmerzen erregten ihn, mitunter auch sexuell. Tiere zu quälen, gehörte mit zu seinen Vorlieben. Werner K. war im Februar 1987 illegal in das Abrißhaus in Gera, Gessentalstraße, gezogen. Dieses Haus lag nur zirka 500 m vom Fundort der Leiche entfernt.

Warum Petra Sch. eines Tages mit zu ihm ging, ist nicht bekannt. Seither galt sie jedoch als vermißt. Werner K. hielt sie in diesem maroden Haus wie eine Gefangene. Über Nichtigkeiten ihres Verhaltens war er erbost und quälte sie unablässig. Er sagte später aus, er habe sie geschlagen, gefesselt und ihr mit einer Injektionsspritze erst Blut entnommen, um dann Luft und Flüssigkeit in ihren Körper zu spritzen. All seine perversen, sadistischen Handlungen hatte sie ertragen müssen – ein Martyrium.

Der Tatort des Geschehens wurde nun kriminaltechnisch auf den Kopf gestellt und Spuren gesichert, die den Aussagen von Werner K. entsprachen. Auch ein Rest der grünen Wäscheleine wurde als Paßstück zur Fesselwäscheleine am Tatort gesichert und daran nachgewiesen, daß er diese mit einem scharfen Messer durchtrennt hatte.

Trotz seiner widersprüchlichen Aussagen, Geständnisse und Widerrufe konnte er seiner Strafe diesmal nicht entgehen. Ihm konnte eindeutig bewiesen werden, daß er die vermißte Petra Sch. gefoltert, gequält und getötet hatte. Danach hatte er sie in einer der folgenden Nächte auf die illegale Mülldeponie verbracht und vergraben, um Monate später aus Geltungsbedürfnis gegenüber seiner neuen Freundin an die geheime Stelle zurückkehren zu können. Was unser Glück bedeutete, war seine eigene Schuld.

Nachdem diese Straftat ausermittelt war, hatten wir ja noch unsere Vermißtensache Michaela Wagner offen. Eines war klar: Sein Gesamtverhalten und vor allem seine Ähnlichkeit mit dem Täterprofil (Subjektives Porträt vom November 1983) stärkten unsere Hoffnungen, daß er eventuell ihr Entführer sein könnte.

Bevor wir Werner K. mit dem Fall vom November 1983 konfrontierten, war es uns wichtig, aus diesem Vorgang zahlreiche Hinweise, Indizien und Fakten neu zu bewerten und sie ins Verhältnis zur Person K. zu setzen.

Da wir mit Neuanfall in der MUK wieder einmal komplett eingebunden waren, übergaben wir den Vorgang an die Kollegen der Ausländergruppe unseres Dezernates II. Sie bearbeiteten den Vorgang weiter bis zum Abschluß und zur Abgabe an den Bezirksstaatsanwalt Gera. Wenn Not bei uns war, waren sie unsere »Ersatz-MUK«.

Trotz weiterer Tötungsverbrechen in unserem Bezirk informierte ich mich immer über den neuesten Stand der Ermittlungen, weil ich selbst und auch meine Kollegen der E-MUK und MUK viel Kraft und Herzblut in die Aufklärung gesteckt hatten.

Als ein Zeuge unseren neuen Verdächtigen Werner K. bei einer Gegenüberstellung nach vier Jahren wiedererkannte und sich erinnerte, wie dieser mit dem Kind an der Hand die Lindenstraße verlassen hätte, kam berechtigte Hoffnung auf, diese Straftat doch noch zu klären.

Ein zweiter Zeuge verwies auf die Statur des Verdächtigen. Seine damalige Wohnung in der Nähe der Lindenstraße wurde auf den Kopf gestellt, um eventuell doch noch Spuren von der kleinen Michaela zu finden. Spezialisten untersuchten akribisch Ofen und Schornstein. Es fanden sich nach dieser langen Zeit allerdings keine auswertbaren Spuren mehr – weder auf dem Boden noch im Keller. Jetzt mußten wir nachhaken.

Als wir Werner K. auf das vermißte Kind ansprachen, zeigte er sich plötzlich bereit, ein Geständnis abzulegen. Er schilderte, wie er Michaela angesprochen hatte, erklärte den Weg, den er mit ihr gelaufen war, schilderte selbst den Tathergang und wie er sie letztlich getötet hatte. Wo sie sei, war zunächst nicht aus ihm herauszubekommen. Aber ihre Stiefel hätte er mit nach Hause genommen und in seinem Ofen verbrannt. Brandrückstände fanden wir dort leider nicht. Immer wieder zum Verbleib ihrer Leiche vernommen, ließ er sich ständig neue Orte einfallen. Allen seinen Äußerungen gingen wir nach. Als er uns einen Dachsbau nannte, nahmen wir sogar Schaufeln mit.

Er war sich sehr sicher, daß die Kriminalpolizei den Ort der Leiche nie finden würde. Falls er das Kind verbrannt haben sollte, wäre seine Rechnung aufgegangen! Für uns als Ermittler ein schwacher Trost. Mit diesem Ende wollten wir uns jedoch nicht anfreunden.

Das Verfahren wurde an den Bezirksstaatsanwalt Gera zur Anklage wegen zweifachen Mordes abgegeben. Die bis dahin ermittelten Indizien reichten jedoch nicht aus, ihn auch im Mordfall Michaela Wagner anzuklagen. Am 20. Dezember 1988 wurde das Ermittlungsverfahren zum Mord an Michaela Wagner durch den Bezirksstaatsanwalt Gera, Manfred Riethig, wegen Mangels an Beweisen eingestellt. Vor allem »die differierenden Aussagen zum weiteren Geschehensablauf, einschließlich die Vornahme sexueller Handlungen am Kind, dessen Tötung sowie die Beseitigung der Kindesleiche – er nannte sieben nicht zutreffende, teils unmögliche Verbringungsorte und Beseitigungsarten – lassen keinen Schuldnachweis zu, zumal jegliche objektive Beweismittel fehlen. Die Einstellung aus obigen Gründen ist weiter geboten, da der Beschuldigte zuletzt strikt ablehnt, mit dem Kind je Kontakt gehabt zu haben.«

Dem standen aber Zeugenaussagen entgegen, die Werner K. auf Grund seiner Personenbeschreibung zusammen mit dem Kind gesehen hatten.

Im Februar 1989 fand vor dem 2. Strafsenat in Gera die Verhandlung zum Mord und anderer Straftaten an Petra Sch. statt. Das Urteil lautete folgerichtig: »Lebenslängliche Freiheitsstrafe.« Für dieses Verbrechen mußte er büßen; bei der zweiten schweren Straftat, dem Kindesmord, war er davongekommen. Das schmerzte uns alle.

Auch nach der Wende versuchte der Kriminalist Ullrich Zeppernick, Werner K. im Zuchthaus Brandenburg ein neues Geständnis abzuringen oder zumindest herauszufinden, wo er die Leiche verborgen hielt. Ein untauglicher Versuch, er schwieg dazu. Werner K. behält dieses Geheimnis wahrscheinlich für immer für sich. Alle Kollegen, die an diesem Verbrechen intensiv mitgearbeitet hatten, waren sich einig, daß Werner K. Michaelas Mörder war. Uns fehlte nur der allerletzte Beweis: das Opfer.

Nach Ablauf von 15 Jahren hätte Werner K. am 6. Juni 2002 entlassen werden müssen. Die Staatsanwaltschaft Gera forderte dagegen eine Mindestverbüßungsdauer von 30 Jahren. Natürlich wird seine Haftdauer immer einer neuen Prüfung unterzogen. Nach den jetzigen gesetzlichen Bestimmungen könnte Werner K. noch nachträglich zur Sicherheitsverwahrung verurteilt werden. Sie ist zeitlich nicht begrenzt, unterliegt aber aller zwei Jahre einer gerichtlichen Überprüfung. Welche Entscheidung gefallen ist, entzieht sich meiner Kenntnis. Eines steht aber fest: Sobald er wieder auf freiem Fuß lebt, ist und bleibt er eine tickende Zeitbombe!

Die Staatsanwaltschaft Gera gewährte mir einen Einblick in das kriminalprognostisch-psychiatrische Gutachten von Werner K. In diesem

Nicht vergessen

Von Katrin Wiesner

Dass Zeit alle Wunden heilt, mag sein. Doch der Fall der kleinen Michaela lässt auch nach 27 Jahren niemand kalt.

Dass das Geschehen von damals ungeklärt blieb, lastet bis heute den Kripo-Beamten auf der Seele. So nah schienen sie an einem Täter zu sein. Und so ist es letztlich ihrem Betreiben zu verdanken, dass der Fall jetzt noch einmal aufgenommen wird.

Wie gering die Aussichten auch sein mögen, nach dieser langen Zeit neue Spuren oder bislang unbeachtete Hinweise zu finden. Wie schwer es Zeugen auch fallen wird, sich zu erinnern. Was zählt ist, dass es Menschen gibt, die Strafe fordern, dass es einen Rechtsstaat gibt, der das Verbrechen nicht ungesühnt lassen will. Deswegen wird die Tat noch einmal aufgerollt, deswegen berichten wir darüber.

In Gera gelten derzeit 13 Menschen als vermisst; vier Morde sind bis heute ungeklärt.

OTZ Gera 22.1.10

Ermittlungen zu einem Mord vor 27 Jahren

Mord einer Vierjährigen in Gera neu aufgerollt

Gera (OTZ/KW). Die Geraer Staatsanwaltschaft rollt jetzt einen Mordfall erneut auf, der vor 27 Jahren in der Stadt passierte.

Damals, am 7. November 1983, war ein vierjähriges Mädchen vom Spielen auf der Straße nicht nach Hause gekommen. Eine Spielgefährtin erzählte, es sei mit einem Mann mitgegangen.

Polizei und Staatsanwaltschaft gingen damals von einem Mord aus. Nur den Täter konnte man nie dingfest machen. Zwar gab es durch Ermittlungen in einem anderen Mordfall einen Hauptverdächtigen, doch dessen Geständnis galt als unglaubwürdig, weil er mehrere Versionen auftischte und schließlich widerrief. Bereits 1993 wurde der Fall noch einmal aufgenommen, doch wegen fehlender Beweise kam es nicht zur Anklage. Jetzt wird erneut geprüft, ob sich Anhaltspunkte zur Klärung des Verbrechens finden. „Ungeklärte Todesfälle“, so sagt Staatsanwalt Ralf Mohrmann, „werden nie einfach ins Archiv gelegt“.

Der Hauptverdächtige sitzt wegen Mordes an einer Frau, den er 1987 beging, seit 23 Jahren im Gefängnis.

Ostthüringer Zeitung (OTZ) 22.1.2010

Zeitungsartikel in der OTZ Gera zum Ermittlungsstand in der Vermißtensache Michaela Wagner.

Gutachten vom 25. Mai 2012 kommt die zuständige Nervenfachärztin zu folgenden Erkenntnissen: »[...] wo der kaum skrupulös belastete Proband eigenen Bedürfnissen den Vorzug gibt, mit Blick auf die bisher gezeigten deliktbezogen Verhaltensbereitschaften können sich diese sehr sicher wiederholen und als Fortsetzung seiner Deliquenzgeschichte verstanden werden.«

Dem gibt es nichts hinzuzufügen. Bei anderen Straftätern haben Entscheidungen, die eine Haftzeit frühzeitig beendeten, nicht selten schon binnen kurzer Zeit zur erneuten Straffälligkeit geführt.

Am 22. Januar 2010 erschien in der »Ostthüringer Zeitung« ein Artikel mit folgender Überschrift: »Mordfall wird neu aufgerollt«. Staatsanwalt Jens Wörmann wollte den Fall Michaela Wagner wiederbeleben. Leider erfuhr man danach nie wieder durch die Presse, ob eine erneute Anklage gegen den Verdächtigten erfolgte und ob die damaligen Indizien für eine erneute Verhandlung und Verurteilung ausreichend waren.

Staatsanwalt Jens Wörmann rollt den Fall um die kleine Michaela neu auf. (Foto: OTZ/Katrin Wiesner)

Ostthüringer Ztg. „OTZ“ v. 22.1.10

Mordfall wird neu aufgerollt

Auch nach 27 Jahren versucht die Kripo, das Schicksal eines kleinen Mädchens zu klären

Von Katrin Wiesner

Gera. Die Staatsanwaltschaft Gera rollt jetzt einen Mordfall neu auf, der 27 Jahre zurückliegt. „Ungeklärte Todesfälle“, so sagt Sprecher Ralf Mohrmann, „werden nie einfach ins Archiv gelegt“.

Im November 1983 erschütterte der Fall der erst vierjährigen Michaela die Stadt. In der Lindenstraße, unweit der Wohnung der Eltern, hatte das Mädchen mit einer Gleichaltrigen gespielt, dann war sie plötzlich spurlos verschwunden. Ihre Spielgefährtin, die einzige unmittelbare Zeugin, erzählte, ein „Onkel“ habe Michaela mit sich genommen. Das Kind wurde nie gefunden. Einen Tatverdächtigen bekam die Kripo nie hinter Schloss und Riegel.

Eine Großfahndung hatte der Fall damals ausgelöst. Die Ermittlungen füllen bis heute 16 Bände. „Die Akte ist nie geschlossen worden“, sagt der zuständige Staatsanwalt Jens Wörmann.

Volkspolizei bittet um Mithilfe

Die abgebildete Michaela Wagner aus Gera, Lindenstraße 19, wird seit Sonnabend, 5. November, 16 Uhr vermißt. Das Kind spielte bis zu seinem Verschwinden mit einem anderen Mädchen auf der Straße in der Nähe des Elternhauses und entfernte sich vermutlich mit einer unbekannten männlichen Person in Richtung der Straße der Pariser Kommune.

Beschreibung des Kindes: scheinbares Alter vier bis fünf Jahre, ca. 115 cm groß, schlank, hellblondes Haar ohne Scheitel (Ponyschnitt). Bekleidung: schwarzer Trainingsanzug mit roten Ärmelbündchen und rotem Kragen, rote Gummistiefel mit gelbem Schaft, nach oben zu verschnüren. Der Unbekannte soll mit hellblauen Jeans bekleidet gewesen sein und kurzes, dunkelblondes Haar haben.

Hinweise über den Verbleib des Kindes bzw. andere sachdienliche Angaben erbittet die Kriminalpolizei Gera, entweder im VPKA Gera, Amthorstr. 5 direkt oder unter den Rufnummern Notruf 110, 61 32 34; 61 32 33; 61 32 40. Auf Wunsch ist die vertrauliche Behandlung von Hinweisen zugesichert.

Zeugensuche vom 7. November 1983.

Dass das Mädchen noch lebt, glaubt niemand. Man geht von Mord aus. Auch weil die Kripo schon damals einen Mann im Visier hatte, der noch heute als Hauptverdächtiger gilt. Doch dank eines vermeintlichen Alibis rückte er 1983 aus dem Fokus der Ermittlungen. Erst vier Jahre später, 1987, als der gelernte Betonbauer im Streit seine Freundin ermordete, verdichteten sich die Hinweise. Bekannte hatten Reste roter Gummistiefel im Ofen in der Wohnung des Mannes gefunden; rote Gummistiefel hatte auch die kleine Michaela getragen. Ein Psychologe traute ihm die Tat zu. Und der heute 55-Jährige beschrieb die Farben der Kindersachen, obwohl die Fahndungsfotos nur schwarzweiß waren. „Täterwissen“, sagt Wörmann. Dann gestand der Mann. Kein Grund zur Freude für die Kripo. „Er tischte seinen verschiedene Versionen auf, die zum Teil nicht zutrafen oder unmöglich waren, zum Schluss widerrief er alles“, liest Wörmann aus den Akten. Die Polizei habe auf der Anklage beharrt. Die Staatsanwaltschaft jedoch legte den Fall zur Seite, weil die Indizien nicht ausreichten. „Das alles war sehr unbefriedigend für uns“, erinnert sich heute noch ein Kriminalpolizist.

1993 wurde das Verfahren auf Betreiben der Polizei wieder aufgenommen, doch wenig später aus den bekannten Gründen erneut eingestellt. „Ein Mord ohne Leiche ist schwierig zu klären, wenn kein glaubwürdiges Geständnis vorliegt“, kommentiert Wörmann.

Jetzt ermittelt die Kripo wieder. Ein Polizist, der nicht mit dem Fall befasst war, soll unvoreingenommen prüfen, ob es nicht doch Anhaltspunkte zur Klärung der Tat gibt.

Der Hauptverdächtige sitzt unterdessen seit 23 Jahren wegen des Frauen-Mordes in Haft. Und er gilt weiter als gefährlich. Prüfungen, ob die Reststrafe auf Bewährung auszusetzen ist, endeten bislang mit einer Ablehnung. **Kommentar**

Zeitungsartikel in der OTZ Gera zum Ermittlungsstand in der Vermißtensache Michaela Wagner.

41

DER MÄDCHENMORD VON SAALFELD
(1987)

Es war der 24. Juli 1987, ein neunjähriges Mädchen aus Saalfeld wurde vermißt. Die Bevölkerung der Stadt Saalfeld war beunruhigt. Die gesamte MUK sowie die E-MUK kamen umgehend zum Einsatz. Einen Verbrechensverdacht konnten wir nicht ausschließen.

Sofort ließ ich eine umfangreiche Öffentlichkeitsinformation anlaufen. Lautsprecherwagen fuhren durch Saalfeld, Fahndungsblätter wurden verteilt und die Bevölkerung über die Presse zur Mithilfe aufgefordert. Wir bekamen eine Vielzahl von Hinweisen aus der Bevölkerung, die das vermißte Mädchen mit einer unbekannten männlichen Person an der Saale entlang in Richtung Waldgebiet »Bergfried« gesehen hatte. Ich ließ das Waldgebiet »Bergfried« durch Kräfte der Schutzpolizei akribisch absuchen. Das Mädchen wurde gefunden. Es war tot. Für die verzweifelten Eltern kam noch die traurige Nachricht hinzu, daß die Spuren am Fundort und an dem Mädchen auf ein Sexualverbrechen hindeuteten.

Die eingesetzten Kriminaltechniker nahmen eine umfangreiche Spurensuche und -sicherung vor. Die anschließend durchgeführte Obduktion bestätigte unsere schlimme Vermutung. Die Kleine wurde von der unbekannten männlichen Person erst in das Waldgebiet »Bergfried« gelockt, am Fundort sexuell mißbraucht und anschließend durch Erwürgen getötet.

Wir waren uns sicher, daß, ausgehend von der Stadtmitte in Saalfeld bis zum Fund- und Tatort im genannten Waldgebiet, Opfer und Täter mehreren Personen begegnet sein mußten. Da wir mit der E-MUK und weiteren Kriminalisten des VPKA Saalfeld intensiv ermittelten, gelang es uns nach zirka einem Monat, den Tatverdächtigen aus Kamsdorf ausfindig zu machen. Zeugenaussagen halfen uns, ihn als Straftäter zu überführen.

Der Mann gestand, das Mädchen aus sexuellem Motiv in das Waldgebiet »Bergfried« gelockt zu haben. Um als Täter nicht entdeckt zu werden, tötete er es. An seinem Geständnis, das auffallend detaillierte Beschreibungen enthielt, bestand kein Zweifel, es deckte sich zudem mit dem objektiven Tatgeschehen.

Er gab an, sich am 24. Juli 1987 in den Vormittagsstunden an der Saalebrücke im Café »Kännchen« aufgehalten zu haben. Gegen 13.00 Uhr ging er und begab sich auf den in der Nähe befindlichen Abenteuerspielplatz, um Kontakt zu einem Kind aufzunehmen. Er war sexuell sehr erregt und wollte sich an einem der Mädchen vergehen. Es gelang ihm, eines anzusprechen und es zu überzeugen, mit ihm gemeinsam ins Waldgebiet »Bergfried« zu gehen. Das sollte dessen letzter Spaziergang werden.

Als sie am Stadtrand von Saalfeld angekommen waren, suchte er ein geeignetes Gebüsch aus, um nicht von Passanten gesehen zu werden. In dem Moment, wo er sich sicher fühlte, entkleidete er das Mädchen und nahm an ihr sexuelle Handlungen vor. Bei diesen Handlungsweisen forderte er das Kind auf, sein Geschlechtsteil anzufassen und daran zu manipulieren.

Damit erfüllte er seinen sexuellen Drang. Bald darauf forderte er das Mädchen auf, sich wieder anzuziehen und wieder allein zum Abenteuerspielplatz zu laufen. Die Neunjährige folgte seinen Aufforderungen nicht und wollte, daß er sie wieder nach Saalfeld zurückbringe.

Nachdem der Täter wieder einigermaßen zur Vernunft gekommen war, wurde ihm immer klarer, daß diese Straftat herauskommen würde. Das war der Grund, warum er nicht gemeinsam mit dem Mädchen durch die Stadt zurückgehen wollte. Er befürchtete, zusammen mit dem Kind von anderen Leuten gesehen zu werden. Um keinen Preis wollte er ermittelt werden. Also mußte die Kleine sterben. Er fiel über sie her und würgte sie mit vollem Kraftaufwand.

Da sie nach dieser Brutalität aber noch zuckte, nahm er sein Taschenmesser und versetzte ihr drei Stiche in den Bauch sowie drei weitere Stiche in die Halsgegend. Nun war er sicher, daß sie tot war. Er legte sein Opfer in eine natürliche Erdmulde und bedeckte das leblose Mädchen teilweise mit Laub. Anschließend entfernte er sich vom Tatort und glaubte, nicht ermittelt zu werden.

Der Täter lief nach Saalfeld zurück und begab sich anschließend in seine Wohnung nach Kamsdorf.

Im Zusammenhang mit den gesamten geführten Ermittlungen wurde noch bekannt, daß der Verdächtige im Juli 1987 bereits einen sexuellen Mißbrauch an einem neunjährigen Mädchen in Saalfeld begangen hatte. Ebenfalls zu diesem Zeitpunkt hatte er versucht, im Freibad von Saalfeld eine junge polnische Frau zu vergewaltigen. All diese Hinweise hatten sich so verdichtet, daß wir nach zirka vier Wochen Ermittlungstätigkeit den Täter festsetzen konnten.

Er führte keine langen Streitgespräche mit uns. Unsere Vorhaltungen ihm gegenüber konnte er nicht entkräften, und so legte er ein umfangreiches Geständnis ab. Ich leitete gegen ihn ein Ermittlungsverfahren wegen »Verdachts des Mordes und des sexuellen Mißbrauchs eines Kindes« ein. Der beantragte Haftbefehl war nur noch Formsache. Er wurde in Untersuchungshaft genommen.

Über die örtliche Presse wurde die Bevölkerung von Saalfeld über die Aufklärung der Straftat informiert und ihr für die aktive Unterstützung bei der Aufdeckung und Aufklärung dieser schweren Straftat gedankt.

Nachdem durch den Untersuchungsführer Oberleutnant der K Hans-Jürgen Ritter die Untersuchungen beweismäßig wasserdicht beendet waren, ließen wir den Beschuldigten in Saalfeld seine Aussagen umfangreich demonstrieren. Er zeigte uns, wo genau auf dem Abenteuerspielplatz er den Kontakt zu dem Mädchen aufgenommen hatte. Von da aus lief er den genauen Weg am Saaleufer entlang, am Sportplatz von Saalfeld vorbei und weiter in Richtung Waldgebiet »Bergfried«. Daraufhin führte er uns zum Tatort und zeigte allen Beteiligten anhand einer Demonstrationspuppe, wie er das Mädchen erst sexuell mißbraucht und anschließend getötet hatte.

Seine Aussagedemonstration stimmte mit den Zeugen und den gesicherten Spuren am Tatort sowie der Lage des Opfers und den Verletzungen hundertprozentig überein.

Noch als Ergänzung:
Der Bezirksstaatsanwalt und der Rechtsanwalt des Beschuldigten waren bei der umfangreichen Rekonstruktion zugegen. Auf Grund dieser Situation hatte sein Rechtsanwalt für die Verteidigung wenig entlastende Argumente. Der Staatsanwalt hatte umfangreiche Beweismittel, die ihm die Anklage leicht machten.

Zum ersten Mal setzten wir bei dieser Rekonstruktion nicht nur die klassische Fotodokumentation, sondern die Videotechnik ein. Wir erarbeiteten eine Art Drehbuch und bereiteten uns alle sehr sorgfältig auf diese Rekonstruktion vor. Der von uns gefertigte Film wurde Bestandteil der Beweismittelakte und dem Staatsanwalt mithin übergeben. So begann bei uns nach und nach der Einstieg in die moderne Technik.

Das Verfahren wurde danach an den Bezirksstaatsanwalt Gera zur Anklage übergeben. Der Täter wurde zu einer mehrjährigen Haftstrafe verurteilt.

42

DIE FRAUENLEICHE IM SCHLAFZIMMERSCHRANK
(Gera, 1987)

Ein hitziger Streit zwischen den Eheleuten Ilse und Horst L. blieb am 1. August 1987, gegen 17.00 Uhr, nicht ohne Folgen. Beide bereits geschieden, saß jeder für sich zwar auf einem beträchtlichen Schuldenberg, sie hofften jedoch, wenigstens zusammen glücklich werden zu können. Zusammen arbeiteten sie in einer Brigade hart dafür, ihre Schulden abzutragen, doch da es beschwerlich voranging, kam oftmals Streit auf.

Aus Frust oder einfach als Belohnung nach Arbeitsschluß zog es Horst manchen Abend in die Kneipe. Ilse nahm diese Zeche zum Anlaß, ihm Vorhaltungen des lieben Geldes wegen machen zu können und natürlich, um ihrer Eifersucht Ausdruck zu verleihen.

An diesem Tag eskalierte es, als Horst sich wieder einmal auf und davon machen wollte. Während seine Partnerin darauf wie üblich cholerisch reagierte, geriet Horst in Rage. Nachdem er aus ihrem Mund »Geh doch, vielleicht findest du eine andere« gehört hatte, verlor er die Beherrschung. Im Affekt griff er das Beil, das im Schlafzimmer neben dem Ofen stand, und schlug mehrmals mit der flachen Seite auf den Kopf seiner im Bett liegenden Partnerin ein. Die Schläge waren mit so einer Wucht geführt, daß Ilse diese Hiebe nicht überlebte. Da er sie dort nicht liegen lassen konnte, versteckte er sie kurzerhand im Kleiderschrank und deckte sie mit mehreren Kleidungsstücken ab. Nicht nur seine mit Blut bespritzte Bekleidung, auch die blutverschmierte Bettwäsche versteckte er alsdann in der Wohnung. Noch sehr beeindruckt von seiner Handlungsweise, verließ er die Wohnung und war ziellos auf der Flucht.

Da beide nicht auf Arbeit erschienen, dauerte es nicht lange, bis die Straftat ans Licht kam. Während dringlich nach ihm gefahndet wurde, dachte Horst, daß, wenn er in die CSSR ausreise, er sich der strafrechtlichen Verantwortung entziehen könnte. Am Grenzübergang

Die weibliche Leiche im Schlafzimmerschrank. Der Pfeil zeigt auf die Lage des Opfers unter den Bekleidungsgegenständen.

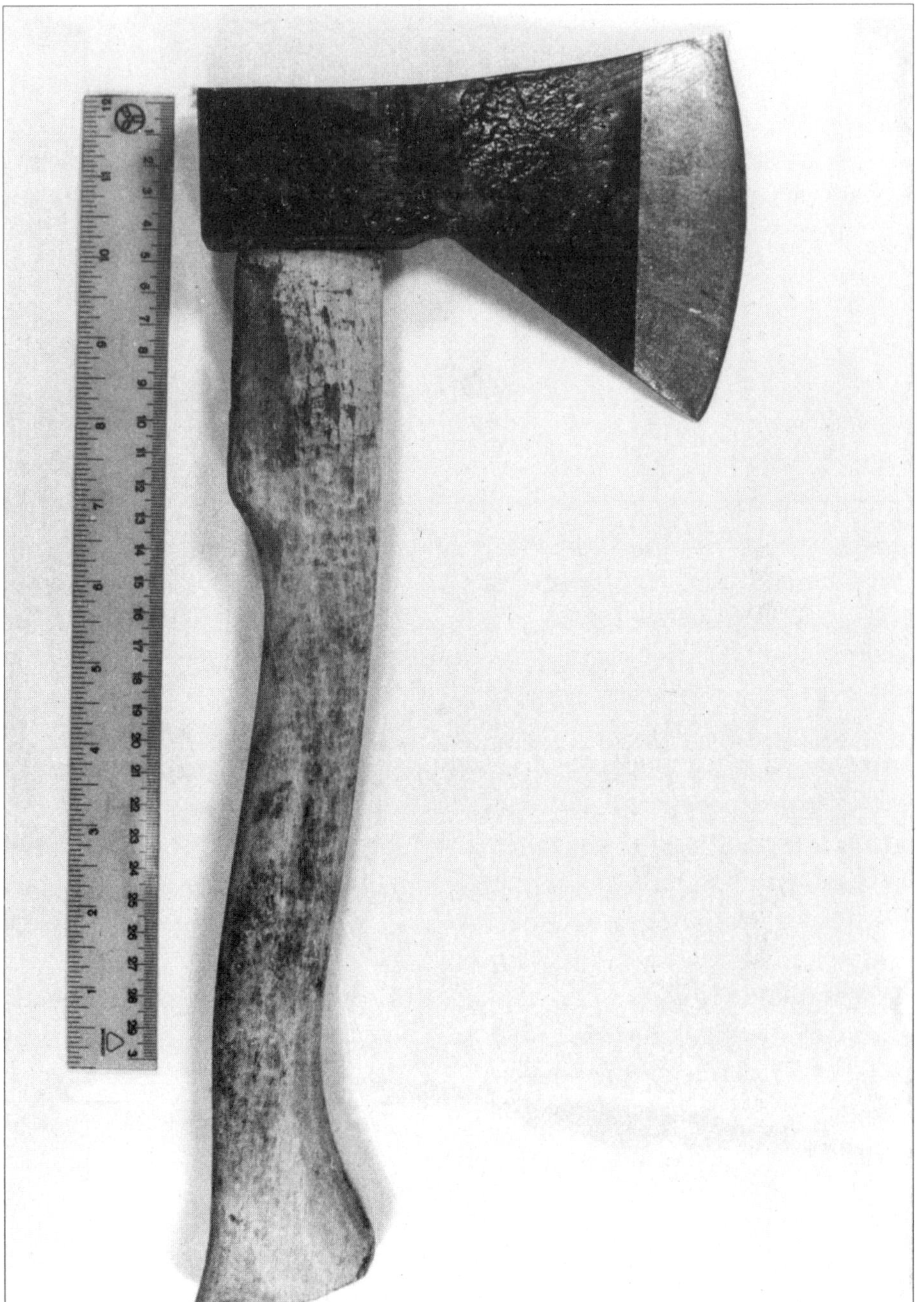

Die Tatwaffe.

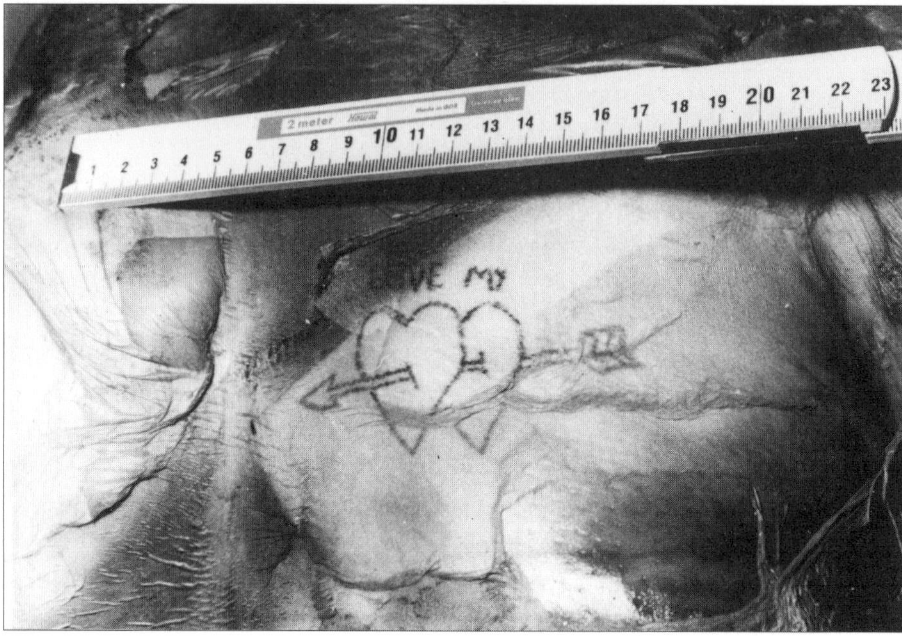

Tätowierung des Opfers.

Bad Schandau waren die Mitarbeiter bestens über Flüchtige informiert. Am 11. August 1987 wurde Horst L. bei der versuchten Ausreise gestellt, verhaftet und anschließend nach Gera überführt. Konfrontiert mit dem Tatverdacht, gestand er sein Verbrechen ohne Umschweife, so daß das Ermittlungsverfahren wegen Verdachts des Mordes zeitnah bearbeitet und abgeschlossen werden konnte.

Da er sich sowohl bei der staatsanwaltschaftlichen Vernehmung als auch bei der Verhandlung vor dem Bezirksgericht Gera insgesamt aussagebereit und geständig zeigte, bewahrte er sich vor einer lebenslänglichen Freiheitsstrafe. 1988 erhielt er 15 Jahre Haft, die schon drei Jahre später auf fünf Jahre Bewährung ausgesetzt wurde.

43

EIN HEFTPFLASTER SOLLTE IHRE STRAFTAT VERTUSCHEN

(Jena-Lobeda, 1987)

Eigentlich wußte Frau S. nicht mehr so richtig, wie sie ihrem kranken Mann helfen sollte. Er litt an einem unheilsamen Krebs, war bettlägerig und beauftragte und nervte seine Frau ständig mit neuen Aufgaben. Es kam vor allem wegen der Krankheit zwischen den Ehepartnern zu täglichen Streitigkeiten. Diese verbalen Anfeindungen und gegenseitigen Beleidigungen endeten oft in tätlichen Auseinandersetzungen.

Es war der 28. Januar 1987, als mich Dr. med. Wolfgang Giebe vom Institut für gerichtliche Medizin Jena in Gera anrief und darüber in Kenntnis setzte, daß ein älterer Mann aus Jena-Lobeda, Edwin-Morgner-Straße, mit einer Stichverletzung (Herzstich) in die Pathologie Jena eingeliefert worden war. Die sezierenden Pathologen stellten fest, daß der verstorbene Mann auf der linken Brustseite ein Pflaster aufwies. Das machte sie stutzig, weil der Verstorbene mit der Diagnose »Tod durch Herzkreislaufversagen – natürlicher Tod« zur Verwaltungssektion in die Pathologie Jena eingeliefert worden war. Sie informierten die Gerichtsmedizin Jena und den Kreisstaatsanwalt. Er veranlaßte auf Grund eines Verbrechensverdachts sofort eine gerichtsmedizinische Sektion. Ich fuhr mit unserem Kriminaltechniker direkt zur Sektion in die Gerichtsmedizin Jena. Dabei wurde feststellt, daß der Mann eines nicht natürlichen Todes gestorben war. Ursache für den Tod war der dem Geschädigten beigebrachte »Herzstich« mit innerer Verblutung.

Auf Grund der neuen Situation wurde eine Anzeige »Tod unter verdächtigten Umständen« aufgenommen und ein Ermittlungsverfahren wegen Verdachts einer vorsätzlichen Körperverletzung mit Todesfolge eingeleitet.

Im Verdacht stand die Ehefrau des Opfers. Andere Personen konnten wir ausschließen. Wir fuhren in die Wohnung, wo wir die Ehefrau antrafen. In einer kurzen Erstbefragung räumte sie ein, ihrem Ehemann den Herzstich verpaßt zu haben. Die Frau wurde dem VPKA Jena zugeführt und exakt zu den Umständen des Verbrechens vernommen. Die Kriminaltechniker führten in der Wohnung die entsprechenden notwendigen kriminaltechnischen Tatortarbeiten durch. Das von der Täterin beschriebene Tatmesser wurde beschlagnahmt.

Spuren hatte die Verdächtige bereits in ihrer Wohnung durch Aufräumen beseitigt und das Tatmesser mit Fitwasser gereinigt. Sie schilderte uns den Tathergang folgendermaßen:

Am 23. Januar 1987 hatte ihr Ehemann auf Grund seines starken Krebsleidens angeblich wieder mal – wie so oft – einen schlechten Tag. Es kam zwischen den Eheleuten zu Streitigkeiten, weil sie zudem – und dies fast täglich – erhebliche Mengen Alkohol zu sich genommen hatten. Hinzu kam noch, daß das Opfer an diesem Tag nichts gegessen hatte, was die Täterin sehr ärgerte. Durch diese Umstände schaukelte sich die gesamte Situation zwischen beiden auf. Da ihr Ehemann sie immerfort beleidigte, wollte Frau S. dem Horror ein Ende bereiten. Sie hatte die Nase voll.

Sie schmierte ihrem Mann jetzt ein Butterbrötchen und gab ihm ein Stück Wurst dazu. Daneben legte sie ein Messer, um kleine Stücke abschneiden zu können. Gleichzeitig schenkte sie sich und ihrem Ehemann weiter Schnaps ein. Beide tranken zusammen mehrere Gläser aus. Da ihr Mann das Essen erneut verweigerte, wurde sie zornig. Sie ergriff jetzt das Küchenmesser und stach ihren Ehemann in die linke Brustseite und somit direkt ins Herz. Dann zog sie das Messer heraus und säuberte es.

Als sie merkte, daß ihr Mann nicht mehr atmete und kein Lebenszeichen von sich gab, war sie sich sicher, daß sie ihn durch den Messerstich getötet hatte. Um die Straftat zu vertuschen, säuberte sie ihn vom Blut, klebte ein Pflaster über die Stichwunde und zog ihn wieder an. Das Blut auf dem Fußboden wischte sie weg. Sie wollte damit beim Arzt den Eindruck erwecken, ihr Mann sei eines natürlichen Todes verstorben, was ihr auch *fast* gelungen wäre – aber nur fast.

Durch den beigebrachten Stich verstarb er an innerer Verblutung. Frau S. informierte ihren Nachbarn über den plötzlichen Tod ihres Ehemannes. Wenig später traf die SMH Jena ein. Die Notärzte versuchten noch, ihn ins Leben zurückzuholen. Vergebens. Der SMH-Arzt führte eine oberflächliche Leichenschau durch. Das Pflaster übersah er. In seiner Diagnose ging er von einem natürlichen Tod aus und stellte entsprechend den Totenschein aus.

Auf Grund der Vorerkrankung des Opfers wurde aber eine Verwaltungssektion angeordnet. Die Pathologen der Friedrich-Schiller-Universität Jena waren gut ausgebildete Ärzte und hegten anhand des Pflasters und des Herzstiches sehr bald einen Verbrechensverdacht. Somit rutschte dieses Verbrechen nicht durch. Denn wenn nur der geringste Verdacht einer Straftat vermutet wurde, kamen generell sofort Staatsanwalt, Kriminalpolizei und Gerichtsmedizin zum Einsatz, um dann die weiteren Untersuchungen vorzunehmen. So auch in diesem Fall.

Die durchgeführte oberflächliche Leichenschau durch den diensthabenden Leichenschauarzt wurde über den Bezirksarzt und die Kreisärzte im gesamten Bezirk Gera ausgewertet und entsprechende Maßnahmen zur Verbesserung einer ordnungsgemäßen Leichenschau durch SMH-Ärzte eingeleitet. Somit wurde diese Straftat weiter von meiner MUK bearbeitet und abgeschlossen.

Die gerichtsmedizinischen Feststellungen am Opfer entsprachen voll und ganz den Aussagen der Verdächtigen. Am Ende wurde die Täterin auf Grund der besonderen Umstände des kranken Ehemannes und wegen ihres erhöhten Alkoholkonsums vom Bezirksgericht Gera zu einer Freiheitsstrafe verurteilt. (In der beigefügten Beschuldigtenvernehmung durch den Staatsanwalt können vor allem das Motiv und die Beweggründe der Straftäterin nochmals nachvollzogen werden.)

In diesem Zusammenhang eine kleine Anmerkung zu gerichtsmedizinischen Sektionen im vereinten Deutschland:

Im Februar 2014 mahnte der Leiter der Rechtsmedizin der Charité Berlin, Professor Michael Tsokos, in einer Fernsehsendung bei Markus Lanz an, daß in Deutschland jährlich zirka 150 Tötungsverbrechen nicht erkannt und damit nicht aufgeklärt werden könnten. Es stünden zu wenig Gelder zur Verfügung, um notwendige gerichtsmedizinische Sektionen durchzuführen. Dieser alarmierende Hinweis sollte für Mörder kein Freibrief sein.

Wenn es um die Aufklärung eines Tötungsverbrechens geht, müssen die Rahmenbedingungen geschaffen werden, daß eine möglichst lückenlose Aufdeckung, Aufklärung und Untersuchung gewährleistet wird.

Ich glaube, daß dieses System in der DDR gesetzlich engmaschiger geregelt war. Hier ist die Politik gefordert, in ganz Deutschland endlich einheitlichere und bessere Rahmenbedingungen zu schaffen. Es darf nicht sein, daß durch solche Gesetzeslücken Morde unerkannt und unaufgeklärt bleiben.

Ich bin mir nicht sicher, ob es – im beschriebenen Fall – unter heutigen Bedingungen zu einem Erkennen eines Verbrechensverdachts und demzufolge zur umfassenden Aufklärung gekommen wäre.

Auszüge aus der staatsanwaltschaftlichen Vernehmung vom 27. Mai 1987 Vernehmungsprotkoll der Beschuldigten

Beruf: ohne, zuletzt: Küchenhilfe
wohnhaft: Jena-Lobeda, Edwin-Morgner-Straße

»Frage: Sind Sie gesundheitlich in der Lage, der vorgesehenen Vernehmung zu folgen?

Antwort: Ich bin durchaus in der Lage, der Vernehmung zu folgen und die an mich gerichteten Fragen zu beantworten.

Frage: Sie wurden durch das Untersuchungsorgan wiederholt und einmal bereits durch den Staatsanwalt zu dem Tatgeschehen vernommen. Haben Sie dazu Ergänzungen bzw. Berichtigungen vorzutragen?

Antwort: Nein, ich habe keine Ergänzungen und Berichtigungen zu meinen Aussagen vorzutragen, da ich wahrheitsgemäß ausgesagt habe. Es stimmt allerdings, daß ich zunächst nicht im vollen Umfang die Wahrheit gesagt habe.

Frage: Wie gingen Sie am 23.01.1987 gegen Ihren Ehemann vor? Schildern Sie zusammenhängend den Tagesablauf!

Antwort: Ich habe an diesem Tage wie üblich das Frühstück vorbereitet. Mein Mann lehnte allerdings ab, etwas zu essen, so daß ich dann allein gefrühstückt habe. In der Folgezeit habe ich häusliche Arbeiten erledigt, und die Kaufhalle aufgesucht, um etwas zum Mittagessen einzukaufen. Außerdem brachte ich von diesem Einkauf eine Flasche Korn mit. Nachdem ich in die Wohnung zurückgekommen war, fing mein Mann an zu trinken. Ich schenkte ihm und auch mir einen doppelten

Schnaps ein, den wir dann tranken. Danach wurde Fernsehen geguckt, ich bereitete auch das Mittagessen vor.

Ich forderte meinen Mann auf, etwas zu essen, aber er lehnte erneut ab. Daraufhin habe ich allein zu Mittag gegessen. Er sagte dann zu mir, ich solle mich zu ihm setzen. Das habe ich getan, und jeder hat dann etwa 6 bis 8 doppelte Schnäpse getrunken. Danach wollte mein Mann schlafen. Ich war damit einverstanden und sagte ihm, daß ich spazieren gehe. Beim Verlassen der Wohnung rief er mir nach: »Bringst mir noch einen mit.« Das bedeutete, ich sollte noch eine Flasche Schnaps mitbringen. Darüber war ich verärgert, da in der Wohnung noch Schnaps war und der Kauf einer weiteren Flasche so ins Geld geht.

Während des Spaziergangs sind mir allerhand Gedanken durch den Kopf gegangen. Ich stellte imstillen für mich fest, daß mein Mann schon ein rechter Querkopf geworden war. Häufig gab es ernste Auseinandersetzungen. Er hat mich auch geschlagen. Ich war sehr unzufrieden und dachte deshalb, daß es besser wäre, wenn ich allein leben würde. Den Entschluß, meinen Mann zu töten, habe ich zu dieser Zeit noch nicht gefaßt. Dazu kam es erst später in der Wohnung.

Bei der Rückkehr in die Wohnung stand ein Schnapsglas auf dem Tisch. Ich nahm an, daß mein Mann während meiner Abwesenheit weiter getrunken hatte. Das sah ich dann auch, nachdem ich den Kühlschrank geöffnet und die Schnapsflasche gesehen hatte. Ich habe mit ihm geschimpft und ihm vorgeworfen: »Du trinkst den ganzen Tag, essen tust du nichts!« Daraufhin brachte mein Mann zum Ausdruck, er würde jetzt etwas essen, ich sollte ihm eine Buttersemmel und ein Stückchen Wurst geben. Das habe ich ihm fertiggemacht und mit einem Messer dazu auf den Tisch gestellt. Ich habe dann noch für jeden ein Glas mit Schnaps gefüllt und mir selbst eine Zigarette angesteckt.

Mein Mann hatte nichts gegessen, aber den Schnaps ausgetrunken. Ich war darüber derart erbost, daß ich aufstand, das Messer vom Tisch nahm und damit auf ihn einstach. Ich traf mit dem Messer in die Brustseite, es war die linke. Mein Mann ist daraufhin – er hatte gesessen – langsam zum Fußende umgekippt. Der linke Arm hing von der Liege. Er rührte sich nicht. Ich empfand eine sehr große Angst, auch weil ich sah, daß an seiner Schlafanzugjacke das Blut herunterlief. Ich habe meinen Mann hochgenommen und auf den Rücken gelegt. Ich versuchte, den

Puls zu fühlen, stellte aber fest, daß ein Pulsschlag nicht zu spüren war. Er atmete nicht, er lag da, als würde er schlafen.

Frage: Warum führten Sie den Messerstich gegen Ihren Ehemann?

Antwort: Es war, als würde jemand zu mir sagen, du mußt es tun. Richtig bewußt geworden ist mir die Tat erst hier in der Untersuchungshaft. Ich habe meinen Mann getötet, weil in meinem Unterbewußtsein es feststand. Ich wollte meine Ruhe haben. Immer habe ich alles runtergeschluckt. Er konnte mich zur Verzweiflung bringen. Obwohl ich ihn ständig versorgt habe, war er zu mir ungerecht und manchmal sogar gewalttätig. Er hat mich wiederholt gedemütigt. Ich war mit ihm immer im Wohnraum, niemals konnte ich für mich allein sein. Zu meiner Tochter zu gehen, hatte auch nicht viel Zweck, denn in einem früheren Fall, da ich zu ihr gegangen war, hatte er mich geschlagen.

Ich sah in der geschilderten Situation keinen anderen Ausweg, um meine Ruhe zu haben, habe ich auf meinen Mann eingestochen, um ihn zu töten.

Dazu habe ich mehrfach vor dem Untersuchungsorgan ausgesagt. Diese Aussagen sind richtig. Es stimmt auch, daß ich meinen Mann nach dem Messerstich von Blut gesäubert habe, die Wäsche wechselte und den Fußboden vom Blut reinigte. Nachdem ich alles sauber hergerichtet hatte, ging ich zu meinem Nachbarn, Dr. B. Es kann sein, daß das, so wie Dr. B. sagt, auch 18.00 Uhr war.

Ich ging zum Nachbarn, damit ein Arzt benachrichtigt werden sollte. Es war mir klar, daß ein Arzt kommen mußte, um den Tod meines Ehemannes festzustellen. Ich hatte in dieser Situation Angst, daß ich mich für das, was ich getan hatte, verantworten müßte. Deshalb hatte ich in der Wohnung alles so hergerichtet, als wäre mein Mann auf natürliche Weise verstorben. Um mich nicht verantworten zu müssen, hatte ich auch bei der Kriminalpolizei zunächst nicht die Wahrheit gesagt und behauptet, daß ich meinem Mann mit dem Messerstich lediglich wehtun wollte. Richtig ist aber, daß ich mich in dieser Situation aus Verärgerung und Verzweiflung über sein Verhalten entschlossen hatte, ihn mit dem Messerstich zu töten. Heute bin ich der Meinung, daß ich die Tat sicher nicht begangen hätte, wenn ich nicht so viel Alkohol getrunken hätte.

Ich habe das Vernehmungsprotokoll selbst gelesen. Der Inhalt entspricht in allen Teilen den von mir gemachten Aussagen. Meine Worte sind darin richtig wiedergegeben.«

44

DIE ÜBERRASCHUNG WAR IHM GELUNGEN – EIN BESUCH MIT TÖDLICHEM AUSGANG

(Pausa, 1988)

Der Leiter der Kriminalpolizei Zeulenroda, Hauptmann der K Frank Schaarschmidt, informierte mich am 20. November 1988, im Verlauf des Vormittags, daß sich in Pausa in der Pestalozzistraße der Tod einer allein wohnenden Frau unter verdächtigten Umständen zugetragen hatte und ein Tötungsverbrechen nicht auszuschließen sei. Ich war in dieser Woche selbst Diensthabender der MUK. Das heißt ich und meine Kollegen standen in der Woche von Freitag 17.00 Uhr bis zum nächsten Freitag 17.00 Uhr 24 Stunden in Bereitschaft. Wir mußten zu jedem Zeitpunkt abrufbereit sein.

Für mich als Leiter der Morduntersuchungskommission galten jedoch andere Gesetzmäßigkeiten. Egal zu welcher Zeit – ob Tag oder Nacht, Sonn- oder Feiertag, Bereitschaft oder nicht – ich fuhr generell mit zum Einsatz. Ich hatte für meine Mitarbeiter und für die Aufdeckung, Aufklärung und Untersuchung von Tötungsverbrechen im Bezirk Gera die konkrete Verantwortung, der ich mich zu jeder Zeit stellte. Als Leiter mußte ich mich auch rechtfertigen. Manchmal wurden auch unbequeme Fragen gestellt, besonders wenn sich die Aufklärung in die Länge zog, wobei sich die Aufklärungsquote von Tötungsverbrechen im Bezirk Gera durchaus sehen lassen konnte. Wir konnten im DDR-Maßstab eine der höchsten Aufklärungsquoten verzeichnen, und das kam nicht von ungefähr.

Aber zurück zum konkreten Fall:

Der diensthabende Arzt der SMH Zeulenroda, Dr. Werner, war bereits zum Ereignisort gerufen worden. Das Hausbesitzerehepaar hatte Ursula P. in ihrer Wohnung leblos im Bett aufgefunden. Als der SMH-Arzt am Ereignisort erschien und auf Grund der Lage des Opfers einen Tod unter verdächtigen Umständen diagnostizierte, erschien fast zeitgleich der geschiedene Ehemann des Opfers. Hartmut P. wollte unbedingt mit in die Wohnung seiner »Ex«. Dr. Werner verweigerte ihm den Zutritt, was sich in der Folge als eine taktisch kluge kriminalistische Maßnahme für uns erweisen sollte. Der Ereignisort wurde sofort und umfassend durch den zuständigen ABV von Pausa gesichert. Unbefugten blieb damit der Zutritt in diese Wohnung verwehrt. Auf Grund des festgestellten Sachverhaltes am Fundort des Opfers konnten wir ein Tötungsverbrechen mit einem unbekannten Täter nicht ausschließen. Zeitgleich wurde zur Unterstützung unseres Kriminaltechnikers der KT-Stützpunkt des VPKA Gera ebenfalls zum Tatort geschickt. Die Gerichtsmedizin Jena wurde von mir informiert und gebeten, zur Einschätzung des Vorfalls zum Tatort zu kommen. Der Kreisstaatsanwalt war mit vor Ort.

Wir als MUK rückten in voller Stärke nach Zeulenroda aus und ließen uns erst einmal vom Leiter der Kriminalpolizei eine umfassende Einschätzung geben. Die Gerichtsmedizin Jena, unter Leitung von Frau Prof. Dr. Klein, traf kurz nach uns in Zeulenroda ein. Ich informierte sie über den anstehenden Sachverhalt und gemeinsam begaben wir uns jetzt zum Tatort. Zum Glück hatte der SMH-Arzt keine Veränderungen am Fundort des Opfers vorgenommen, so daß sich die Gerichtsmediziner von der Lage der weiblichen Leiche im Bett und den Spuren einen umfassenden Überblick verschaffen konnten. Anhand der ersten Erkenntnisse schien ein Erstickungstod wahrscheinlich.

Der Kreisstaatsanwalt ordnete eine gerichtsmedizinische Sektion an, die nach der Spurensicherung am Tatort im Kreiskrankenhaus Zeulenroda durchgeführt wurde. Unser Kriminaltechniker war bei der Sektion zugegen und nahm zusammen mit dem Ärzteteam die weitere Spurensuche am Opfer vor. Dabei konnten Spuren gesichert werden, die für die Untersuchung und Täterüberführung von Bedeutung werden sollten. Das Ergebnis der gerichtsmedizinischen Sektion war eindeutig. Alle festgestellten Spuren am Opfer deuteten auf einen eindeutigen Erstickungstod hin. Die Sache war klar: hier hatte jemand »nachgeholfen«. Ein Unfall oder ein Suizid konnte ausgeschlossen werden.

Wer hatte Interesse daran gehabt, Ursula P. zu töten? Warum hatte sie in der Nacht plötzlich noch Besuch bekommen? Hatten außer dem Opfer und den Kindern noch andere Personen Schlüssel zu dieser Wohnung? Es war wieder einmal alles offen, und wir mußten alle Details akribisch ermitteln. Bei der trassologischen Untersuchung der

Schlösser der Hauseingangstür und der Wohnungseingangstür konnten keine Einbruchsspuren festgestellt werden. Also mußte vor allem geklärt werden, wer sonst noch Schlüssel vom Wohnhaus und der Wohnung des Opfers besaß.

Dies konnten wir über den Hausbesitzer eindeutig feststellen. Um aber zu den Bewegungsabläufen in Pausa und vor allem im Bereich der Pestalozzistraße weitere kriminalistische Informationen zu erlangen, ließ ich veranlassen, daß über einen Lautersprecherwagen die Bevölkerung von Pausa um Mithilfe aufgefordert wurde. Es ging vor allem darum, Zeugen zu finden, die eventuell verdächtige Personen im Bereich des Tatortes in der Tatnacht gesehen hatten. Es wurden ausgehend vom Tatort umfangreiche Rundumermittlungen geführt. Dazu wurden weiterhin Ermittlungen zum Scheidungsgrund des Ehepaares notwendig sowie Nachfragen, welche Beziehung Hartmut P. zu seiner geschiedenen Ehefrau pflegte. Hatte er an diesem Tag Kontakt zu ihr gesucht?

Hartmut P. kam noch am 21. November 1988 immer mehr ins Visier der Verdächtigen. Seine Anfangsaussagen waren sehr widersprüchlich. Des weiteren erfuhren wir, daß er sich bei dem Busfahrer erkundigt hatte, wann der Rücktransport der Teilnehmer von der Betriebsfeier nach Pausa erfolgen sollte. Seine geschiedene Frau war an besagtem Abend mit diesem Bus mit anderen Arbeitskollegen nach Zeulenroda zum FDGB Kulturhaus gefahren worden. Somit war Hartmut P. ziemlich exakt bekannt, wann Ursula P. in dieser Nacht wieder zu Hause sein würde. Ein glaubhaftes Alibi konnte er nicht vorweisen. Zudem hatte er sie nach der Scheidung immer bedrängt, zu ihm zurückzukehren. Sie lehnte sein Angebot aber kontinuierlich ab, was ihn sehr verärgerte. Wir hatten nun herausgefunden, daß der Sohn im Besitz eines Haustürschlüssels war, als die Kinder bei ihrem Vater übernachteten.

Im Haus konnte ermittelt werden, daß die Untermieter am 20. November 1988, gegen 01.45 Uhr, aus der Wohnung des Opfers laute Geräusche wahrgenommen und ein Wimmern gehört hatten. Sie begaben sich an die Wohnungstür der späteren Geschädigten, konnten aber plötzlich nichts mehr hören. Sofort war alles wieder verstummt. Na ja, vielleicht hatten sie sich auch verhört und es war mit ihrer Obermieterin doch nichts passiert! Hinter dem Wimmern verbargen sich aber wahrscheinlich ihre letzten Atemzüge, denn danach war sie mit Sicherheit an Ersticken verstorben!

In der Folge der Ermittlungen stellte sich heraus, daß die Aussagen der Untermieter von Bedeutung waren, weil sie in unser zeitliches Raster exakt hineinpaßten. Zudem hatte im Haus niemand festgestellt, daß fremde Personen gewaltsam eingedrungen waren. Also verstärkte sich der Verdacht, daß eine Person in den Besitz der Hauseingangsschlüssel gekommen sein mußte. In der Folge der weiteren Ermittlungen sollte sich auch dieses Rätsel noch aufklären. Alle bis dahin ermittelten Indizien sprachen dafür, daß Hartmut P. mit dem Tod seiner geschiedenen Ehefrau in Verbindung zu bringen war. Deshalb leitete ich am 21. November 1989 gegen Hartmut P. ein Ermittlungsverfahren wegen Verdachts des Vorsätzlichen Mordes ein und stellte Antrag auf Haftbefehl, der vom Kreisgericht Zeulenroda erlassen wurde. In der Folge bildete ich eine Vernehmergruppe zur Vernehmung des Verdächtigen. Eine Ermittlergruppe verblieb in Pausa und baute nach und nach eine lückenlose Indizienkette zusammen, die dem Verdächtigen Stück für Stück vorgehalten wurde. Die Verdachtsgründe gegen ihn erhärteten sich systematisch.

Aber Hartmut P. blieb in seiner Taktik hart und gab nur das zu, was ihn nicht belastete. Er spürte zwar, daß sich die Schlinge immer weiter zuzog, trotzdem blieb er bei seiner Linie, nur das einzuräumen, was wir ihm wirklich nachweisen konnten. Doch auch wir blieben hart, weil ich überzeugt war, daß er mit dem Tod seiner geschiedenen Frau im Zusammenhang stand. Im Laufe der Zeit kamen bei ihm Skrupel bezüglich dem Verbleib seiner Kinder auf.

Am 27. Januar 1989 wendete sich das Blatt. Wir hatten Hartmut P. erklärt, daß seine Kinder ordnungsgemäß bei der Verwandtschaft untergebracht waren und sie nicht in ein Heim mußten. Die Situation der Kinder war nun zu seiner Zufriedenheit geregelt. Von diesem Moment an zeigte er Gesprächsbereitschaft und war gewillt, mit uns über die Umstände in der Nacht des 20. November 1988 zu reden. Er legte ein umfangreiches Geständnis ab und schilderte uns aus seiner Sicht, wie es zum Tod von Ursula P. gekommen war.

Hartmut P. war über die Scheidung nie richtig hinweggekommen. Seine Ex-Frau lehnte aber immer wieder ein weiteres Zusammenleben mit ihm ab. Der verprellte Mann dachte sich, daß am 20. November 1988 die Gelegenheit günstig wäre, sie von seinem Vorhaben eines neuerlichen Zusammenlebens zu überzeugen. Da die Kinder bei ihm übernachteten, schien ihm der passende Zeitpunkt gekommen.

Doch er wählte sich eine recht ungünstige Zeit dafür aus, sich Zutritt in ihre Wohnung zu verschaffen. Bei einer Stippvisite ein paar Stunden zuvor schien seine Ex-Frau noch unterwegs; nirgends brannte Licht.

In unseren Schlußbericht vom 31. Dezember 1989 wurden die Ermittlungsergebnisse wie folgt festgestellt und das Ermittlungsverfahren zur Anklageerhebung an den Bezirksstaatsanwalt Gera übergeben:

»Der Beschuldigte Hartmut P., seit dem 21.11.1988 in Untersuchungshaft, ist hinreichend verdächtig, als Einzeltäter bedingt vorsätzlich handelnd das Leben eines Menschen angegriffen und vernichtet zu haben, indem er nach Eindringen in die Wohnung in Pausa, Pestalozzistraße, am 20.11.1988 zwischen 01.30 Uhr und 01.45 Uhr seine geschiedene Ehefrau Ursula P. im Schlafzimmer ihrer Wohnung tötete, indem er unter Anwendung von körperlicher Gewalt mit der Hand bzw. einem Kissen die Atemwege verlegte und sie so erstickte. Ausgangspunkt und Ziel seiner Handlung war zunächst das Unterbinden der Angstschreie der überraschten Geschädigten. Trotz des von seiner Handlungsweise ausgehenden Risikos für das Leben seiner geschiedenen Frau, welches ihm nicht zuletzt aus seiner allgemeinen Lebenserfahrung bekannt und ihm bewußt war, daß er keinen Einfluß auf das Ergebnis hat, ließ er von seiner Handlung nicht ab.«

Hartmut P. entstammte einer Handwerkerfamilie und wuchs mit seinem jüngeren Bruder bei seinen Eltern auf. 1962 schloß er die Grundschule mit dem Abschluß der 8. Klasse ab und erlernte im väterlichen Betrieb den Beruf des Fleischers. Nach Abschluß der Lehre arbeitete er bis 1968 dort weiter als Fleischer. Dann begann er im VEB Rotpunkt, Betriebsteil Pausa, als ungelernter Arbeiter zu arbeiten und qualifizierte sich zum Chemiefacharbeiter. Seine Arbeitsleistungen wurden als gut eingeschätzt. Im Jahre 1966 heiratete Hartmut P. eine Näherin, wurde aber 1968 geschieden. Im Jahre 1973 heiratete er die Lehrerin Ursula K. Aus dieser Ehe gingen die Kinder M., A. und K. hervor. Die ersten Jahre der Ehe verliefen relativ harmonisch. In der Folge entstanden zwischen den Ehepartnern jedoch Spannungen, die meist auf das egoistische Verhalten des Beschuldigten zurückzuführen waren.

Aus diesem Grund reichte Ursula K. die Scheidung ein. Am 23. Dezember 1987 wurde sie rechtskräftig geschieden. Nach der Scheidung versuchte der Beschuldigte, seine geschiedene Ehefrau für sich zurückzugewinnen. So kam es vor, daß er sie im gemeinsamen Wohnhaus

»So stellte ich meinen Bus am 19.11.1988 gegen 18.30 Uhr an der Buswendeschleife im Bereich des FDGB-Ferienheimes in Zeulenroda ab.«

belästigte, körperlich bedrängte und auch versuchte, sexuellen Kontakt mit ihr aufzunehmen. Um sich seinem fortwährenden Bedrängen zu entziehen, zog sie im Januar 1988 innerhalb von Pausa in eine Zweizimmerwohnung in die Pestalozzistraße. Der Beschuldigte fand sich aber nicht mit dieser Situation ab und versuchte meist über die Kinder, mit der Geschädigten ins Gespräch zu kommen. So nutzte er fast täglich jede ihm gebotene Möglichkeit, mit seiner geschiedenen Ehefrau Kontakt aufzunehmen. Dabei fühlte sich Ursula K. ständig belästigt, so daß sie aus Verzweiflung Klage bei der Schiedskommission beim Rat der Stadt Pausa einreichte.

Am 19. November 1988 nahm die Geschädigte zusammen mit ihren Arbeitskollegen von 18.00 Uhr bis 00.30 Uhr an einer Betriebsveranstaltung im FDGB-Heim Zeulenroda teil. Zu dieser Veranstaltung wurde mit dem Bus gefahren. Von der ersten Minute an stand Ursula K. unter Beobachtung ihres Ex-Mannes. Unmittelbar nach Abfahrt des Busses fuhr er ebenfalls nach Zeulenroda und erkundigte sich beim Busfahrer, wann alle wieder nach Hause zurückfahren würden. Der sagte ihm, daß die Rückfahrt für 00.30 Uhr geplant sei.

Der Bus traf gegen 00.50 Uhr in Pausa ein. Die Geschädigte wurde aus Angst vor dem Beschuldigten durch Zeugen bis an die Ecke Gartenstraße/Pestalozzistraße begleitet. Ihre Wohnung betrat sie gegen 01.00 Uhr. Die Kinder waren beim Beschuldigten bzw. bei der Mutter der Geschädigten untergebracht, so daß Ursula P. allein in der Wohnung war.

Nachdem der Beschuldigte sich die entsprechenden Erkundigungen der Rückfahrt seiner geschiedenen Ehefrau eingeholt hatte, fuhr er nach Hause zurück. Gegen 19.30 Uhr fuhr der Beschuldigte mit seinem Sohn A. in die Pestalozzistraße, weil A. Skatkarten holen wollte. Sein Sohn schloß die Haustür auf, fand aber den sonst im Hausflur liegenden Wohnungsschlüssel nicht, so daß sie wieder zurückfuhren. Somit wußte der Beschuldigte, daß sein Sohn A. den Haustürschlüssel für die Pestalozzistraße bei sich hatte. Den weiteren Abend verbrachte der Beschuldigte zusammen mit seinen Kindern in seinem Wohnhaus. In dieser Zeit gelangte er in den Besitz der Haustürschlüssel und ging nachts zu Fuß zum Wohnhaus seiner geschiedenen Ehefrau, wo er gegen 01.15 Uhr ankam. Hier stellte er fest, daß in der Küche Licht brannte. Der Beschuldigte schloß die Haustür auf und betrat das Wohnhaus. Er klinkte die Haustür ein, zog jetzt seine Turnschuhe aus, um nicht gehört zu werden, und betrat über die eingeklinkte Zwischentür den Hausflur. Die Wohnungstür der Geschädigten stand einen Spalt offen. Der Beschuldigte betrat jetzt die Wohnung seiner geschiedenen Ehefrau. Von der Küche aus sah er ins unbeleuchtete, aber leere Wohnzimmer. Dann betrat er das ebenso unbeleuchtete Schlafzimmer, konnte aber seine geschiedene Ehefrau nicht ausmachen.

In diesem Augenblick hörte er plötzlich vom Hausflur Geräusche. Er nahm wahr, wie die Geschädigt die Küche betrat. Um nicht sofort entdeckt zu werden, versteckte sich Hartmut P. im unteren Doppelstockbett unter der Bettdecke. Die Geschädigte hielt sich nach Aussagen des Beschuldigten zirka fünf Minuten in der Küche auf, als sie die Schlafstube betrat. Sie lief am Doppelstockbett vorbei direkt zu ihrem Bett. Als sie sich im Bereich des Fußendes ihres Bettes befand, sprach der Beschuldigte sie an und stieg aus dem unteren Doppelstockbett heraus. Man kann sich vorstellen, wie erschrocken Urusla P. in diesem Moment gewesen sein muß! Sie schrie sofort laut, drehte sich zum Beschuldigten um, stolperte und wurde durch Hartmut P. aufgefangen. Um das Schreien zu unterbinden, hielt er ihr mit seiner rechten Hand den Mund zu.

Rekonstruktion mit dem Tatverdächtigen in Pausa.

Durch diesen Schwung des Stolperns fielen beide ins nebenstehende Bett. Frau P. gelang es, erneut zu schreien. Der Beschuldigte hielt ihr wiederum den Mund zu, um das Schreien zu dämpfen. Dabei lag der Beschuldigte mit seinem vollen Körpergewicht auf der Geschädigten. Hartmut P. versuchte, seine Ex zu beschwichtigen, doch es war alles vergebens, sie reagierte nicht und schrie weiter. Hierauf griff er ein Kopfkissen, zog es ihr übers Gesicht und verdeckte somit die Atemwege. Der Beschuldigte sagte aus, daß jetzt das Schreien leiser wurde.

In dem Moment, als er das Kopfkissen über das Gesicht der Geschädigten gezogen hatte, vernahm er Geräusche außerhalb der Wohnung. Hartmut P. stützte sich nach seinen Aussagen auf, wandte sich ab von seiner geschiedenen Ehefrau und konzentrierte sich auf die Geräusche.

Durch das Aufstützen wurde der Druck mit seiner Hand auf das Kopfkissen verstärkt. Als er nach kurzer Zeit das Geräusch nicht mehr wahrnahm, wandte er sich und spürte, daß seine Ex-Frau leblos im Bett lag. Er nahm das Kissen vom Gesicht, sprach auf sie ein und konnte trotz verschiedener Bemühungen – Puls fühlen, Wiederbelebungsversuche, Herztöne abhören usw. – keine Lebenszeichen mehr feststellen.

Hartmut P. ging davon aus, daß er mit seiner Handlungsweise den Tod von Ursula P. verursacht hatte. Der Mörder zog der Geschädigten einen blauen Schlafanzug an, die zum Zeitpunkt der begangenen

Straftat nur mit einem Schlüpfer bekleidet war. Anschließend legte er sie in Rückenlage ins Bett in schlafender Stellung.

Bis etwa gegen 04.00 Uhr will er noch bei ihr verweilt haben, danach sei er in seine Wohnung in O. gegangen. Er verbrannte seine zur Straftat getragenen Wildlederturnschuhe, legte den Haustürschlüssel zum Wohnhaus der Pestalozzistraße im Bereich der Liege seines Sohnes A. ab und legte sich schlafen.

Hartmut P. handelte überlegt und abgeklärt. Andere Maßnahmen zur Hilfeleistung leitete er nicht ein. Seine Ex-Frau war ihrem Schicksal ausgeliefert.

Die Spuren am Tatort, die Lage des Opfers und die Spuren am Opfer sowie die Ergebnisse der gerichtsmedizinischen Sektion deckten sich eindeutig mit den Aussagen des Täters. Die durchgeführte Rekonstruktion bestätigte das objektive Tatgeschehen. Die festgestellten Geräusche (Wimmern und polternde Geräusche) durch die Untermieter in der Wohnung des Opfers paßten zeitlich exakt zum Tatablauf.

Das Bezirksgericht Gera sprach Hartmut P. schuldig. Er mußte eine mehrjährige Haftstrafe verbüßen und ist jetzt ein freier Bürger.

45

DER TOTE SÄUGLING AUF DER BAHNSTRECKE ZWISCHEN SAALFELD UND PÖSSNECK (1989)

Am 9. November 1989, dem Tag des Mauerfalls, fand ein Streckenläufer der Deutschen Reichsbahn auf der Bahnstrecke Saalfeld-Pößneck zwischen den Gleisen einen toten neugeborenen Säugling. Auf Grund der Lage des toten Kindes wurde geschlußfolgert, daß eine Frau auf der Toilette in einem Personenzug niedergekommen war und dann das Kind durch den Toilettenschacht auf die Gleise hatte fallen lassen. Eine eventuelle Tötungsabsicht lag ebenfalls vor. Der diensthabende Kriminalist des Transportpolizeiamtes Saalfeld ließ das tote Neugeborene in das Kreiskrankenhaus Rudolstadt/Pathologie überführen.

Die MUK Gera wurde informiert und auf Anweisung des Kreisstaatsanwaltes eine gerichtsmedizinische Sektion veranlaßt. Wir bildeten sofort eine Teil-E-MUK, vor allem mit den Kriminalisten des Transportpolizeiamtes Saalfeld. Die ersten Ermittlungen ergaben, daß eine junge Frau in einer Apotheke in der Nähe des VPKA Pößneck eine große Menge von Watte und Mullbinden gekauft hatte.

Nach Aussagen der Apothekerinnen war diese Frau auch teilweise im Gesäßbereich blutverschmiert. Angebotene Hilfe schlug sie aus. Sie hatte mit Sicherheit einen guten Grund: Zuvor hatte sie ihr Neugeborenes im Zug auf der Toilette zwischen Saalfeld und Pößneck entbunden und sich dadurch höchstwahrscheinlich im Genitalbereich verletzt.

Mit der Watte und den Mullbinden ausgestattet, verließ die Frau die Apotheke in Richtung Stadtzentrum von Pößneck. Die Mitarbeiterinnen der Apotheke konnten eine ziemlich genaue Personenbeschreibung zu dieser Frau abgeben, worauf wir ein subjektives Porträt anfertigen ließen. Gleichzeitig wurden die üblichen Fahndungsmaßnahmen eingeleitet.

Die gerichtsmedizinische Sektion ergab, daß es sich um einen voll ausgetragenen lebensfähigen Säugling handelte. Es wurden sofort alle entsprechenden Krankenhäuser, Frauenärzte und Polikliniken in Saalfeld, Rudolstadt, Pößneck und der weiteren Umgebung informiert und ersucht, die Kriminalpolizei zu informieren, falls sich eine Frau wegen starker Blutungen oder einer bereits erfolgten Geburt in ärztliche Behandlung begeben sollte.

Auf dem Saalfelder Bahnhof war schnell ausgemacht, mit welchem Zug die Frau gefahren sein könnte. Es wurden umfangreiche Ermittlungen von Saalfeld aus bis Pößneck und Umgebung eingeleitet und geführt.

Da genau an diesem 9. November 1989 die Grenzöffnung zur BRD erfolgte, wurden in der weiteren Folge die Zuständigen im Freistaat Bayern sowie in anderen Bundesländern ersucht, die Ermittlungen zu unterstützen.

Ich fuhr zu dieser Zeit täglich mit unserem Kraftfahrer ins Transportpolizeiamt Saalfeld, um die Ermittlungen mit dem ansässigen K-Leiter zu koordinieren und abzustimmen.

Erschwerend kam hinzu, daß gerade das »Begrüßungsgeld« in Bayern ausgezahlt wurde (der Freistaat Bayern schoß nochmals kurzzeitig 100 Mark zu). Wir benötigten manchmal zwei bis drei Stunden und länger für die nur 70 km bis nach Saalfeld. Fast alle Straßen waren verstopft; man kam aus der ganzen ehemaligen DDR, um die höhere Summe »Begrüßungsgeld« zu erhalten.

Auf den Bahnhöfen Saalfeld und Pößneck waren kaum sachdienliche Hinweise zu ermitteln, weil auf Grund der Grenzöffnung eine Vielzahl von Menschen aus allen Richtungen der ehemaligen DDR in Richtung Grenze nach Bayern fuhren. Somit war eine zielgerichtete Personenbewegung auf dem Bahnhof Saalfeld und in dem »Tatzug« kaum möglich.

Den Fahrkartenverkäufern auf dem Saalfelder Bahnhof war ebenfalls keine schwangere Frau auffällig geworden. Wir ermittelten weiter in alle Richtungen. Bis auf den Apothekenhinweis erhielten wir keine nennenswerten Informationen, die uns weitergebracht hätten. Auch das subjektive Porträt führte nicht zur Identifizierung der Straftäterin.

Bedingt durch die Wendesituation, beschäftigten die Menschen plötzlich ganz andere Probleme. Weder über die Bevölkerung noch aus den medizinischen Einrichtungen kamen Hinweise auf eine weibliche Person, die als Täterin in Frage kam.

Wir steckten mit unseren Ermittlungen in der Sackgasse. Der Kindsmörderin kam die politische Situation zugute. Sie konnte mehrere

Optionen ziehen, sich in alle Bundesländer absetzen. Überhaupt hatten nun Straftäter ganz andere Möglichkeiten, sich aus dem Staub zu machen. Selbst ins Ausland zu fliehen, war nicht mehr problematisch. Wir standen am Anfang einer neuen Entwicklung zweier deutscher Staaten mit ihren unterschiedlichen Rechtssystemen.

Mit dem Beitritt der DDR zur BRD wurden Schritt für Schritt auch das Rechtssystem und die Strukturen der Polizei verändert. Die Morduntersuchungskommissionen wurden später in allen drei Thüringer Bezirken aufgelöst, die Polizei/Kriminalpolizei arbeitete unter anderen gesellschaftlichen und rechtlichen Bedingungen. Alles kam auf den Prüfstand. Nach und nach schieden eine Vielzahl von bestens ausgebildeten Polizisten und Kriminalisten aus dem aktiven Dienst aus. Viele schafften den »Sprung« in die freie Wirtschaft und konnten sich dort eine neue Existenz aufbauen.

Einem anderen Personenkreis wurde empfohlen, mit 50 Jahren in den Vorruhestand zu gehen. Jeder mußte sich neu orientieren, so war es auch bei mir.

In der Folge wurde das Transportpolizeiamt Saalfeld aufgelöst und ein Teil der Kriminalisten in die Kriminalpolizei Saalfeld integriert. Obwohl das Ermittlungsverfahren in Saalfeld nie als beendet galt, konnte die Kindesmutter und Täterin bis heute nicht ermittelt und der Fall nicht aufgeklärt werden.

Somit trugen die Wendeumstände dazu bei, daß diese Straftäterin nicht ermittelt werden konnte. Ob diese Frau, die Mutter und Mörderin ihres eigenen Kindes, durch »Vergessen« mit dieser Schuld leben kann, bleibt fraglich.

46

DIE ZUSAMMENARBEIT MIT DEM INSTITUT FÜR GERICHTLICHE MEDIZIN JENA

Die Zusammenarbeit mit dem Institut für gerichtliche Medizin Jena war für uns als MUK Gera bei der Aufdeckung, Aufklärung und Untersuchung von Tötungsverbrechen eine existentielle Grundlage.

Das Institut für gerichtliche Medizin Jena hatte einen hervorragenden fachlichen Ruf. Dieser ging weit über die Bezirke Gera, Suhl und Erfurt hinaus.

Als ich 1973 meinen Dienst in der MUK Gera begann, übernahm Frau MR Prof. Dr. med. habil. Christiane Kerde als Direktorin das Institut für gerichtliche Medizin in Jena. In den 17 Jahren meiner MUK-Tätigkeit pflegten wir immer ein sehr kollegiales Verhältnis zu allen Mitarbeitern der Gerichtsmedizin Jena. Das gute Zusammengehörigkeitsgefühl ergab sich schon aus der gemeinsamen Tätigkeit.

Dank dem hohen gerichtsmedizinischen Fachwissen und der hervorragenden Zusammenarbeit war es möglich, eine der höchsten Aufklärungsquoten bei Tötungsverbrechen in unserem Bezirk Gera sowie im gesamten DDR-Maßstab zu erreichen. Die Gerichtsmedizin Jena trug entscheidend dazu bei.

Frau Prof. Kerde und ihr Ärzteteam dachten zudem immer kriminalistisch und unterstützen uns in jeder Phase des Ermittlungsverfahrens kompetent mit fachlich ausgewogenen Gutachten.

Die Gerichtsmediziner standen uns ständig zur Verfügung. Bei anfallenden Tötungsverbrechen war Frau Prof. Kerde selbst bzw. ihr Ärzteteam zu jeder Tages- oder Nachtzeit mit am Tatort und verschaffte sich persönlich einen umfangreichen Überblick über die Gesamtsituation des Verbrechens. Somit bekamen die Gutachten eine noch höhere fachliche Wertigkeit und Aussagekraft vor Gericht.

In der Regel wurde die gerichtsmedizinische Sektion des Opfers umgehend in dem nächstliegenden Krankenhaus durchgeführt. Somit hatten wir vor Ort sehr schnell exakte Aussagen über die Tötungsart,

Gerichtsmedizin Jena.

den Zustand, die Art und die Vielzahl der beigebrachten Verletzungen und die Todeszeit des Opfers. In der Folge und auf schnellstem Weg wurden die feingeweblichen und toxischen Untersuchungen im Labor vorgenommen und uns die Ergebnisse zur Verfügung gestellt. Diese Aussagen flossen dann sofort in die zielgerichteten Ermittlungstätigkeiten und Versionsbildungen der MUK ein.

Die auf höchst medizinischer Wissenschaft und fachlich sauberer Gutachtertätigkeit geführten Untersuchungen waren wesentlicher Bestandteil in der Beweisführung und besaßen damit einen entscheidenden Einfluß auf die Verurteilung der Straftäter.

47

MEIN AUFTRITT IN DER FERNSEHSENDUNG »KRIPO LIVE« IN BERLIN IN DER VERMISSTEN-SACHE INES HEIDER AUS HERMSDORF

(Frühjahr 1990)

Seit dem 4. Januar 1990, gegen 12.45 Uhr, wurde – für alle unerwartet – Ines Heider aus Hermsdorf vermißt. Erste Ermittlungen erbrachten keinen Hinweis über das plötzliche Verschwinden der jungen Frau. Da ein Verbrechensverdacht nicht auszuschließen war, wurden die weiteren Ermittlungen von der MUK Gera im Zusammenwirken mit den Kriminalisten des VPKA Stadtroda geführt. Keiner aus dem unmittelbaren Umfeld von Ines Heider hatte für ihr plötzliches Verschwinden eine Erklärung.

Es kamen sofort der Fährtenhund sowie Leichensuchhunde zum Einsatz, die uns jedoch nicht voranbrachten. Im Zusammenwirken mit der Kriminalpolizei Stadtroda und den anderen Kreisen des Bezirkes Gera wurden umfangreiche Such- und Fahndungsmaßnahmen eingeleitet und durchgeführt. Wir vernahmen Zeugen, befragten Arbeitskollegen und das engere sowie weitere Umfeld des Verwandten- und Bekanntenkreises. Pressemitteilungen wurden geschaltet und Fahndungsblätter mit Foto verteilt. Da die junge Frau als Kellnerin in der Gaststätte »Holzlandperle« in Hermsdorf gearbeitete hatte, war ihr Gesicht den vielen Gästen nicht fremd.

Anhaltspunkte für ein Tötungsverbrechen standen zwar im Raum, aber ein begründeter Mordverdacht ließ sich nicht ermitteln. Dazu kam noch, daß sie einen Sohn hatte. Ihr Verwinden wurde immer unerklärbarer. Über den Kindesvater konnten keine relevanten Hinweise in Erfahrung gebracht werden. Er konnte oder wollte uns vielleicht nicht umfangreich unterstützen.

Seit der Mittagszeit am 4. Januar 1990, gegen 12.45 Uhr, hatte sie niemand mehr gesehen. Wir glaubten, es hätte jemandem auffallen müssen, wenn sie in ein Auto eingestiegen wäre. Wir zerbrachen uns den Kopf,

Ines Heider - vermisst seit 1990

Seit dem 04.01.1990, ca. 12:45 Uhr, wird Ines Heider, geb. 05.01.1962, aus Hermsdorf / Thüringen vermißt. Die Umstände ihres Verschwindens sind ungeklärt. Ebenfalls unbekannt ist, ob Frau Heider noch lebt, bereits verstorben oder einem Verbrechen zum Opfer gefallen ist.

Folgende Personenbeschreibung zum Zeitpunkt ihres Verschwindens:

Heider Ines geboren 05.01.1962

scheinbares Alter:	26 Jahre alt
Geschlecht:	weiblich
Größe:	ca. 1,70m groß
Gestalt:	sehr schlank, wog ca. 52 kg
Haare:	hatte dunkelbraune Haare mit bis zumKinnansatz reichender Dauerwelle
	blaugraue Augen
Augen:	einen blassen Gesichtsteint
Besondere Kennzeichen:	Sie hatte vermutlich eine graue Umhängetasche mit persönlichen **Gegenständen (Bargeld,**
mitgeführte Gegenstände:	**Schlüssel, Personalausweis der ehemaligen DDR) bei sich.**

Bekleidungsbeschreibung vermutliche Bekleidung:

schwarze, hüftlange Jacke aus baumwollähnlichen Stoff
ein dunkelgrünes,langärmeliges Baumwolltress mit schwarz, roter Aufschrift
schwarze Halbstiefel mit Schlangenlederaufsätzen und Metallnieten an der Seite

:chbearbeitende Dienstelle:
Kriminalpolizei Inspektion Jena / LKA Thüringen
Telefon: KPI Jena +49 3641 81 (0)
Telefax: KPI Jena +49 3641 81 14 79

Fragen der Polizei:
Wer hat diese Frau nach dem 04.01.1990 gesehen bzw. kann Hinweise zu ihrem derzeitigen Aufenthaltsort geben ?

Die Vermißteninformation der KPI Jena von Ines Heider aus dem Internet.

dachten in alle Richtungen, aber so viele Szenarien wir auch gedanklich aufriefen, so schnell lösten sie sich gleich wieder in Luft auf. Zu viele Fragen waren während der Ermittlungen offengeblieben.

Ich versprach mir neue Anhaltspunkte mit meinem Auftritt in der Sendung »Kripo live« im DDR- Fernsehen, weil sie im gesamten DDR-Territorium ausgestrahlt wurde. Im Frühjahr 1990 bekam ich die Gelegenheit, die Vermißtensache Ines Heider aus Hermsdorf innerhalb dieser Fernsehsendung darzulegen und rief die Bürger – vor allem im Raum Hermsdorf und Umgebung – auf, uns durch ihre Hinweise bei der Suche zu unterstützen. Doch auch dieses Medium brachte keine neuen Erkenntnisse. Selbst als ich die zuständigen Kräfte in den alten Bundesländern um Mithilfe ersuchte, blieb der Erfolg aus. Ines Heider war verschwunden, spurlos, und bis heute gibt es keine verwertbaren Anhaltspunkte für ihren Aufenthalt. Bis nach meinem Ausscheiden aus dem aktiven Dienst der Kriminalpolizei Ende September 1990 blieb der Fall ungelöst. Der Vorgang wurde und wird nie zur Seite gelegt. Er liegt bei den Kriminalisten in Jena immer auf Ermittlungsabruf. Den geringsten Verdachtsmomenten geht die Kriminalpolizei sofort nach.

Doris Heider, die Mutter der Vermißten, blieb nicht untätig. Ihre Auftritte im Fernsehen, z. B. im Jahr 2011 im MDR »Unter uns« oder bei der Sendung »Bitte melde Dich«, waren die Mühe allemal wert, doch lieferten sie keine neuen relevanten Anhaltspunkte. Frau Heider erteilte mir am 10. April 2013 ihr Einverständnis, die Veröffentlichung der Vermißtensache mit Klarnamen vorzunehmen. Sie hat die Hoffnung, ihre Tochter zu finden, nach wie vor nicht aufgegeben. Obwohl die Ungewißheit zu einer starken Belastung geworden ist, zeigt sie Willen und Mut. Welche Kraft muß eine Mutter aufbringen, um solch einen Schmerz zu verarbeiten und dabei die Hoffnung nie aufzugeben.

Kriminalisten leiden lange nicht diese Qualen, aber manchmal an der Unzufriedenheit, sich mit offenen Ermittlungsergebnissen abfinden zu müssen. Sie sind keine Überdenker. Sie stoßen in einigen Fällen auch an ihre kriminalistischen und menschlichen Grenzen. Mit einer Niederlage muß der einzelne selbst fertig werden und erkennen, daß das kriminalistische Leben weitergeht.

QUELLEN UND LITERATUR
(Auswahl)

Zu allen Fällen wurden die Akten gesichtet. Um Persönlichkeitsrechte Dritter zu wahren, wird in Absprache mit dem Thüringer Staatsarchiv Rudolstadt auf die genaue Nennung der Aktentitel und Signaturen verzichtet. Benutzt wurden die Bestände BDVP Gera und Staatsanwaltschaft Gera.

Der Hauptinhalt dieses Buches entstand aus meiner 17jährigen praktischen Tätigkeit sowie Erlebnissen und Erfahrungen in der Morduntersuchungskommission Gera im Zeitraum von 1973-1990. Hinzu kamen Gespräche mit Zeitzeugen, wie z. B. dem damaligen Leiter der MUK des ehemaligen Bezirkes Gera, Gerd Schulze, dem ehemaligen Leiter des Kommissariats »Leben und Gesundheit« des VPKA Gera, Hans-Jürgen Schaap, und dem ehemaligen Sachbearbeiter des Kommissariats »Leben und Gesundheit« des VPKA Rudolstadt, Dietmar Schröter.

Die Abbildungen entstammen den Kriminalakten, der Sammlung von Hans Thiers und der Sammlung Verlag Kirchschlager, Arnstadt.

DANKSAGUNG

Ich möchte mich als erstes bei allen ehemaligen Kriminalisten des Bezirkes Gera dafür bedanken, daß sie vor allem bei der Aufdeckung, Aufklärung und Untersuchung von Tötungsverbrechen keinerlei Mühen scheuten und ständig einsatzbereit waren. Sie alle verzichteten auf viel Freizeit und haben mit hohem Engagement an jeder Morduntersuchung aktiv und ideenreich mitgearbeitet.

In diesem Zusammenhang bedanke ich mich bei meinen ehemaligen Bezirks-K-Leitern Franz Wiesbacher (verstorben) und Kurt Liebmann, dem Dezernatsleiter II Horst Balnuweit und vor allem bei dem Stellvertretenden K-Leiter Untersuchung der BDVP Gera, Kriminaloberrat a. D. Waldemar Wunder, daß ich so eine anspruchsvolle berufliche Entwicklung nehmen konnte.

Des weiteren möchte ich meinen unmittelbaren Weggefährten und Mitarbeitern der MUK des ehemaligen Bezirkes Gera Rolf Rabe, Gerd Schulze, Wolfgang Seitz (verstorben), Stefan Wolf, Wolfgang Albert, Klaus Apel und Hans-Jürgen Ritter für die jahrelange kollegiale kriminalistische Zusammenarbeit Danke sagen.

Ein Dankeschön gilt aber auch vor allem den ehemaligen Mitarbeitern und Kriminalisten der Erweiterten Morduntersuchungskommission des ehemaligen Bezirkes Gera. Diese Kollegen standen zu jeder Tages- und Nachtzeit bereit und zur Verfügung. Sie hatten alle einen wesentlichen Anteil an der sehr erfolgreichen und hohen Aufklärungsquote von Tötungsverbrechen im Bezirk Gera.

Besonderer Dank gilt den nachfolgend aufgeführten Kriminalisten für ihre Auskünfte und Informationen:

Erster KHK i. R. Hans Jürgen Schaap
PHK i. R. Dietmar Schröter
KHK i. R. Hartmut Fleischer
Erster KHK Ulrich Zeppernick
KHK Thomas Fleischer

KHK Uwe Möller
KHK i. R. Frank Schaarschmidt
KHK i. R. Klaus Apel
KHK a. D. Dieter Beer
KHK i. R. Klaus Brendel
KHK a. D. Gerd Schulze
KHK a. D. Rolf Rabe
KHK i. R. Jürgen Geiling
Krim.-Rat a. D. Reiner Jahn
Remo Kroll (LKA Berlin)
Martina Hübner (KPI Jena)

Ich möchte außerdem allen gerichtsmedizinischen Ärzten des gerichtsmedizinischen Institutes Jena für die jahrzehntelange sach- und fachkompetente Arbeit danken.

Zwischen uns und dem genannten Ärzteteam bestand immer eine gegenseitige Akzeptanz auf Augenhöhe. Jeder erkannte die Tätigkeit des anderen an. Davon profitierten beide Partner bei der kriminalistischen Untersuchungstätigkeit.

Deshalb ist es mir ein Herzensbedürfnis, all diese ehemaligen Kolleginnen und Kollegen speziell nochmals zu benennen:
Frau MR Prof. Dr. med. habil. Christiane Kerde, Direktorin des Institutes von 1973 bis 1990 (1995 verstorben)
Frau Prof. Dr. med. habil. Annelis Klein, Direktorin des Institutes ab 1990 bis 2005 (Ruhestand)
OA Dr. med. Manfred Disse (Ruhestand)
Dr. med. Wolfgang Giebe (Tätigkeit in Schweden)
Dr. med. Sascha Rommeis (Ruhestand)
Dr. med. Kurt Michaelis (verstorben)
Frau Dr. med. Almut Voigt (Ruhestand)
Dr. med Diethard Geißler (Ruhestand)
Dr. med. Heribert Zitzmann

Nicht zu vergessen sind die Mitarbeiterinnen und Mitarbeiter der Labore und des Innendienstes des Institutes. Besonders möchte ich mich hier bei Frau Wagner für ihre Recherchen und die umfassende

Unterstützung bedanken. Gleiches gilt für die Mitarbeiterinnen und Mitarbeiter der Staatsanwaltschaft Gera und des Thüringischen Staatsarchivs Rudolstadt, hier vor allem Herrn Direktor Marek und Frau Weedermann, die mir Einsicht in die entsprechenden Akten gewährten.

Zum Schluß möchte ich vor allem meiner Frau Regina für das jahrzehntelange Verständnis für meinen anspruchsvollen Beruf eines Kriminalisten Danke sagen. Viele Entbehrungen und Zurückstellungen persönlicher Belange prägten unser Arbeits- und somit auch unser Privatleben.

HANS THIERS

MORDFÄLLE IM BEZIRK GERA II

BERICHTE / BILDER / DOKUMENTE

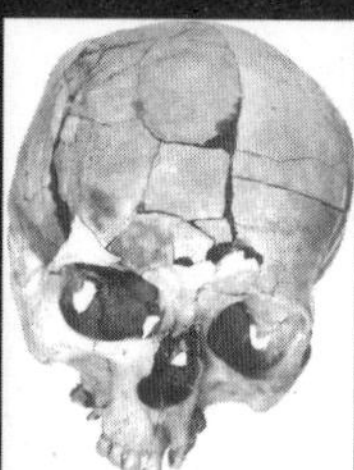

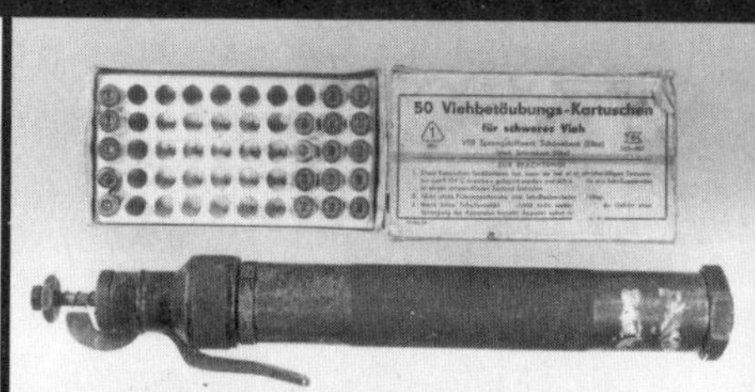

1945-1990

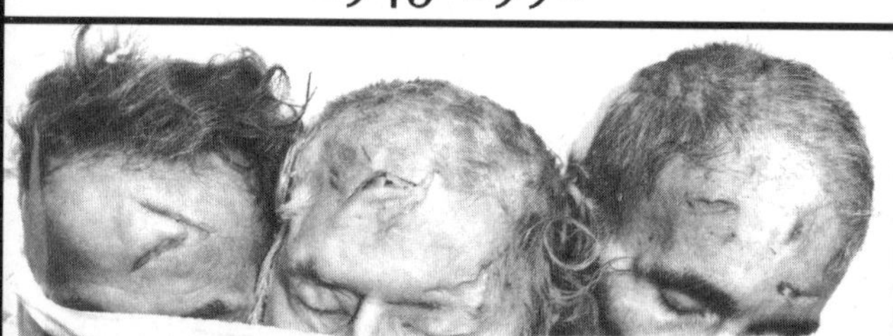

KIRCHSCHLAGER

HANS THIERS
MORDFÄLLE
IM BEZIRK GERA III
BERICHTE / BILDER / DOKUMENTE
1960–1990
KIRCHSCHLAGER

KIRCHSCHLAGER

Kriminalistik. Kriminalgeschichte.
Kriminologie. Seit 1995

Weitere lieferbare Buchtitel finden Sie bei
www.Verlag-Kirchschlager.de

IMPRESSUM

7. Auflage Arnstadt 2025

Layout/Satz: Nicole Laka, Hamburg, Ute Schmidt, Geraberg
Lektorat: Janine Kaitzl, Jena;
Michael Kirchschlager, Arnstadt
Druck und Bindung: PBtisk s. r. o., Příbram

ISBN 978-3-934277-47-2